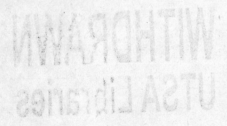

EL JARDÍN
DE LAS DELICIAS

—

EL TIEMPO Y YO

Francisco Ayala

FRANCISCO AYALA

EL JARDÍN
DE LAS DELICIAS
—
EL TIEMPO Y YO

PRÓLOGO DE CAROLYN RICHMOND

ESPASA-CALPE, S. A.
MADRID
1978

Edición especialmente autorizada para

SELECCIONES AUSTRAL

© Francisco Ayala y García-Duarte, 1971, 1978
© Espasa-Calpe, S. A., Madrid, 1978

—

Depósito legal: M. 39.293—1978

ISBN 84—239—2048—8

Impreso en España
Printed in Spain

Acabado de imprimir el día 7 de diciembre de 1978

Talleres gráficos de la Editorial Espasa-Calpe, S. A.
Carretera de Irún, km. 12,200. Madrid-34

ÍNDICE

Páginas

EL TIEMPO Y YO

PRÓLOGO

El presente volumen contiene dos obras de Francisco Ayala: *El jardín de las delicias*, publicada originalmente en 1971 y aquí enriquecida con siete nuevas piezas, y *El tiempo y yo*, inédito hasta ahora. Esta última, en contraste con la primera, no es una obra de ficción, aunque resulte difícil caracterizarla, como en cierto modo ocurre también con *El jardín de las delicias*. La razón de publicarlas juntas, a pesar de dicha diferencia, está en que ambas se complementan e iluminan recíprocamente. Desde ángulos diferentes, una y otra están centradas en la personalidad de su autor como escritor y como hombre viviente. En este punto de su carrera y a su edad avanzada, se ha producido una síntesis de sus diversas actividades mediante la cual vida y obra aparecen, según este volumen muestra claramente, compenetradas en una estrecha unidad.

El autor

Francisco Ayala nació en Granada en 1906; hizo el bachillerato en su ciudad natal, y luego, en Madrid, siguió estudios de Filosofía y Letras y de Derecho. Doctorado en Leyes, fue becado a Berlín para completar su especialización en los años 1929-30. A continuación fue profesor en la Universidad de Madrid, e ingresó como letrado del Congreso en 1932. Dos años más tarde, gana por oposición una cátedra de Derecho político. Al principio de 1936 va a Sudamérica (Uruguay, Argentina, Chile y Paraguay) en gira de conferencias. Iniciada la guerra civil en España, regresa a la zona republicana y pasa luego ocho meses en Praga como secretario de la Legación. Al terminar la guerra con la derrota de la República, Ayala se exilia con su familia en la Argentina, dedicándose a actividades docentes y editoriales. Pasa 1945 en Río de Janeiro, contratado por el Gobierno brasileño, y regresa a Buenos Aires hasta 1950, año en que se traslada con su esposa e hija a Puerto Rico para enseñar en su Universidad. Desde 1951 viaja todos los años a Europa, y en 1957-58 visita el Próximo Oriente y la India, de donde regresa a los Estados Unidos para ser profesor de Literatura española, sucesivamente, en varias Universidades (Princeton, Rudgers, Bryn Mawr College, New York University, University of Chicago y City University of New York). A partir de 1960, sus viajes europeos incluyen a España, a cuya vida intelectual se ha vuelto a incorporar gradualmente, sin querer hacer de su reaparición en la escena pública un acto espectacular. Retirado de la enseñanza regular desde 1976, continúa desarrollando una actividad intensa en campos diversos.

Esta larga trayectoria vital, cuyos jalones principales quedan apuntados y durante la cual no sólo atravesó por diferentes etapas históricas, sino que entró en contacto con muy diferentes países y culturas, es fundamentalmente la vida de un escritor que comienza desde muy temprano y hace sus primeras publicaciones antes de haber cumplido los veinte años. En efecto, como podrá comprobarse en la bibliografía que sigue a este estudio, su primera novela fue publicada ya en 1925. Según muestra esta bibliografía, la obra de Francisco Ayala es sumamente diversa: se extiende desde el campo de la sociología y ciencia política hasta el de la crítica literaria, y dentro de este amplio panorama los escritos de ficción —cuentos y novelas, largas o cortas— representan el cuerpo más significativo, y probablemente más original, de su creación intelectual.

La última de estas obras de imaginación fue *El jardín de las delicias*, libro inclasificable y problemático cuya apa-

rición produjo sorpresa y cierta fascinación en el público
lector y al que se le otorgó en España el prestigioso premio
de la Crítica en 1972. Este premio representa quizá el
punto culminante en el proceso de reconocimiento del
autor como uno de los valores más importantes de la
literatura contemporánea. Ayala había sido durante muchos años un exiliado político. Su obra de escritor, publicada en su mayor parte fuera del país, estuvo sustraída
al conocimiento de los españoles, quienes sólo poco a
poco, y no sin resistencia por parte de la censura, empezaron a tener acceso a sus escritos en ediciones diversas
desde 1960. Así se produjo el reencuentro del escritor
con su propio ambiente originario, de tal manera que su
personalidad intelectual fue adquiriendo un creciente relieve, hasta alcanzar, por fin, verdadera popularidad.

De sus muchas actuaciones ante el público español
—entrevistas, presentaciones, conferencias, cartas, prólogos, ensayos, encuestas, colaboraciones periodísticas,
etcétera—, Ayala reunió en 1972 una selección de aquellas que estimaba más significativas, bajo el título de
Confrontaciones, título éste que expresa tanto su actitud
frente al mundo externo como también su actitud frente
a sí mismo y a sus propios escritos. Esta posición reflexiva
del autor acerca de su obra ha jugado un papel de importancia suma en la concepción, elaboración y organización de los dos libros que aquí vamos a presentar.

«El jardín de las delicias». Su formación

En *Confrontaciones* se encuentran muchas observaciones pertinentes de este autor reflexivo acerca de *El jardín de las delicias*. Una «Conversación» con Andrés Amorós, donde este crítico le ha preguntado por la fecha de
los relatos del volumen, contiene la siguiente respuesta:
«El libro consta de piezas muy heterogéneas, escritas además en épocas distantes entre sí, y cada una de ellas con-
cebida y redactada con plena autonomía. La disposición

u ordenación que les he dado al organizarlas en un volumen
arroja algo así como el dibujo de un complicado rompecabezas cuyo sentido de conjunto yo mismo no sospechaba. Podría, pues, explicar el criterio seguido para "armar"
el libro, pero me sería más difícil especular acerca de
ese sentido de conjunto percibido a posteriori, que mejor
establecerán los críticos.» En esta cita pueden descubrirse
las dos actitudes del escritor que, siendo capaz de analizar
y explicar su propia obra, al mismo tiempo reconoce en ella
el elemento inefable, misterioso e inexplicable de la creación poética, declarando que él mismo no sospechaba de
antemano el sentido de conjunto de su composición. Tal
doble actitud está presente también de diversas maneras
—que más adelante trataremos de destacar— en el texto
mismo de la obra. Puesto que Ayala deja a los críticos la
tarea de establecer el sentido de conjunto del libro, vamos a intentar, por nuestra parte, captarlo.

Para este fin convendrá que empecemos por examinar
la historia de la formación del «complicado rompecabezas».
Cinco etapas pueden distinguirse hasta este momento en
su desarrollo:

1. Veinticinco de las piezas que integran *El jardín de
las delicias* fueron escritas y publicadas, sueltas o en grupo,
en periódicos diversos. La más antigua, «Día de duelo»,
data de 1941, mientras que todas las restantes pertenecen a la década de 1960.

2. Todas estas piezas fueron reunidas y organizadas
por su autor para constituir las dos últimas secciones de
sus *Obras narrativas completas*, publicadas en 1969. Dichas
secciones, tituladas respectivamente «Diablo mundo» y
«Días felices», dan ya la estructura básica de *El jardín
de las delicias*. Incluso están distribuidas las doce piezas
que integran «Diablo mundo» en dos subsecciones: «Del
diario *Las Noticias*, número de ayer (recortes de prensa)»
y «Diálogos de amor», con seis piezas cada una, subsecciones que se mantendrán en el futuro libro. Tenemos
aquí, pues, como una especie de apéndice a esa colección de los libros de Ayala publicados con anterioridad.

el embrión de un nuevo volumen que se sigue desarrollando orgánicamente.

3. En 1971 aparece la primera edición de *El jardín de las delicias*. Ildefonso Manuel Gil informa que originalmente pensó Ayala dar a su libro el título de *El mundo en que vivimos*[1]. Evidentemente, decidió después el autor servirse de la famosa pintura del Bosco, tomando prestado su título y reforzando además la alusión con dos lemas, sendas frases de Quevedo y de Gracián relativas al pintor flamenco y antepuestas a la obra. En la cubierta del libro se reproducen, invertidos, los dos paneles laterales del tríptico, el Infierno y el Paraíso, para corresponder a las dos partes del volumen. En cuanto al texto, introduce un lema de Gracián para la primera parte, «Diablo mundo»; altera ligeramente el título de su primera sección, que ahora se llama «Recortes del diario *Las Noticias*, de ayer», y la hace preceder de una pieza, no titulada, que sirve de introducción no sólo para esta sección, sino para la primera parte y para el libro entero. Intercala dentro de la ordenación primitiva cuatro «recortes» más, y luego, en la segunda sección, «Diálogos de amor», un nuevo «diálogo». En cuanto a la segunda parte, «Días felices», notamos la intercalación de once piezas, casi todas hacia el final, así como de una especie de epílogo sin título, impreso en letra bastardilla y fechado «Chicago, 28 de abril de 1971». Otro detalle importante de la edición es que contiene dieciséis ilustraciones, la mayoría reproducción de obras de arte bien conocidas, a cuyo pie aparecen autógrafas las pertinentes palabras del texto. Con esta edición, el embrión se ha transformado ya en un organismo literario cabal y armónico. Las piezas que completan su composición vienen a enriquecer el conjunto e intensifican el tono subjetivo de la segunda parte mediante un lirismo exaltado por la presencia de un «tú» femenino que transmite una creciente impresión de intimidad a

---

[1] «Lirismo en la prosa de Francisco Ayala», en *Homenaje a Casalduero* (Gredos, Madrid, 1972), pág. 150.

muchas de las piezas. Entre otras cosas, el «epílogo» mencionado funciona como un envío o dedicatoria a ese personaje femenino.

4. La siguiente edición, de 1972, sólo acusa un cambio pequeño, pero no insignificante, respecto de la primera: la «introducción», que aparecía antes impresa en letra redonda, ahora viene en bastardilla, con lo cual se recalca su carácter de tal introducción para la obra entera y se la conecta visualmente con el «epílogo», acentuando la estructura total del libro. Las reimpresiones sucesivas han mantenido idénticas características.

5. La presente edición introduce, dentro de la estructura general ya establecida, siete nuevas piezas, intercaladas todas ellas en «Días felices», una de las cuales lleva dedicatoria del autor a su nieta, Juliet Mallory. Estas nuevas aportaciones intensifican aún más el lirismo que caracteriza a la segunda parte de *El jardín de las delicias*, dándole mayor realce dentro del conjunto. También hay que señalar una alteración en las ilustraciones, pues la no demasiado significativa que reproducía la portada de los *Diálogos de amor* de León Hebreo ha sido sustituida, alterando el orden, por una fotografía del «Chalet art nouveau» a que se refiere una de las nuevas piezas. También hay que notar en esta edición la presencia del volumen *El tiempo y yo* —que comentaremos más tarde—, en cuanto complementa e ilumina *El jardín de las delicias*.

Las voces literarias

La historia del desarrollo de esta obra muestra inequívocamente, y sin perjuicio de su unidad orgánica, que su estructura es abierta y admite indefinidas adiciones. Refiriéndose a esta estructura abierta del libro, afirma Emilio Orozco en su indispensable estudio: «El que las piezas del *Jardín de las delicias* de Ayala no sean todas de fecha aproximada, sino distinta, no afecta ni al sentido ni a la estructura de la obra... [De igual manera] en un retablo o capilla barrocos se colocan tallas o imágenes del mismo estilo realizadas antes, y quedan integradas y, teniendo su valor independiente, pueden reforzar su expresividad, no sólo plástica, sino ideológica» [2]. Esta característica de El jardín de las delicias como libro abierto responde, según esperamos demostrar, a la visión de la vida humana y de la expresión artística que ella transmite.

¿Mediante qué técnica ha conseguido el autor dar firmeza y solidez a esa estructura abierta? La primera respuesta que se sugiere está en el equilibrio dinámico establecido por la dualidad de las partes, contrapuestas en apariencia, dentro del marco unificador constituido por «introducción» y «epílogo»; pero en seguida se advierte también que existe en la totalidad una serie de tensiones constituidas por la pluralidad de voces, más o menos definidas, que se relacionan entre sí de modos varios. Estas voces diversamente moduladas provienen todas ellas, claro está, del yo del escritor, lo cual dota a la obra de unidad en un nivel más profundo.

Inmediatamente se descubren en el texto las tres categorías tradicionales de voces literarias: la del narrador-historiador, la del dramaturgo y la del poeta lírico, aunque estas voces no se encuentran mecánicamente reunidas en grupos aislados. En los «Recortes», el autor se disfraza de periodista para presentar de una manera engañosamente objetiva algunos trozos de la vida urbana contemporánea. Desde un punto de vista estilístico y estructural, puede decirse que la buscada impersonalidad crea la ilusión de un solo narrador. Sin embargo, las «Cartas del lector» que cierran este «mini-periódico» tienen una fuerte carga subjetiva, destinada a provocar un contraste cómico. También en «Días felices» aparece la voz narrativa en diferentes piezas, usada siempre aquí, como

---

[2] «Una introducción al Jardín de las delicias de Ayala. Sobre manierismo y barroco en la narrativa contemporánea», en el volumen colectivo Novela y novelistas (Diputación provincial, Málaga, 1973), págs. 255-317.

en las mencionadas «Cartas», en primera persona. Así, por ejemplo, en «Fragancia de jazmines» o en «¡Aleluya, hermano!», dicha voz narrativa está confiada al protagonista de la acción.

La categoría literaria del género dramático está representada en *El jardín de las delicias* por los «Diálogos de amor», donde el escritor habla exclusivamente por boca de sus personajes, aunque también en las narraciones de «Días felices» puede apuntar a veces algún elemento dramático al reproducirse conversaciones entre los personajes de un relato.

La voz lírica o expresión subjetiva prevalece en «Días felices», muchas de cuyas piezas merecen la calificación de poemas en prosa, de los cuales se ha eliminado en lo posible todo elemento anecdótico, si bien es cierto que en esta parte del libro los límites entre lo narrativo y lo lírico son difíciles de fijar y siempre sería discutible la asignación de una pieza particular a uno u otro campo.

Por supuesto, también se encuentra en *El jardín de las delicias* la voz del escritor mismo como autor, pero con matices mucho más ricos y complejos que los habituales en los prólogos de costumbre. Hay que tener en cuenta que la composición de este libro ha seguido, según pudimos ver, un proceso bastante peculiar. Consta de elementos diversos, en apariencia heterogéneos, redactados en épocas distintas, que han sido agrupados y organizados en una unidad artística superior. Por lo tanto, esta organización constituye un factor decisivo en el acto creativo, y sin duda, un factor que va más allá de la mera operación intelectual, ya que apela también a la intuición poética, permitiendo que el autor declare, en la entrevista antes citada, no haber sospechado a priori el alcance de lo que estaba haciendo.

La voz del escritor como autor, que se vuelve sobre su propia obra, ha dado expresión en el texto mismo a la consciencia de esta operación creativa cuando declara al comienzo del «epílogo»: «*Ya el libro está compuesto. He reunido piezas diversas, de ayer mismo y de hace quién sabe cuántos años; las he combinado como los trozos de un espejo roto, y ahora debo contemplarlas en conjunto.*» Este párrafo desdobla la personalidad del escritor en tres facetas: la de quien originalmente redactó los textos (con las voces literarias tradicionales), la de quien los ha combinado para formar el libro, y la de quien, ahora, los contempla en su totalidad, añadiéndole, sin embargo, todavía una pieza más: aquella que en ese momento está escribiendo.

Según quedó dicho, en la voz reflexiva del escritor como autor (la misma que hemos oído hacer comentarios en las páginas de *Confrontaciones* y que se ha escuchado en la «introducción» tanto como en el «epílogo») hay matices sumamente originales. La apertura del libro —es decir, la «introducción»— tiene un tono ensayístico, con referencias a hechos reales en apoyo de algunas especulaciones intelectuales. Pero al final de esa especie de ensayo el tono cambia, haciéndose muy subjetivo, con autointerrogaciones y dudas a las que se da sólo como respuesta una conjetura. Implícitamente, el autor esclarece con ella la finalidad de la primera sección del libro.

Esta voz del escritor como autor es, pues, la misma que oímos en el «epílogo» (recuérdese que ambos elementos están impresos en letra bastardilla). A continuación del párrafo reproducido antes, cuestiona también la finalidad y sentido del libro que ha escrito, con lo cual, a la vez que cierra la obra, paradójicamente la rompe en una nueva apertura.

La presencia de tan distintas voces dentro de *El jardín de las delicias* obliga al lector a colocarse en posturas muy variables; es decir, a asumir un papel activo en su lectura. Frente a los «Recortes», el lector ha de colocarse en análoga posición a la de cada uno de nosotros cuando leemos el periódico diario: la retórica empleada contribuye a forzarnos a adoptar ese papel. Y todavía el texto ha creado dos lectores imaginarios que al final dirigen al director sendas cartas. En los «Diálogos de amor», donde sólo hablan los personajes sin acotación alguna, el lector tiene que funcionar como espectador de teatro u

oyente de radio, imaginándose por las palabras las figuras y acciones. En las narraciones de «Días felices», la
actitud del lector es la adecuada al destinatario de relatos novelescos, debiendo tal vez identificarse con el narrador. Pero en esta parte del libro surge una variante verdaderamente singular, que es propia de la lírica: a veces
el escrito está dirigido a un determinado sujeto imaginario —el «tú» femenino de quien hablábamos antes—, con
el efecto de que el lector se sienta excluido de la comunicación. De nuevo, como en los «Recortes», ha creado
aquí el texto un lector ficticio que, en el «epílogo», va a
reunirse todavía con cualquier otro eventual lector.

Estructura de la obra

Esa diversidad de voces que suponen perspectivas muy
diferentes es el recurso técnico del que Ayala se ha servido para crear una estructura, un edificio literario a la
vez firme y complejo. Ya quedó señalado: en su aspecto
externo esa estructura está constituida por dos partes
contrapuestas, cada una de las cuales responde a un
distinto punto de vista. Como dijo el autor en la «Presentación de un libro nuevo»: «Estas dos partes comportan
maneras opuestas de enfocar la realidad; responden a dos
ópticas diferentes que, claro está, implican a su vez el uso
de técnicas literarias peculiares y distintas. Es algo así
como el mundo visto a través de unos prismáticos, que
acercan el objeto hasta casi pegarlo a los ojos, o bien,
si se mira por el otro lado, alejan a gran distancia lo que
quizá está al alcance de nuestra mano.»

En la «introducción» se afirma que la prensa diaria ha
sido usada *como espejo del mundo en que vivimos* (título
que —se recordará— pensó en un principio el autor darle
a la obra). En efecto, la primera parte del libro, y no sólo
los «Recortes», quiere presentar a través de las técnicas
aludidas una imagen objetiva, fuertemente satírica, de la
realidad, en que la participación emocional, tanto del

autor como del lector, es indirecta y distante. Dentro de
cada una de las secciones de «Diablo mundo» existe una
trabazón que liga, mediante detalles circunstanciales, las
varias piezas sueltas. La ordenación de los «Recortes»
es la propia de las secciones de cualquier periódico, y los
«Diálogos de amor» se encuentran encadenados temáti-
camente unos a otros —después del primero, de cuya inspiración recibe cierto carácter simbólico— para crear una
impresión de circularidad vertiginosa.

En contraste con la objetividad satírica de la primera
parte, «Días felices» tiene un tono marcadamente subjetivo, con tendencia lírica. Puede sugerir una autobiografía imaginaria, fragmentada, a la manera de las re-
fracciones luminosas, en episodios y situaciones diversos.
Muchas de las piezas dan una intensa impresión de evocaciones, particularmente las que tratan de un pasado remoto. Esta sugestión de autobiografía establece una estructura básica lineal, puesto que la vida humana se
tiende en el tiempo. Tal linealidad no es incompatible
con una inflexión circular que hace reunirse a veces,
en modos diversos, los extremos de infancia y ancianidad,
según corresponde al carácter cíclico de la vida humana.

Sin embargo, el sentimiento del transcurso del tiempo
no está limitado a «Días felices», aunque aquí se apoye
en la trayectoria de la vida humana individual, sino que
invade la obra entera, produciendo una unificación estructural de *El jardín de las delicias* en un nivel más hondo.
Como he procurado mostrar en otro estudio [3], bajo la
dualidad establecida por el contraste de las dos partes
del libro, «Diablo mundo» y «Días felices», se descubre otra
dualidad más profunda a lo largo de toda la obra: la
constituida por la superposición de diversas recurrencias,
con una gran variedad de enfoques y tonalidades, sobre
la línea general de la duración en el tiempo. Claro está

---

[3] «La complejidad estructural de *El jardín de las delicias* vista a través
de dos de sus piezas», en *Cuadernos Hispanoamericanos*, 329-330 (noviem-
bre-diciembre, 1977). págs. 403-13.

que la vida concreta del escritor, sugerida en la «autobiografía imaginaria», se tiende sobre aquella línea general; pero el autor mismo la prolonga hacia el pasado y
hacia el futuro cuando en la «introducción» actualiza,
mediante la lectura y la escritura, hechos remotos más
allá de su personal experiencia, y cuando en el «epílogo»
anticipa lo que acaso pueda ocurrir, en virtud de la lectura hecha por otros de su propio libro, una vez que el
escritor haya muerto. Entre estas dos aperturas hacia el
pasado y hacia el futuro, *El jardín de las delicias* registra un sinnúmero de recurrencias: situaciones, temas
y motivos reiterados, cada uno de los cuales adquiere,
en su momento, individualidad propia para dar a entender que, aun cuando haya repetición en las experiencias
humanas, cada una de ellas es, no obstante, única.

En la citada «Presentación de un libro nuevo», Ayala
declara que en *El jardín de las delicias* «hay un continuo
entrecruzamiento temático a través de las distintas secciones que integran el libro». En efecto, tal entrecruzamiento de temas va más allá del contraste, antes subraya-
do entre el enfoque y tonalidad de una y otra parte de la
obra, según puede ilustrarse con algunos ejemplos. Ya
ahí mismo indica él que tanto el diálogo «Gaudeamus»
como el relato «San Silvestre» tienen el tema común de
la orgía; la diferencia está en la manera distinta de enfocar esa realidad con un tono cruel y sarcástico o un tono
lírico. De igual manera, el asunto de «Otra mendiga millo-
naria» hubiera podido recibir un tratamiento tierno y
compasivo; o se hubiera podido hacer de «Himeneo» una
patética «lección ejemplar»; o bien, darle a «Lección ejemplar» un enfoque duro, destacando los elementos de atrocidad y comicidad que contiene; o, en fin, subrayar en
«El Mesías» o «En la Sixtina» el aspecto burlesco de sátira
social.

Escondidos dentro de la primera parte se encuentran
personajes y situaciones que recuerdan los de «Días felices», y viceversa. En los «Recortes» y «Diálogos de amor»
resuena el eco de la inocencia, aunque ultrajada; y en la

atmósfera tupida y oscura de algunas piezas líricas se siente un terrible soplo infernal. Aunque haya dos versiones tan diferentes de una orgía, la inocencia de la muchacha a quien se corrompe en «Gaudeamus» y el elemento diabólico en «San Silvestre» confirman que en *El jardín de las delicias* ni lo blanco ni lo negro aparecen en forma pura.

Temas y motivos fundamentales

Esto nos lleva a comprobar la persistencia a lo largo del libro, bajo manifestaciones diversas, de unos cuantos motivos y temas fundamentales que serían los que, para el autor, tienen mayor importancia en la vida humana. Debemos mencionar ante todo aquellos relacionados con la pureza originaria, perdida o manchada por las realidades del mundo. En cuanto a esto se refiere, tiene significación primordial el relato «Nuestro jardín», que expresa la nostalgia universal por el Paraíso perdido, tanto como el relato «A las puertas del Edén», que simboliza la primera culpa y la expulsión del Paraíso terrenal. El anhelo de pureza en medio de la corrupción humana se deja sentir en multitud de situaciones y circunstancias con casos humanos que comprenden personajes de todas las edades: niños, jóvenes, adultos —especialmente mujeres—, ancianos..., pero con insistencia sobre las dos etapas extremas de la vida. A este propósito resulta elocuente el recorte «Otra vez los gamberros», donde se presenta a un abuelo con su nieto, asaltados en un parque municipal (es decir, en un pequeño paraíso urbano) por un grupo de jóvenes vándalos. Ahí la inocencia del anciano y del niño (quizá no por casualidad llevan ambos el nombre de Francisco, igual que el autor) es sacrificada por la barbarie del mundo. Pero tal vez donde más explícita se hace esa exposición del destino humano sea en una de las nuevas piezas añadidas a la presente edición: «Un sueño.» Aquí el tema se coloca dentro de un contexto explícitamente religioso, pues en el sueño narrado el cordero sacrificial lo es Jesucristo mismo, el Redentor nacido de la *felix culpa* que había dado lugar a la expulsión del Edén. Este relato ha sido dedicado por el autor a su nieta, con lo cual parece indicarse que el común destino humano se repite para cada generación. Conviene recordar al respecto que Ayala había declarado en su «Conversación» con Amorós: «Yo acepto como verdad básica el mito del pecado original, la naturaleza corrompida del hombre; pero —cuidado— también admito, y reflejo en mis escritos, la redención. Basta pensar en *El fondo del vaso*, o en aquella nostalgia del Paraíso que diversamente se hace presente en mis obras de imaginación.»[4]

El anhelo de reintegración al «paraíso» desde la confusión dolorosa del mundo corrompido suele tener como fondo un recinto: parque, jardín, invernadero, etc. El título del libro mismo, tomado del lienzo central de la pintura del Bosco, sugiere que el mundo es, a pesar de todo, un «*jardín* de delicias». Tal sería el sentido de este gran cuadro que, flanqueado por el Paraíso y el Infierno, puede interpretarse a mi juicio como una celebración de la vida, con su abundancia de placeres sensuales, moviéndose en una enérgica circularidad. Hay en el libro de Ayala como en la pintura del Bosco una tácita apelación a la naturaleza eterna, que, entre otras cosas, se manifiesta por el giro incesante de las estaciones del año: la primavera, con su renovación de la vida, hace sentir su particular alegría en ambos casos.

Entre los temas que conducen a satisfacer el anhelo de recuperación de la inocencia perdida, quizá el más frecuente sea el del amor en sus manifestaciones más puras: amor materno-filial («A las puertas del Edén». «Día de duelo», «Au cochon de lait»); amor humano-fraterno («¡Aleluya, hermano!»), y, especialmente, el amor del hombre hacia la mujer en su orientación platónica («Pos-

---

[4] En cuanto al aspecto religioso de *El jardín de las delicias*, puede verse el citado estudio de Emilio Orozco.

trimerías», «El leoncillo de barro», «Mientras tú duermes», «Tu ausencia», y otras piezas semejantes cuyo destinatario es el «tú» femenino).

Junto al tema del amor, puede también destacarse la experiencia estética, que produce una elevación espiritual comparable a la amorosa, y a veces está combinada con ella: escultura («El ángel de Bernini, mi ángel» y «Más sobre ángeles»); pintura («Nuestro jardín», «Postrimerías», «En la Sixtina» —sin contar con lo principal, a saber, el título del libro y el efecto visual de sus numerosas ilustraciones—); arquitectura («Una mañana en Sicilia» y «El chalet art nouveau»); música («¡Aleluya, hermano!», «Fragancia de jazmines», «El Mesías», «Música para bien morir»), y sobre todo, literatura. En cuanto a ésta, impregna ciertamente la obra entera. Aparte de los lemas mencionados al comienzo, están el título esproncediano de «Diablo mundo» y los versos de Shakespeare y Baudelaire que encabezan «Tu ausencia», como elementos exteriormente superpuestos. Pero, más que en ninguno de los anteriores libros de Ayala, la literatura está omnipresente en todas las páginas de *El jardín de las delicias* [5]. Esta obra se encuentra completamente inmersa en la tradición literaria, asumiéndola por entero hasta incorporarse a ella. Buena muestra de tal proceso de identificación la ofrece el «Diálogo entre el amor y un viejo», que ya desde el título y en una nota al pie declara ser una reelaboración, en ambiente contemporáneo, del poema de Rodrigo Cota; o bien, «Las golondrinas de antaño», donde, con referencias a un caso absolutamente contemporáneo, se usa el tradicional tópico del *ubi sunt* con citas implícitas de Jorge Manrique, François Villon y Gustavo Adolfo Bécquer.

---

[5] Para una reseña hasta donde alcanza, véase el libro de Rosario Hiriart, *Las alusiones literarias en la obra narrativa de Francisco Ayala* (Eliseo Torres, Nueva York, 1972).

El arte como eternización de la vida

Las experiencias estéticas cumplen la función de ampliar los límites del libro en el espacio y en el tiempo, produciendo de nuevo recurrencias, ahora en un plano distinto. Por supuesto, las experiencias estéticas incorporadas al libro se insertan en la «autobiografía imaginaria». Pero ésta no es la de un hombre cualquiera, sino precisamente la del autor, que ha escrito toda la obra. Y así su primera parte, cuyo carácter objetivo hemos señalado, le representa también en su calidad de escritor con la estilización literaria de sus vivencias personales. Por eso ha podido decir en el «epílogo», volviendo la vista hacia el conjunto del libro, que las piezas reunidas en él, como trozos de un espejo roto, arrojan una imagen única, *«donde no puedo dejar de reconocerme: es la mía»*. Recordemos que *El jardín de las delicias*, en cuanto reflejo de la vida entera de su autor, es tan sólo una trayectoria vital, encerrada entre la «introducción» y el «epílogo», en la duración infinita del tiempo. Conforme nos acercamos en la lectura continuada del libro a sus últimas páginas, percibimos una creciente sensación de soledad, vejez, e inminencia de una muerte que llega incluso a estar anticipada en el «epílogo». Las aperturas hacia el pasado y hacia el futuro, intentadas en éste y en la «introducción», constituyen un esfuerzo por romper la limitación temporal de la existencia humana. Pero el autor tiene consciencia de la futilidad de semejante esfuerzo. Una magnífica comprobación de ello puede hallarse, entre otras, en «Una mañana en Sicilia», donde todo intento humano de eternizar el propio nombre resulta vano. Semejantes intentos, si no alcanzan la inmortalidad, logran al menos, sin embargo, por medio de la fama, una prolongación más allá de la vida individual. Y sin duda alguna es el arte —*ars longa, vita brevis*— el medio más eficaz para esa prolongación, pues siempre que una obra entra en contacto con la experiencia de alguien, esta nueva experiencia vuelve a hacerla vivir. Este proceso de recreación y revivificación se repite muchas veces y de maneras diversas en el curso del libro; y a este mismo, a *El jardín de las delicias* en su totalidad, confía su autor en el «epílogo» la esperanza de una relativa inmortalidad «*cada vez que alguien lo lea*».

«El tiempo y yo». Composición e índole

Junto a *El jardín de las delicias*, se publica en este volumen otra obra de Francisco Ayala, esta vez un libro nuevo y de índole distinta a la de aquél, pues no se trata ahora una obra de ficción. Siendo independiente, es, sin embargo, en cierta manera complementario del primero. Se titula *El tiempo y yo*; y este *yo* del título es, como veremos, el del Ayala que reflexiona sobre su propia obra. Es su voz una de las que antes hemos distinguido en el escritor, quien aquí vuelve a cumplir la tarea tácita de organizar materiales diversos, algunos de ellos inéditos, creando una unidad superior que resulta también ser, como en *El jardín de las delicias*, una obra abierta. Al llevar a cabo esa tarea, ha realizado un acto de autoafirmación, enfrentándose con el mundo en torno suyo desde la posición literaria que, con su madurez, ha alcanzado en él durante el último decenio.

El título mencionado abarca la totalidad del libro, que consta de dos partes, la segunda de las cuales lleva un subtítulo: «El mundo a la espalda.» Tanto éste como el título del libro completo están sacados de frases coloquiales que adquieren ahora un sentido específico. Suele decirse «el tiempo y yo contra otros dos» para expresar la virtud del tiempo, cuyo mero transcurso basta a vencer dificultades y eliminar problemas. Por otro lado, el título sugiere la preocupación que el autor ha tenido siempre —y de un modo más agudo en *El jardín de las delicias*— con el ineluctable paso del tiempo. En esta primera parte se reúnen estudios diversos, todos ellos relativos al problema de la creación literaria y a la posición del escritor

como figura pública. Adoptando con frecuencia un tono
de ironía y, sobre todo, de autoironía, examina aquí
Ayala su relación con el público en general, con la crítica
literaria, con los medios modernos de comunicación y publicidad, y aun con los oyentes concretos de sus propias
conferencias. Así, en «Regreso a Granada», el escritor maduro, que por primera vez dirige la palabra en público
a sus coterráneos, nos hace recordar, con frases sobrias,
al personaje de la «autobiografía imaginaria» de *El jardín de las delicias*; en «Profesor defiende a novelista», el
conferenciante habitual, que más de una vez ha tropezado
con cierta objeción de sus oyentes, procura discutirla; en
«Plinio corteja a la fama», se enfrenta con la cuestión
del deseo de inmortalidad que todo ser humano tiene y
que el artista trata de alcanzar mediante su obra —un
problema que vimos era central y grave en *El jardín de
las delicias*, pero que aquí está tratado con ligero humor—.
De modo indirecto, es decir, abordando el tema en forma
general, opina el escritor en «La disputa de las escuelas
críticas» acerca de la recepción y percepción que según
bogas transitorias obtiene la obra literaria.

También aparece en estos escritos la reflexión del autor
sobre su propia obra de ficción. Muy revelador al efecto
es el primer ensayo, «Novelista y profesor», donde, desde
la altura actual de su vida, se vuelve a contemplar la
actividad literaria desarrollada durante su curso, y se
pregunta por el sentido que, tanto objetiva como subjetivamente, pueda haber tenido esta actividad (recuérdense
a propósito las preguntas que el autor de *El jardín de las
delicias* se hacía en el «epílogo»). La objeción discutida en
«Profesor defiende a novelista» afecta a la interpretación
de cierto aspecto de sus novelas y cuentos. En ambos
casos se deja oír la voz del Ayala reflexivo que, una vez
más, vuelve a considerar su propia creación, tratando de
explicarla para orientación de sus lectores. Al hacerlo, es,
sin embargo, consciente del elemento intuitivo y misterioso
de toda invención poética. Y termina esta primera parte
del libro con una ilustración práctica de los mecanismos

—explicables e inexplicables— a través de los cuales surge la obra de creación. Se trata de un breve relato, «Incidente», cuya génesis y exégesis él mismo pudo explayar en un escrito posterior («La invención literaria»), resultado, en parte, de una especie de revelación en el sueño —lo cual confirma que, también el crítico necesita del beneficio de la intuición poética—.

«El mundo a la espalda». ¿Un nuevo género?

El subtítulo puesto a la segunda parte del libro parecería indicar que su autor «se ha echado el mundo a la espalda» en el sentido de que, llegado a su edad, puede despreocuparse de las muchas cuitas cotidianas de la vida; pero está significando también que los textos aquí incluidos pertenecen, en gran medida, a un mundo pretérito. Como informa Ayala en su breve prólogo al libro, los escritos con que comienza esta parte fueron redactados sin intención de publicarse durante la década de 1940. cuando él vivía en Buenos Aires, y que, después de haberlos olvidado, volvió a encontrar en ocasión reciente[6]. Son dieciocho anotaciones, casi siempre muy breves, acerca de asuntos del día, con la mayor frecuencia asuntos literarios, y están redactadas con la soltura de quien sólo escribe para sí mismo. Lo interesante es observar —y él lo observa en su prólogo— que el tono de intimidad recatada en ellos coincide con el de los escritos de época muy posterior —con el de sus obras actuales—, de manera tal que no puede notarse una ruptura de la continuidad entre aquellas anotaciones y las que les siguen en esta parte del libro, escritas hasta la fecha de hoy con vistas casi siempre a su publicación en la prensa diaria. Aquellas dieciocho notas, de carácter íntimo, redactadas en soledad, las emparenta con muchas de las piezas que figuran en «Días felices» (recuérdese, por ejemplo, «Una mañana

---

[6] Una selección de estos escritos fue publicada en el número doble de *Cuadernos Hispanoamericanos* en homenaje al autor (véase nota 3).

en Sicilia», que tiene toda la apariencia de una nota de
diario). Y téngase en cuenta igualmente, por lo que a esto
respecta, que, según Ayala ha declarado no hace mucho
en alguna interviú, el escritor viene trabajando actualmente en un especie de memorias personales.

En aquellos escritos tempranos se encuentra además
el germen de algunas de sus obras de ficción, trayendo
de nuevo a nuestra atención el nexo que existe entre la
experiencia vital y su expresión artística. Estos trozos,
durante mucho tiempo inéditos, pueden iluminar bien los
orígenes de varios aspectos de las obras publicadas antes.
Por ejemplo, «Entre palomas y ratas» nos lleva a la «Carta»
de Genaro Frías Avendaño al final de los «Recortes»; y el
título «*Ballo in maschera*», así en italiano, pasaría a ser
el de uno de los «Diálogos». «Sobre el llamado "estilo
fuerte"» y «Dámaso Alonso en Buenos Aires» contienen
reflexiones acerca de las obras que Ayala estaba redac-
tando por entonces; y «Niño prodigio» no sólo declara la
inspiración original para su cuento «El prodigio», sino que
identifica los versos alemanes a los que en este cuento
se les da la función de epitafio.

A continuación, y sin que nada denuncie el tiempo
transcurrido, salvo las fechas al pie de cada pieza, vienen
a insertarse veinte más, algunas publicadas previamente
y otras no, donde se recogen y comentan hechos curiosos.
Las fuentes de tales hechos, que el autor toma de la realidad externa, son muy diversas: el periódico diario, libros
clásicos, memorias, circunstancias o costumbres reales ob-
servadas por él, espectáculos, etc. Estos materiales tan
heterogéneos han sido sometidos por el escritor a una
elaboración intensa y, para contraste con los «Recortes»
ficticios donde se pretendía dar la sensación de objetividad,
ahora quedan subjetivizados en una meditación de tipo
ensayístico. Estelle Irizarry se refiere en su libro último
a esta clase de escritos recientes, queriendo ver en ellos «un
nuevo género extraño», y hace notar que (traduzco):
«... las anécdotas parecen increíbles ("ficticias"), pero son
verdad. Sin embargo, los materiales crudos de la verdad

han sido sometidos a los mismos procedimientos que Ayala delineó para la elaboración de "Incidente", a saber, selección y estructura, y el impacto es igualmente pronunciado»[7].

Entre los «materiales crudos» de que habla Irizarry, ocupan un lugar importante las referencias a obras de arte y literatura o a datos históricos mediante las cuales un hecho cotidiano, quizá anodino, adquiere un relieve y profundidad que le prestan alcance universal. Así, por ejemplo, en «Todos los caminos llevan a Roma», una procesión de homosexuales vista en las calles de Nueva York es superpuesta a un episodio análogo en *El asno de oro* de Apuleyo; o en «Sobre el trono» se relaciona una práctica sucia del presidente Bocanegra en *Muertes de perro* con la misma costumbre del duque de Vendôme, denigrada por el conde Saint-Simon en sus *Memorias*, o seguida en nuestros días por un presidente de los Estados Unidos, Lyndon Johnson. Con este procedimiento literario se crea la sensación de recurrencias infinitas en el acontecer humano —una sensación que ya se percibía, por el camino de la ficción, en *El jardín de las delicias*—.

Cosa semejante —pero en sentido inverso— se encuentra en varios de estos pequeños escritos, donde observamos cómo la interpenetración de arte y vida se efectúa al actualizarse en un hecho real algo que había sido formulado previamente en tal o cual obra de arte o de literatura. Así, por ejemplo, *La carta robada* de Edgar Allan Poe se actualiza en una noticia bastante siniestra leída en un periódico («El crimen perfecto, o el secreto de la momia»); o bien el retrato del gran inquisidor pintado por el Greco, así como el protagonista de la conocida novelita de Ayala, toman vida en la persona de un rabino que éste encontró en la esquina de su calle en Nueva York («Inquisidor y rabino»); o en fin, una invención literaria que figuraba en *El jardín de las delicias* toma cuerpo de realidad, según se refiere en «Muñecas de amor».

---

[7] *Francisco Ayala* (Twayne, Boston, Mass., U.S.A., 1977), pág. 143.

Volvemos, pues, a hallar en este nuevo libro la correspondencia íntima o aun la profunda unidad de arte y
vida que constituye el sentido último de *El jardín de las
delicias*, vista ahora desde la perspectiva del escritor reflexivo, y no ya del creador de ficciones. No olvidemos, sin
embargo, que todas las perspectivas tienen como punto
de arranque la personalidad única de Francisco Ayala.
Queda por examinar la cuestión de en qué medida el
tratamiento que se da a la realidad en «El mundo a la
espalda» no implica a su vez una creación literaria sui
géneris, como pretende la comentarista antes citada. No
hemos de intentar aquí resolver esta cuestión, pero sí
vamos a hacer unas consideraciones sumarias que pueden
contribuir a aclararla.

Integración final de vida y obra

Los pequeños escritos de la segunda mitad de «El
mundo a la espalda» son, en verdad, meditaciones donde
predomina lo reflexivo sobre el sentimiento y donde el
escritor habla para sí mismo más bien que para los eventuales lectores. Es la misma actitud a que responden las
anotaciones inéditas de la década de 1940, y por eso es
posible ahora publicarlas aquí formando unidad sin que
pueda advertirse una fundamental diferencia entre ellos.
Con un tono predominantemente lírico, también muchas
de las piezas de «Días felices» constituyen meditaciones
íntimas; y es digno de notarse que una de éstas, «Día de
duelo», fue escrita y publicada ya en 1941. En todos los
casos se trata de meditaciones en soledad, pues los destinatarios no son más que un pretexto retórico para un
enfrentamiento radical del escritor con el destino humano
de cara a la muerte.

Es la fase de madurez del escritor, con su visión serena
y —en cierto modo— desprendida del mundo, la que le ha
permitido rescatar aquí aquellos escritos privados, reuniéndolos con las meditaciones últimas, fruto de esa ma-

durez. Francisco Ayala lleva estas meditaciones más allá
de la literatura, borrando los límites entre la ficción y el
discurso no ficticio y rompiendo así las formas tradicionales —incluso formas establecidas por el propio autor en
su obra previa— para buscar una integración de la experiencia vital que abarque todos los matices posibles de
pensamiento y sentimiento. En esto consiste el parentesco básico entre los dos libros incluidos en esta edición,
de los cuales afirmábamos, al comienzo, que, desde ángulos diferentes, ambos están centrados en la personalidad
del escritor, y que cada uno a su manera resulta difícil
de caracterizar.

CAROLYN RICHMOND

BIBLIOGRAFÍA SELECTA

I. OBRAS DE FICCIÓN

Tragicomedia de un hombre sin espíritu, Madrid, 1925.
Historia de un amanecer, Madrid, 1926.
El boxeador y un ángel, Madrid, 1929.
Cazador en el alba, Madrid, 1929; Barcelona, 1972.
Los usurpadores, Buenos Aires, 1949; Barcelona, 1970; Barcelona, 1971.
La cabeza del cordero, Buenos Aires, 1949; Buenos Aires, 1962; Englewood Cliffs, N. J., U.S.A., 1968; Barcelona, 1971.
Historia de macacos, Madrid, 1955; Buenos Aires, 1964; Barcelona, 1972.
Muertes de perro, Buenos Aires, 1958; Madrid, 1968.
El fondo del vaso, Buenos Aires, 1962; Madrid, 1970.
El as de Bastos, Buenos Aires, 1963.
De raptos, violaciones y otras inconveniencias, Madrid-Barcelona, 1966.
Obras narrativas completas, México, 1969.
El jardín de las delicias, Barcelona, 1971.

II. CRÍTICA LITERARIA

Indagación del cinema, Madrid, 1929; Buenos Aires, 1949; Jalapa, México, 1966; Madrid, 1974.
Histrionismo y representación, Buenos Aires, 1944.
El escritor en la sociedad de masas, México, 1956; Buenos Aires, 1958.
Breve teoría de la traducción, México, 1956; Madrid, 1965.
Experiencia e invención, Madrid, 1960.
Realidad y ensueño, Madrid, 1963.
Los ensayos: teoría y crítica literaria, Madrid, 1972.
Confrontaciones, Barcelona, 1972.
La novela: Galdós y Unamuno, Barcelona, 1974.
Cervantes y Quevedo, Barcelona, 1974.
El escritor y su imagen (Ortega y Gasset, Azorín, Valle-Inclán, Antonio Machado), Madrid, 1975.

III. Tratados y ensayos

Historia de la libertad, Buenos Aires, 1943.
Razón del mundo, Buenos Aires, 1944; Jalapa, México, 1962.
Tratado de sociología, Buenos Aires, 1947; Madrid, 1959.
Introducción a las ciencias sociales, Madrid, 1952.
Tecnología y libertad, Madrid, 1959.
España, a la fecha, Buenos Aires, 1965; Madrid, 1977.
Hoy ya es ayer, Madrid, 1972.

EL JARDÍN DE LAS DELICIAS

No pintó tan extrañas pinturas Bosco como yo vi.

QUEVEDO

¡Oh, qué bien pintaba el Bosco! Ahora entiendo su capricho. Cosas veréis increibles.

GRACIÁN

DIABLO MUNDO

¡Que a éste llamen mundo!... Hasta el nombre miente. Llámese inmundo y de todas maneras disparatado.

GRACIÁN

...s descansa mi dolor
...risteza y sospirar
...n esto estan en calma
...passiones y doliendo
...sospiro es como ellalma
...llega luego en partiendo

¶ fin

...as adonde triste van
...s sospiros que vo
...poco remedio dan
...no los acogeran
...no ver qual quedo yo
...quien los haze salir
...a se querra vengar
...con bazellos venir
...con vellos tomar

Otras suyas por q
...migo supo yua donde su...
...za estaua.

...odase buelue en manzilla
...bidia que de vos
...que partis de seuilla
...sera marauilla
...er si nos buelue dios
...que vezes donde vays
...dama si mirays
...de vella si la veys
...gozoso cos sintays
...ue si aboluer prouays

nos possible quescapeys

¶ Vuestros ojos que seran
preciosos desque llegardes
la gloria quellos auran
llorando la pagaran
ala buelta si tornardes
Por que tal es su figura
desta señora que /os digo
cos veres en tal tristura
en tal pena y desventura
que veres mi desabrigo
mi congoxa y mi ventura

¶ Señales de conoscella
en vos las conoscereys
por que sentires en vella
passion que recude della
si delante la teneys
Que señas no pueden ser
dallas de tan gran poder
ni se podran escreuir
ques menester el saber
de quien las pudo hazer
para podellas dezir

¶ fin

¶ Y si nos embaraçays
de vella tanto hermosa
suplicos quele digays

la passion que me dexays
dela muerte desseosa
y questo dubdoso y cierto
acompañado y desierto
de su vista y no la veo
mi esto biuo mi esto muerto
ni ando errado ni acierto
enla muerte que posseo

¶ Esparsa suya.

¶ Ella no... ma de turar
basta queste la crueza
vengada de mi tristeza
y jamas sa de vengar
Assi ques fuerça guardar
el remedio de ventura
basta que canse tristura
y agora conhença andar

¶ Otra suya assu ami
ga por quele dio una pena

¶ Esta pena que me distes
y la muerte que tome
son los bienes que gane
pues vos señora quesistes
Y traygolos por q no han cab...
mis males por: ques razo (ma
la muerte puesta enellalma
la pena enel coraçon

¶ Omieça una obra de. Rodrigo cota amanera de dialago en
trel amor y un viejo q escarmentado dl muy retraydo se figura en una huerta seca y
destruyda dola casa dl plazer derribada se muestra cerrada la puerta en una pobre
zilla choça metido /al ql subitamete parescio el amor cõ sus ministros y aql humil
procediendo y el viejo en aspera manera replicado va discurriendo por su habla hasta ql viejo
...or fue vecido y começo a hablar el viejo enla manera siguiente.

...rrada estaua mi puerta
...vienes por do entraste
...ron por que saltaste
...aredes de mi huerta
...edad y la razon
...ti man libertado
...el pobre coraçon

retraydo en su rincon
contemplar qual las parado

¶ Quanto mas queste vergel
no produze locas flores
ni los frutos y dulçores
que solies hallar enel

Sus verduras y hollajes
y delicados frutales
hechos son todos saluajes
conuertidos en linajes
de natios de eriales

¶ La beldad deste jardin

Folio lxxii-v. de la primera edición (Valencia 1511) del *Cancionero general*, de Hernando del Castillo, donde se imprimió por primera vez el «Diálogo entre el Amor y un viejo», de Rodrigo Cota.

En el centro, bajo la balaustrada de macetas floridas, la
fuente redonda, casi a nivel
del suelo, con su surtidor; y
junto a ella, tendido en el
suelo también, el aro de juguete, azul y rojo, que una
niña ha dejado caer. Dos
círculos, el aro y la fuente,
uno más pequeño y el otro
bien grande, tendidos ambos
sobre la arena. Los veo, como
círculos, pero al mismo tiempo
me doy cuenta de que en realidad su forma es oblonga.

Cuadro de familia.

Corpulentas, hermosas, opulentas,
hermosísimas, blancas, rosadas, rubias,
altivas, lentas, inocentes, indiferentes,
nosotros las contemplábamos con
admiración — nosotros los oscuros,
los barbudos, los peludos, los morenos,
los ojinegros, los enjutos y gamentosos, los chisporroteantes,
los sedientos, nos quedábamos
contemplándolas con pasmo.

RUBENS, *Ninfas y sátiros.* (Madrid, Museo del Prado.)

NIMAS NIMENOS

FINIS GLORIÆ MUNDI

Tumba de huesos cubierta /. con un paño de brocado

VALDÉS LEAL, *Postrimerías*. (Sevilla, Santa Caridad.)

En todo lo alto, encaramado siempre, triunfaba y el cabrío de la Bockbier.

GOYA, *Macho cabrío*. (Madrid, Museo Lázaro Galdiano.)

vimos irrumpir en el comedor
a la famosa Primavera, no precedida ahora por la fragancia de
Flora ni flanqueada de las Gracias,
sino escoltada por un angelote hermoso de tres o cuatro años, fruto
de su vientre, y un caballero, su
gallardo esposo, que en el cuadro original figura bajo el atuendo de Mercurio

BOTTICELLI, *La primavera* (detalle). (Florencia, Uffizi.)

dos brujas que, en un rincón, engullían infatigablemente, con sus flácidos, pintarrajeados, pringosos e insaciables hocicos, atroces alimentos a los que sólo daban tregua de vez en cuando para echar hacia nosotros furtivas ojeadas malignas.

GOYA, *Dos viejos comiendo sopas.* (Madrid, Museo del Prado.)

Ella y yo le llamamos mi
ermita al apartamentito sucinto donde, como un San
Jerónimo en la jungla de
asfalto, paso las horas de
mi vejez con algún libro

ESCUELA DE RIBERA, *San Jerónimo.* (Madrid, Museo Lázaro Galdiano.)

sus fauces están abiertas
con no sé qué promesa
de mieles en la muerte,

DURERO, *Sansón mata al león*.

*Cuando por azar descubrí hace años
esa casita burguesa sin autoridad alguna en el borde mismo de tan
ilustre y palaciega ciudad, habiéndola
mirado y admirado largo rato*

Chalet art nouveau. (Salamanca, 1905.)

soplando sus mudas Trompetas, lo
terribles querubines del lado izquierdo
mientras a la derecha, con sus orejas
de burro, reclutaba eternamente
Carón a los condenados para
el infierno.

MIGUEL ÁNGEL, Boceto para el *Juicio Final* de la Capilla Sixtina (detalle).
(Berna, Colección Schneeberger.)

¡Cuántas veces no me había
detenido yo a su pie, allí en
el puente del Tíber, y me había
extasiado contemplando, radiante
de blancura contra el azul del
cielo, esa inocencia patética,
esos ojos impávidos y candorosos
bajo una frente oprimida por la
riqueza de tantos sueños!

Roma, Ponte Sant'Angelo sobre el Tevere.

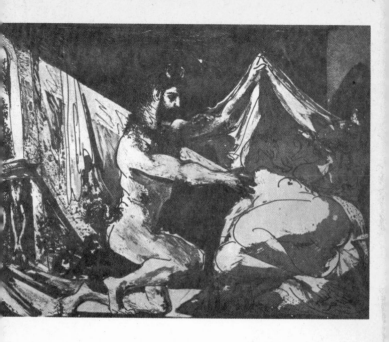

¿Sueñas? ¿Qué es-
tarás soñando, lejos
de mí?

PICASSO, *Minotauro y durmiente*, 12 junio 1936 (aguafuerte y aguatinta).
(Nueva York, Colección del Museum of Modern Art.)

Amor sagrado

y

Amor profano

TIZIANO, *Amor sagrado y amor profano.* (Roma, Galleria Borghese.)

Famosa es en el mundo
la sonrisa de aquel otro angel,
tan celebrado, tan fotografiado,
en la portada de Reims.

Ángel (detalle). (Reims, Catedral.)

los ojos de mi imaginación
se deslizaron hacia la
escalinata de la Piazza
di Spagna cubierta de
flores y turistas. Pero esta
visión, esta fuga, no ha-
bía de durar sino un
instante.

Vista de la Piazza di Spagna, en Roma (grabado del siglo XVIII).
(París, Bibliothèque Nationale.)

RECORTES DEL DIARIO *LAS NOTICIAS*, DE AYER

En las páginas de los diarios parisienses, amarillentas ya en sus colecciones encuadernadas (pues se trata del año 1921), puede encontrarse la información acerca del asalto al tren expreso París-Marsella, la refriega que, una semana más tarde, costó la vida en un restaurante elegante a los cuatro bandidos que, pistola en mano, resistían a la intimación poli- cial, y en fin, el proceso, sentencia y ejecución de su cómplice, el joven Mécislas Charrier, condenado a muerte por la audiencia de Versalles. Aunque la intervención de este insignificante sujeto, a quien se describe como un petit tuberculeux, había sido secundaria y meramente auxiliar, sólo él quedaba para responder ante la justicia, y esta circunstancia, sumada a la in- solencia de su carácter, lo llevó a la guillotina. Vano fue que el abogado defensor, insistiendo sobre la desgracia de su sino, hi- ciera vibrar ante el jurado la nota piadosa: terminada la vista del juicio, el acusado se encaró con la sala y desafió a aquellos burgueses a que le cortaran la cabeza ... André Salmon lo refie- re así en sus Souvenirs sans fin.

Y ¿por qué acude este caso a la memoria y a la pluma del poeta? Resulta ser que aquel desdichado, a quien intentó Salmon prestar alguna ayuda y cuyo proceso estaba siguiendo muy de cerca, era hijo de cierto curioso personaje, uno de tantos bohemios como, a principios de siglo, pasearon su mise- ria por el Barrio Latino: el emigrado polaco Mécislas Golberg, que no había legado al infeliz Charrier la mina de oro de su apellido, sino tan sólo ese prénom exotique de Mécislas, y la tuberculosis. Todo un capítulo de los Recuerdos sin fin está dedicado a la pasión del padre, Mécislas Golberg, cuya figura pintoresca evoca otro escritor como la de «un buitre de jardín botánico», estrafalario y famélico. André Salmon, que in illo *tempore* *fue amigo suyo, aprovecha la truculenta postdata del hijo en el patíbulo (postdata, digo, porque el progenitor había muerto ya años atrás) para cerrar con el debido toque patético sentimental la semblanza de su personaje.*

Pero acerca de la mujer que había sido amante de su amigo y madre del desventurado Charrier apenas puede darnos Salmon otro dato (Golberg no parece haber sido demasiado comunicativo) sino el muy sucinto de ese apellido corriente al que aguardaba tan infame publicidad, y la noticia de que, un buen día, resolvió abandonar al lamentable polaco dejándole en prenda el pequeño Mécislas, todavía entonces niño en pañales. Cuantas especulaciones cupiera hacer al respecto son ociosas, y de nada valdría conocer los detalles; después de todo, el hecho escueto clama por sí mismo. Y el hecho es que el buitre de jardín botánico se encontró de pronto, en su tugurio bohemio, con una criatura de pocos meses a su cargo: un niño de pecho. A falta de cuna, lo instaló en un cajón de la cómoda, que mecía con los pies al tiempo de escribir sus filosofías tísico-anarquistas, tal vez musitando alguna canción de su propia infancia, mal recordada y peor entonada. Para alimentarlo, salía con el alba a apropiarse la botella de leche dejada a la puerta de algún vecino ... Y eso es todo. Nada más; nada, entre tan desamparados comienzos y el episodio que había de terminar en la guillotina.

Ha pasado medio siglo. En las bibliotecas duermen las memorias de André Salmon, y las páginas de los periódicos amarillean. ¿Por qué se me ocurre a mí ahora sacar a colación este caso, que no tiene mucho de particular, que es un caso más entre tantísimos otros semejantes? No lo sé bien; no estoy demasiado seguro. Quizá porque, desde hace un tiempo, me dedico a fraguar noticias fingidas que, en el fondo, son demasiado reales, buscando usar la prensa diaria como espejo del mundo en que vivimos, y prontuario de una vida cuya futilidad grotesca queda apuntada en la taquigrafía de ese destino tan desastrado.

EL CASO DE LA *STARLET* DUQUESITA

Inesperado y feliz desenlace tuvo ayer por fin el caso de Duquesita Luna, la rubia *starlet* cuyo óbito, producido en circunstancias no muy claras, diera lugar a tantas especulaciones y, desde luego, a una activa investigación por parte de la policía judicial.

Como sin duda recuerdan todos nuestros lectores, Duquesita apareció muerta en su cama cuando, puestas sobre aviso por la portera del inmueble, las autoridades allanaron hace quince días el lujoso apartamentito ocupado por la joven artista. Desde un primer instante se supuso lo que luego había de confirmar la autopsia del cadáver: que el deceso había sido debido a ingestión de una dosis excesiva de barbitúricos, cuyo frasco, casi vacío, podía verse junto a un vaso cerca del lecho.

Con demasiada frecuencia suele darse por descontado el suicidio en los casos de muerte ocasionada por drogas somníferas; pero en el de la señorita Luna ciertos detalles —sobre todo la ausencia de huellas dactilares en los mencionados recipientes, frasco y vaso, sumada al hecho, que los análisis viscerales revelaron, de haber absorbido la difunta antes de tomarse las fatales pastillas una cantidad de bebidas alcohólicas suficiente para turbar sus facultades de discernimiento— hicieron concebir la sospecha, no tanto de inadvertencia por parte de la desdichada, como de que alguna mano alevosa hubiera podido aprovechar su estado de embriaguez para embarcarla hacia las regiones del eterno descanso mediante el hábil montaje de un crimen perfecto.

Fruto de las diligencias policiales fue la detención preventiva, hoy hará una semana, de Inocencio Caballero, alias *Tirabuzón*, el «amigo» y «protector» de la infortunada

Duquesita, personaje cuyos turbios antecedentes y conducta tenían que señalarlo en seguida a la atención de los
investigadores como el sospechoso número uno. Los sucesivos interrogatorios a que este sujeto se ha visto sometido día tras día, y durante los cuales incurrió —según
fuimos informando oportunamente— en crecientes contra-
dicciones sin que lograra ofrecer una coartada convincen-
te, dieron pábulo a la sospecha inicial y terminaron por
enredarlo en una situación muy comprometida, de la que
sin embargo ha escapado a última hora como quien arries-
ga un salto mortal, exhibiendo una carta autógrafa de
Duquesita donde esta infortunada joven declara en términos paladinos su intención de quitarse la vida.

Dicho documento, que si no honra a Caballero lo ex-
cusa al menos de toda responsabilidad criminal, contiene
entre otros los siguientes párrafos: «No puedo más —se lee
en la carta—, y tú lo sabes que no puedo más. Pero eso
no te importa. ¿Qué te importa a ti eso? A ti no te importa
nada de mí; ni de nadie. Sólo de ti mismo. Y lo peor es
que, sabiéndolo, soy tan estúpida que no puedo (no puedo,
¡no!) pasarme sin ti. Mientras esté viva y aliente, no podré
nunca pasarme sin ti». (A continuación vienen unas frases
que la decencia nos impide reproducir, y en las que se
evidencia la índole de los vínculos que ataban a esta infeliz con su indigno amante; pero la expresión anterior
es bien significativa: *Mientras esté viva y aliente.*) «Sólo al
faltarte lo que yo te doy —sigue diciendo la carta—, no mi
cariño, por supuesto, no mis caricias, ni mi alma entera,
sino mi dinero; sólo cuando te veas privado del dinero que
gano para ti, te darás cuenta quizá de que yo representaba *algo* en tu existencia.» Y con detalles patéticos y ab-
yectos, por el estilo de los que varios testigos, entre ellos
el dueño del cabaret Sultana, habían hecho públicos, continúa reprochando al que califica de «castigo mío» su
inicuo proceder.

En vista de esta carta, cuya autenticidad parece fuera
de duda, Inocencio Caballero ha sido puesto inmediatamente en libertad, quedando el caso concluso.

OTRA VEZ LOS GAMBERROS

En pleno día y en un paraje céntrico de esta Capital hubo de registrarse ayer uno más de esos incalificables atropellos que grupos de desalmados jovencitos se divierten desde hace algún tiempo en perpetrar contra los ciudadanos pacíficos, sin que la policía haya conseguido hasta ahora poner coto a sus desmanes. Ha sido esta vez víctima del juvenil vandalismo el contador público don Francisco Martín, de 54 años de edad, quien, tranquilamente y ajeno a todo peligro, se dirigía a primeras horas de la tarde hacia el Parque de los Héroes, llevando de la mano a su nieto Paquito, niño de 8 años. Cerca ya de la entrada al Parque, y cuando cruzaban abuelo y nieto por en medio de un grupo de adolescentes estacionados en la acera, notó el señor Martín que, desde atrás, uno de ellos le arrebataba el sombrero. Volvióse a rescatarlo de manos del bromista; pero éste lo pasó en seguida por el aire a otro de sus compañeros, quien, con ademán de querer devolverle la prenda a su dueño, aguardó a que el paseante estuviera cerca para, en lugar de entregárselo, lanzarlo por encima de una valla y desafiar al irritado propietario con gesto insolente, las manos en los bolsillos y la barbilla salida.

Según parece, el señor Martín alzó el puño en actitud amenazadora mientras profería algún denuesto; pero antes de que hubiera podido pasar a vías de hecho —y ¿quién duda de que su violencia estaba justificada?— otros dos o tres de la pandilla lo aferraron por la espalda y, empujándole, lo entraron en el Parque medio a trompicones medio en volandas, mientras Paquito, que había presenciado con terror la escena, los seguía pidiendo socorro.

La cosa no quedó ahí, sino que, después de sentar al

señor Martín en un banco, sujeto siempre por los brazos y hombros, sus agresores le acercaron repetidas veces a las orejas cigarrillos encendidos, produciéndole serias quemaduras de las que más tarde hubo de ser asistido en la Clínica de Urgencia número 7. Al mismo tiempo que sufría este martirio, el pobre señor pudo ver cómo uno de los gamberros se apoderaba de Paquito y, después de sacudirlo brutalmente, lo volteaba, agarrado de una mano y un pie, hasta arrojarlo por fin en el pequeño y delicioso estanque cuyas aguas sirven de espejo a la estatua del poeta Rosamel. De ellas sería sacado sin vida un poco más tarde, cuando —avisada por algún testigo que no debió atreverse a intervenir— acudió la policía al lugar de la escena. Por lo que luego pudo verse, la infeliz criatura presentaba una fuerte contusión en la sien derecha, que si no fue causa inmediata de su muerte, le privaría en todo caso de conocimiento.

En una rápida batida, la policía pudo capturar a cinco de los bestiales mozalbetes, los hermanos N. y J. M., de 18 y 16 años respectivamente; L. R., de 17 años; J. H. J., de 17 años, y G. V., de 18 años, quienes, previo interrogatorio, pasaron a disposición del Juez de Menores. Según los informes que hemos podido recoger, la única explicación que los detenidos dieron de su conducta fue —literalmente— «que aquel tipo no sabía tomar por las buenas una broma de muchachos». En cuanto a las quemaduras infligidas al señor Martín, sólo adujeron —y esto, riéndose todavía— que su víctima tenía las orejas tan grandes como un elefante, de modo que se les había ocurrido la idea de aplicarle unos botones de fuego para ver qué hacía.

Interrogado acerca de los motivos que había tenido para tirar a Paquito al estanque, el joven G. V., que se confesó autor de la fechoría, se remangó como respuesta un pernil del pantalón y mostró, indignado, en su pantorrilla las marcas de un mordisco que, sin duda, el desdichado niño debió darle en defensa de su abuelito.

ESCASEZ DE LA VIVIENDA EN EL JAPÓN

Un pintoresco suceso ocurrido en Tokio pone de relieve la gravedad que en aquel país ha alcanzado el problema de la vivienda. La policía detuvo días atrás en un parque céntrico a una pareja que, al abrigo de un seto, estaba entregándose a las efusiones más íntimas. Conducidos a la comisaría los fogosos amantes, su identificación dio a conocer que los detenidos eran marido y mujer. Ante circunstancia tan insólita, quiso saber el comisario qué motivo había impulsado a la pareja a ejercer en lugar público sus actividades genéticas en vez de reservarlas para el sagrado del domicilio conyugal; y entonces el esposo, no sin orientales circunloquios y embarazadas sonrisas, hubo de explicarle que dicho domicilio consistía en una sola habitación donde se alojaban, con el matrimonio y tres hijitos, su suegra y dos cuñadas, cuya presencia continua ofrecía más penoso impedimento a las naturales expansiones que el eventual paso de algún extraño por los arriates del parque.

POR COMPLACER AL AMANTE, MADRE
MATA A SU HIJITA

La populosa y no bien afamada barriada de El Serón fue escenario ayer de un crimen monstruoso que no sin razón ha llenado de horror al vecindario, pues pocas veces habrá podido mostrarse tan al desnudo la ferocidad de la condición humana como en este caso, cuyas circunstancias por lo demás aún no han sido completamente esclarecidas.

Víctima del horroroso suceso fue una criatura de pocos meses, la niñita Inés Martín, a quien su propia madre, Luisa Martín, hundió el cráneo a martillazos, instigada al parecer por su amante, Luis Antón, alias El Perinola, sin profesión conocida, el cual, según ella declaró en la comisaría, le había exigido ese sacrificio como prueba de amor.

El propio Perinola fue quien, con increíble desfachatez, puso el hecho en conocimiento de la policía, aterrorizado —dijo— por la conducta de su amiga, pero más probablemente movido del temor a las consecuencias que su participación en el espantoso infanticidio debían acarrearle.

De las versiones, no en todo concordes, ofrecidas por la siniestra pareja se desprende que la infeliz Inesita constituía, con sus llantos nocturnos, una perturbación para el descanso y las sucias expansiones de los amantes, y que ya antes más de una vez el Perinola, irritado, hubo de abandonar el lecho y la casa para acogerse bajo el techo de otra vecina a la que también solía otorgar sus favores, amenazando con no volver a pisar el suelo de Luisa Martín mientras ésta no enseñara buenas maneras a su hijita. Varios vecinos han confirmado que en ocasiones tales la desnaturalizada madre maltrataba a la criaturita brutalmente, con el previsible resultado de aumentar el escándalo, obligándolos a intervenir y agotando la poca paciencia del barbián.

Insiste Luisa —mujer todavía joven, pero estragada por la mala vida— en que sólo ante el ultimátum del Perinola, que la puso a elegir entre él y la pobre mocosa, se resolvió a acometer la atrocidad final. En este punto, las declaraciones de uno y otro discrepan: mientras el hombre sostiene que jamás sugirió semejante alternativa, explicando prolijamente sus peleas con la querindonga y su deseo de romper relaciones tan molestas, ella insiste en afirmar que, no sólo le exigió el Perinola que se deshiciera de la nena (en prueba de su amor a él), sino que hasta llegó a ponerle en la mano el martillo con que debía machacarle la cabecita, como en efecto lo hizo en un momento de obcecación del que en seguida se arrepentiría. Sin embargo, es lo cierto que ni la mirada seca de sus ojos, ni lo indiferente de su actitud, dan testimonio de semejante arrepentimiento.

Entre la multitud de casos curiosos que a diario se producen en toda gran urbe, una vez más debemos registrar hoy el de alguien que, viviendo en la mayor miseria, resulta a su fallecimiento ser dueño de una enorme fortuna. Se trata ahora de la anciana doña Virtudes Sola, de 67 años de edad, tenida entre sus vecinos por persona un tanto extravagante, de carácter huraño y reservado, pero inofensiva en el fondo y, sobre todo, digna de compasión por su extremada pobreza y de simpatía por la altivez con que sabía llevarla. Doña Virtudes no se trataba con nadie, y apenas si cruzaba el saludo con los demás inquilinos de la casa donde venía ocupando una habitación desde hacía treinta y tantos años. Por las mañanas solía salir temprano, vistiendo siempre prendas señoriales en el último grado de deterioro, y se pasaba varias horas fuera de su casa, durante las cuales se la encontraba a veces revolviendo los recipientes de basura o recogiendo envases y otros residuos en los supermercados, para regresar luego con una bolsa de la que sobresalían los más dispares objetos.

Pues bien: en el día de ayer, extrañados sus vecinos de no haberla visto aparecer durante varios, dieron parte a las autoridades, quienes, tras algunas averiguaciones, dispusieron el allanamiento de su vivienda. Según podía temerse, allí fue hallada la pobre anciana, que yacía muerta sobre un jergón. Problamente el deceso se había producido dos o tres días antes.

Hecho el levantamiento del cadáver y demás diligencias de rúbrica, las autoridades procedieron a examinar con cuidado la habitación donde por tan largo tiempo se había alojado la infortunada señora, que, tal cual queda dicho, vivía completamente sola sin que nadie pudiera dar razón tampoco de parientes o conocidos suyos. El estado en que la pieza se encontraba es indescriptible. Por lo pronto, el jergón, tendido en el suelo, aparecía desgarrado, sucio y hediondo hasta lo inverosímil. En un destartalado armario se almacenaban trapos, sombreros, plumas, velos, todo ello picado de polillas y maloliente. En un ángulo de la pieza, el montón de periódicos y revistas viejas subía hasta el techo. La cocinita estaba equipada con una cacerola abollada, una sartén muy negra, un plato, y casi nada más. En el cajón de una mesita se guardaban varios papeles. Y entre esos papeles estaba oculta la gran sorpresa: un resguardo del banco y otros documentos, indicativos de que doña Virtudes practicaba denodadamente, no sólo la de la frugalidad, sino también la del ahorro, pues, según ha resultado, poseía una ingente fortuna, cuya cuantía exacta aún no ha podido establecerse, pero que en todo caso deberá cifrarse en millones.

Como al comienzo decimos, no es nada infrecuente la miseria del rico. Todavía estará en la memoria de nuestros lectores el impresionante suceso cuyo protagonista, el maestro de escuela Mendieta, espera en la cárcel la vista de su juicio; pues, habiendo muerto de inanición —según la autopsia pudo probar— su hija única, Antoñita, de 37 años, vino a averiguarse que, pese al considerable capital que había acumulado mediante el combinado ejercicio de la usura y de la más rigurosa abstinencia, Mendieta privaba a la infeliz criatura y, por supuesto, se privaba a sí propio, hasta del mínimo alimento indispensable para subsistir. Por desgracia para él, aunque físicamente muy extenuado, los peritos psiquiatras no parecen inclinados a certificar que su salud mental sea deficiente.

UN *QUID PRO QUO, O WHO IS WHO*

Un despacho procedente de Estados Unidos informa acerca de cierto *quid pro quo* que, aun cuando surgido en circunstancias macabras, no deja de presentar un aspecto divertido. Habiendo terminado un vuelo en el aeropuerto de Seattle dos azafatas de una de las principales líneas aéreas norteamericanas, Marilyn Botlin y Linda Murray, tomaron un taxi para dirigirse a la ciudad, con tan mala fortuna que, durante el trayecto, chocó el vehículo y a consecuencia de la colisión quedó muerto su chófer y malheridas ambas muchachas. Cuando la ambulancia que acudió a recogerlas hubo llegado al hospital pudo comprobarse que Marilyn había fallecido. En cuanto a Linda, quedó internada en estado de gravedad suma, con numerosas fracturas en todo el cuerpo y terribles contusiones en la cabeza.

La compañía a cuyo servicio trabajaban las azafatas tomó a su cargo la ingrata misión de informar a las respectivas familias, facilitándoles gentilmente pasajes para que se trasladaran a Seattle desde los lugares de su residencia en Phoenix, Arizona, y Beograd, Ohio.

Cuando los padres de Linda hubieron pasado un par de horas junto a la cama en que su hija yacía enyesada e inmóvil, decidieron rendir visita al establecimiento de pompas fúnebres donde se velaba el cadáver de la infortunada Marilyn, ante cuyos restos mortales estaba llorando su afligida madre. Cuál no sería la sorpresa de los visitantes al creer reconocer, a la vista del féretro, en el cadáver allí expuesto, los rasgos de su propia hija, Linda, a quien pensaban haber dejado hacía pocos instantes cubierta de vendajes en el hospital...

No es difícil imaginar la escena desgarradora que a continuación se produjo. Deshecho el equívoco, los progenitores de Linda debieron ceder a la mamá de Marilyn las reservas de esperanza que albergaban, y cargar en cambio con el fardo de la desesperación absoluta en que la pobre señora estaba sumida.

Tan tremendo error resultó, sin embargo, muy explicable. En la confusión del momento se habían trocado los documentos de ambas muchachas, y fueron anotadas en el registro del hospital con la identidad cambiada. Menos explicable parece que la madre de Marilyn aceptara como suyo el cadáver de Linda, a quien ni siquiera conocía. Azorada y balbuciente, confesó luego entre lágrimas la buena mujer que durante bastante rato había estado acallando sus dudas, pues temía que el trabajo admirable llevado a cabo por los técnicos de la funeraria le hiciera incurrir de nuevo en una situación ridícula, como cuando, un par de años atrás, acabado el entrenamiento y preparación que la línea aérea había dado a su hija, compareció ésta ante ella tan transformada por virtud de las artes cosméticas que al pronto fue incapaz de reconocerla, y aun después no se cansaba de mirarla y admirarla como a una extraña. ¿No habría operado ahora el *mortician* un milagro semejante al que antes produjera el *beautician?*

ISABELO SE DESPIDE

Una catástrofe de aterradoras proporciones estuvo a punto de ocasionar el entusiasmo juvenil de la multitud de muchachas que, en impresionante caravana de automóviles y ómnibus, acudieron ayer al aeropuerto para despedir a su ídolo, el cantante Isabelo, cuya actuación en esta Capital, tras dos semanas de excitación frenética, hubo de darse por finalizada impostergablemente con la función de anteanoche.

La policía, que desde el comienzo mismo se había visto obligada a tratar la visita del famoso Isabelo —siempre en peligro de ser triturado por la enormidad de su propio éxito— como un caso de orden público (y un caso, por cierto bastante delicado, ya que no estamos en presencia del motín vulgar ni de los desórdenes habituales en partidos de fútbol y carreras, sino de una epidemia de exaltación nerviosa que ha cundido entre la tierna población de todo nuestro sistema escolar), adoptó durante la mañana de ayer las precauciones necesarias en evitación de que a última hora, en el momento de la despedida, pudieran producirse los daños irreparables que hasta entonces había conseguido evitar protegiendo con astucia y energía la integridad física del popularísimo artista.

Para permitirle que abordara, indemne, el avión se había acordonado en efecto el recinto, disponiendo que permanecieran recluidas en los edificios cuantas personas no vinieran provistas del boleto acreditativo de su condición de pasajeros; y sólo cuando estos últimos estuvieron ya instalados dentro de la aeronave apareció sobre la pista Isabelo, cuyo paradero se había mantenido secreto hasta el instante mismo. Su presencia, no bien advertida, fue saludada con un clamor delirante, clamor que, lejos de amainar, se prolongó todavía en tono creciente, mientras que el artista, acompañado de su gerente y de tres gendarmes, interrumpía su avance a cada paso para volverse a saludar con ambos brazos a la multitud de adolescentes que, desde las plataformas de observación, promovía indescriptible algazara. Cuando, por fin, con un postrer saludo, la rizosa cabellera de Isabelo desapareció en la penumbra por la portezuela del avión, el griterío ensordecedor que tan sostenidamente lo había aclamado se transformó en espantoso alarido de dolor y rabia. Y dio comienzo la refriega. Con violencia inconcebible, las innumerables jovencitas hasta entonces agolpadas en terrazas y plataformas se precipitaron escaleras abajo en avalancha hacia las puertas para romper el cordón de policía, desbordando los esfuerzos con que ésta procuraba impedirles el acceso a la pista.

El jefe del destacamento debió apelar a los recursos de emergencia, ordenando que las mangas de riego preparadas al efecto cerraran el paso a las ardorosas criaturas; pero ellas, súbitamente paralizadas por la sorpresa, reaccionaron en seguida; y cuando ya el avión empezaba a moverse en busca de la posición de vuelo, irrumpieron sin que nadie pudiera decir cómo, y rotas las filas de guardianes, corrieron en tropel hacia la pesada aeronave, rodeándola por completo a riesgo de que su avance ya iniciado hiciera quién sabe cuántas víctimas entre las belicosas e imprudentes chiquillas. Por suerte, el piloto frenó la máquina y logró detenerla a tiempo, sin otro accidente que algunos ataques de nervios, a los que —junto con las inevitables contusiones— quedó reducido el holocausto.

Como esta actitud de los adolescentes —en este caso, muchachas sobre todo— sorprende e inquieta a muchas personas adultas, incapaces de comprender a la nueva generación, nos ha parecido oportuno, una vez desaparecido en el horizonte el aparato que se llevaba en su seno al adorado Isabelo, sondear el estado del ánimo de algunas de sus llorosas secuaces, ya más calmadas y en tren de reintegrarse a los hogares respectivos.

Las respuestas obtenidas sorprenden por su absoluta unanimidad. Hemos preguntado a no menos de una docena de chicas, todas ellas, por supuesto, afiliadas al Club Isabelino, todas poseedoras de sendas colecciones de sus discos, ejemplares del folleto ilustrado *Isabelo y su mundo fascinante* y el guardapelo con retratito y mechón, del que tantos cientos de miles se vendieron hace meses, y que ellas atesoran cual reliquia inapreciable; pero, como dicho queda, las respuestas son análogas; y por consiguiente, en lugar de repetir varias pequeñas entrevistas nos limitaremos a consignar la reacción típica de Ilsa Martín, deliciosa rubita de catorce años.

Tomamos su nombre y le preguntamos:

—Dime, Ilsa, ¿cómo te sientes después de haber visto por fin a Isabelo?

—¡Uf! —exclama alzando las cejas y dejándonos adivinar el transporte de felicidad en que la presencia del ídolo la ha sumido.

—En el quinto cielo, ¿no? —precisamos. E Ilsa asiente con graciosos y repetidos movimientos de cabeza.

CIENCIA E INDUSTRIA

NUEVO PRODUCTO

Según se anuncia, la Sociedad de Promoción y Fomento lanzará al público en la semana próxima un nuevo producto cuyas características prometen resolver de una vez varios importantes problemas de la vida moderna. Se trata del Akiko Plura, desarrollo de una patente japonesa que combina ingeniosamente, como tantas veces ocurre en el campo del progreso industrial, dos inventos previos: la Frau Ersatz, que con tan buen éxito usaron los ejércitos de Hitler durante la segunda guerra mundial, y el Rubber Dance Partner o Mr. Mongo, que hizo furor hace años en los *night clubs* de Chicago.

Como nadie ignora (aunque en su tiempo estuviera algo oscurecido este invento tras la cortina de humo que protege a las armas secretas), la Frau Ersatz aportó una solución muy elegante al problema planteado en las filas del Tercer Reich por las dificultades de la movilización en masa y los rígidos principios raciales del régimen. En efecto, conforme sus unidades blindadas se extendían por Europa arrasando la tierra, pudo comprobarse no sin alarma que (sobre todo entre las nuevas promociones de reclutas, mal adoctrinados todavía) era bastante elevado el número de soldados que, refractarios por completo a las prácticas homosexuales, insistían en reclamar mujeres, siquiera fuese de raza inferior, con una perentoriedad que llegó a constituir amenaza seria para la moral del combatiente y aun para la disciplina del ejército. Entonces la ciencia germánica, providente siempre, acudió a la necesidad produciendo la mujer artificial que había de formar parte en seguida del equipo regular de las fuerzas en campaña. Cada compañía motorizada pudo disponer en efecto de su corres-

pondiente Frau Ersatz que, hecha de material plástico,
dispensaba en modo muy satisfactorio sus servicios bajo
la celosa administración de cabos y sargentos. En cuanto
al invento americano, fue por su parte fruto de una necesidad bien distinta: la de eludir los reglamentos de policía que imponen formales restricciones a la exhibición
del desnudo humano tanto como a las manifestaciones
verbales demasiado procaces en los lugares de diversión
pública. Atenida a dichos reglamentos, nada pudo hacer
la policía cuando una linda artista de variedades, cuyo
vestido era de irreprochable decencia, presentó un día al
público su *partner* Mr. Mongo, un muñeco de goma-espuma
en tamaño natural, abrazada al cual ejecutaría con silenciosa mímica varios números de baile para terminar en
la más cruda y lúbrica pantomima que los espectadores,
mudos también, se aglomeraban a presenciar día tras día,
llenos de estupefacta excitación.

Hijo de este Mr. Mongo y de Frau Ersatz, el recién nacido Akiko Plura combina, mejorados, los rasgos de sus
progenitores. La servicial walquiria hitleriana, aunque no
carente de cierto refinamiento, adolecía sin embargo de
excesiva uniformidad, pues, según es propio de una eco-
nomía de guerra, estaba producida en un solo modelo,
bien que otro detalle de su fabricación, debido ante todo
a razones también prácticas (aludimos a la circunstancia
de ser desinflable), permitía contemplar los gustos personales, graduando su volumen mediante la presión del aire
insuflado de acuerdo con las preferencias o caprichos de
cada usuario.

Akiko Plura se ofrecerá, en cambio, en un enorme surtido de modelos, destinados a satisfacer todas las demandas del mercado. No sólo ha de presentar diversidad de
sexos y razas, sino tal variedad en sus detalles anatómi-
cos como para responder a los deseos de la más refinada
fantasía. Junto a esto, se prevé además una derivación uti-
litaria, en cuanto que el nuevo mecanismo permitirá ca-
nalizar y acopiar reservas de materia prima para los servicios de inseminación artificial en manera análoga a los

depósitos de plasma sanguíneo que ya existen para las transfusiones requeridas en los hospitales.

Inútil parece ponderar la importancia de las funciones que el nuevo invento está llamado a cumplir en la sociedad contemporánea, tan plagada de inseguridades y tensiones no obstante la plétora económica de que disfruta; pues claro está que Akiko Plura puede traer alivio a los penosos sentimientos de soledad que, perdido entre la multitud, asaltan con frecuencia al hombre moderno, y compensarlo de tantas frustraciones como lo afligen.

Desde ahora puede anticiparse una enorme aceptación para el nuevo producto. Según se dice, una importante firma que ya explota con excelentes resultados una cadena de establecimientos con máquinas lavadoras y otra de restaurantes automáticos, está estudiando incluso la posibilidad de abrir al público, por vía de ensayo, un local de Autoservicio «Akiko Plura».

ACTIVIDADES CULTURALES

CONFERENCIA NOTABLE

Éxito resonante obtuvo la conferencia pronunciada ayer en el prestigioso salón de Amigos de las Artes y Tradiciones Patrias, por nuestro veterano hombre de ciencia, el ilustre doctor Nocedal Cascales, figura egregia y digna de los más altos galardones, cuya candidatura al Premio Nobel nadie ignora que en ocasiones repetidas fue objeto de rumores muy persistentes. Aparte de que el tema de la disertación anunciada, *Biología de la Edad Provecta*, presenta como es obvio un interés general, sea en términos actuales o prospectivos, el solo nombre del conferenciante hubiera sido bastante ya para concitar numeroso público alrededor suyo. Tan fácilmente no se echa en olvido la bien ganada fama de una lumbrera nacional, pese a esos eternos descontentos para quienes en este país no sabe honrarse el verdadero genio. ¿Afirmará alguien después del acto reseñado que los laureles del doctor Nocedal están secos? Aguardado con tensa expectación, tan pronto como el orador apareció en la tribuna fue acogido por los aplausos entusiastas de una multitud nutrida, entre cuyas apretadas filas le sería grato, sin duda, reconocer muchas caras amigas.

En efecto, el público que colmaba la sala estaba constituido en cantidad quizá predominante —al menos, así le pareció a este cronista— por caballeros de edad avanzada, en cuyo número pudimos distinguir, no sólo a varios colegas del sabio disertante, sino a personalidades señeras en todos los campos del saber, de la investigación y de las letras. Junto al acrisolado prestigio del orador y al indiscutible atractivo del tema que iba a desarrollar, contribuyó tal vez a tan simpática demostración de solidaridad el anticipo de primavera con que inesperadamente nos convidó el día de ayer, cuya temperatura benigna invitaba a disfrutar la caricia confortante del astro-rey, circunstancia feliz a la que agradecemos el haber podido saludar entre la concurrencia a algunos de esos beneméritos varones que, acogidos desde hace tiempo al rincón apacible de las clases pasivas, escatiman cada vez más sus apariciones públicas; sin que dejara de deparársenos incluso la agradabilísima sorpresa de comprobar cómo algún que otro ochentón a quien acaso creíamos desaparecido para siempre, se conserva todavía —a Dios gracias— en excelente estado y asistido del mejor espíritu.

La conferencia constituyó prueba palmaria de que el viejo maestro no ha perdido nada de sus admirables dotes mentales. Con ática galanura abordó el tratamiento de los problemas del envejecimiento, haciendo de ellos un planteamiento general amplio, filosófico. Se refirió, por supuesto, al tratado *De senectute*; pero, salvada toda la reverencia al pensador romano, advirtió en seguida con justificado orgullo el doctor Nocedal que él, por su parte, se preciaba de no ser un moralista, sino un hombre de ciencia, y que, en cuanto tal, su propósito era estudiar la edad provecta, como en efecto lo hizo, desde el punto de vista biológico y fisiológico, sin que en su sólida exposición faltara no obstante más de una nota de humor agridulce. Muy celebrado fue, por ejemplo, el consejo que se permitió dar a quienes ya van entrando en años, de procurarle a sus piernas ejercicio moderado, sin desdeñar oportunidades como la que con frecuencia ofrece a esas alturas de la vida el sagrado deber de acompañar hasta su última morada los restos mortales de amigos, compañeros y conocidos. El ejercicio que con periodicidad discreta requieren todos los miembros del cuerpo —todos, sin excepción, puntualizó— es esencial para la longevidad y, dentro de ella, para el mantenimiento de la salud, fuente de perenne alegría.

A este propósito, y después de haber esbozado una excursión sobre las virtudes recomendables de la calistenia, fustigó el orador ciertos prejuicios —tan inveterados como estúpidos, dijo— acerca de la vejez, prejuicios —aseguró— desprovistos por completo de base científica, tales, entre otros, esa común creencia de que las capacidades sexuales del macho humano se debilitan y aun extinguen hacia los sesenta y cinco o setenta años de su edad. La denuncia vehemente de este absurdo error, que el doctor Nocedal Cascales ridiculizó con frase cáustica, hubo de suscitar en el auditorio una verdadera cascada de carcajadas burlescas, desmentido elocuente e idóneo con que la sensata experiencia suele castigar las necedades del vulgo. Ese regocijo ruidoso y alborozadas risas que suscribían y confirmaban el dictamen de la ciencia, culminaría por último en una ovación cerrada, ante cuyo homenaje la cabeza venerable del estudioso hubo de inclinarse en actitud agradecida, sin que —lejos de calmarlas— tanta modestia tuviera otro efecto que el de redoblar las manifestaciones de ardiente aprobación por parte del público.

Pocas indicaciones más, y éstas de carácter clínico-preventivo, completaron la magnífica disertación del eminente sabio, quien, al tiempo de abandonar el local, fue objeto de las felicitaciones más efusivas.

A la salida nos detuvimos a recoger impresiones en los grupos de asistentes que con unánime elogio se demoraban a comentar el acto. Entre todas las exteriorizaciones de entusiasmo que pudimos escuchar, destacaremos tan sólo una frase lapidaria del eximio poeta Jiménez Mantecón: «Con su mera presencia, el propio conferenciante ha ilustrado sus tesis. ¡Qué vigor, intelectual y físico! ¡Qué lozanía! Un caso admirable; ¡admirable!».

CARTAS DEL LECTOR

Sr. Director:

La decisión municipal, recién anunciada, de proceder, por supuestas razones sanitarias, al exterminio de las palomas de la ciudad me ha ocasionado perplejidades que quizá no sea yo el único en sentir.

Modesto funcionario acogido al régimen de jubilación, la ausencia de esos animalitos representaría para mí —no me avergüenzo en confesarlo— una pérdida inestimable. Es uno de los pocos placeres que me restan en la vida la compañía de las aves venustinas, a quienes me complazco en obsequiar con miguitas o algún puñado de granos siempre que el estado del tiempo y el de mi salud precaria me permiten disfrutar del aire libre en cualquier banco del paseo. Comprendo que, existiendo los alegados motivos de salud pública, nada puede significar el gusto de alguien que, cualesquiera fueren sus servicios pretéritos, ha llegado a ser, como las palomas mismas, un parásito de la sociedad. No me atreveré, pues, a protestar de que se las elimine; pero sí sugiero con el respeto debido a las autoridades: ¿acaso no deberían aplicarse primero sus desvelos a exterminar las ratas que, en cantidad aterradora, pueblan nuestro subsuelo, y cuya presencia me resisto a creer menos nociva para la población humana que la de mis amigas, las habitantes de cornisas y tejados?

Atentamente suyo

Genaro Frías Avendaño

Sr. Director:

Es inaudito el estado de abandono en que los servicios de limpieza tienen a la ciudad y en particular a la esquina de la calle Buenavista con Avenida de las Acacias donde por desgracia vive y muere esta servidora. No basta con que durante la noche entera transiten camiones a todo escape y estruendosamente; no basta con que trepiden los edificios cada vez que un tren subterráneo pasa bajo sus cimientos; no basta con que los aviones atruenen el espacio y los vecinos se obsequien recíprocamente con sus radios y televisiones puestas al máximo volumen. Por si tanta molestia fuera poca, diríase que los encargados de asear el pavimento público se han olvidado para siempre de esta esquina, del sector, o quizá del barrio entero, pues es el caso que los detritos de esos centenares de perros que, tres veces por día, sacan sus dueños a dar el consabido paseíto higiénico van acumulándose en los bordes de las aceras hasta formar con el tiempo un depósito seco, mezclado a otras inmundicias, que los pasos de los transeúntes terminan pulverizando, y cuyos miasmas se alojan en nuestros pulmones tan pronto como alguna ráfaga de viento los levanta del suelo. ¿Es tolerable esta situación, señor Director? Cierto que a todo se acostumbra una, pero debemos reconocer que también existe un límite.

Agradecida a la atención que se digne prestar a mi queja, le saluda su afectísima

Eufemia de Mier

DIÁLOGOS DE AMOR

DIÁLOGO ENTRE EL AMOR Y UN VIEJO*

—Mira, nena, a mí no me vengas poniendo ojitos, que yo ya no estoy para esas bromas.

—¿Qué bromas?

—Para esos trotes.

—¿Qué trotes?

—Trotecillos cochineros de jamelgo matalón.

—Ay, qué gracioso es el señor. Vamos, apostaría a que usted, si le da por entusiasmarse, es muy capaz todavía de trotar y retozar como un potrillo. ¿Verdad, tú, que tengo razón? ¿Qué te parece a ti? Por testiga te pongo.

—Testigo se dice, niña; no testiga.

—Yo digo testiga porque nosotras, señor mío, para que lo sepa, somos muy mujeres; y ésta aquí es mi testiga. Oiga, si usted quiere acaso enseñarme gramática, yo le podría enseñar en cambio otras cositas que valen mucho más.

—De esa clase de cosas, hijita mía, estoy yo muy al cabo; estoy ya de vuelta, y sé bien lo que valen: al final, nada. Demasiado bien que lo sé, y no lo he aprendido sino a mis

* «Querido Camilo: Ahí te envío esa quisicosa para *Papeles*. Aquellos lectores que nada sepan de Rodrigo Cota —casi todos, supongo— detectarán en seguida muy sagazmente el carácter autobiográfico de mi *Diálogo*. Los que tengan noticia del ropavejero comprobarán, en cambio, con la natural satisfacción, que se trata de un plagio indecente.» (Carta de F. A. a C. J. C.)

propias expensas. ¿Quieres que te diga? Y escuche también la testiga: esas cosas que a ti, con sólo pensarlas, te hacen chisporrotear los ojuelos, entérate, es cierto que traen, no voy a negarlo, momentos de grande gozo; eso es verdad; pero con ellos acarrean muchas penas, muchos afanes, angustias, ansias locas, desesperaciones, rabiosos celos, lágrimas, y un continuo desvivirse, para dejarle como saldo a uno, ¿qué?: este triste derribo que aquí ves. Es así: aquel mozo que, si lo hubieras conocido, era como un castillo, hoy está por los suelos, hecho tal ruina que me encuentro por la calle y no me reconozco. Ésas son las burlas del amor insensato y traicionero, las amargas cenizas de tanto fuego... ¡A buenas horas vienes tú, criatura, a ponerme ojitos! Has llegado al mundo demasiado tarde para mí: lo siento. ¿Cómo no te das cuenta, bobita? De veras que lo siento; pero cuando tú apenas abres los ojos, yo soy ya puro carcamal... Escúchame, nena: del escarmentado, el consejo. Tú eres aún muy niña y, a pesar de todas tus picardías, una inocente en el fondo. Escúchame a mí: has de saber que, entre tantas y tantas calamidades, algo tiene de bueno la vejez: que, por lo menos, ya está uno del otro lado, uno sabe ya a qué atenerse, y conoce el engaño, y no hay peligro de que vuelva a caer en la trampa: muy tonto sería uno... Con que... no, no; a otro perro con ese hueso.

—¿Un hueso soy yo, señor? ¿Así me trata?

—No te enojes. Un hueso difícil de roer para mis malos dientes de perro viejo. Una rosa fresca, si yo fuera joven todavía.

—Menos mal que le oigo una palabra amable. ¿De veras que le parezco una rosa fresca? Repítamelo siquiera; ande, repítamelo.

—Ay, si fuera yo todavía quien fui... Si por arte de magia... Pero ¿qué haces, criatura? Apártate; vade retro, Satanasa. ¡Fuera manos, que me encandilas! Respeta mis canas.

—Déjame, viejito lindo, que acaricie este copete, suave como el plumón de una paloma. No me seas tan arisco.

—Buena pájara eres tú. Ay, Dios, estas niñas de ahora nacen sabiendo.

—¿Y eso es malo? Más vale así, después de todo. Así, una puede ver debajo del agua, y no fiarse de apariencias. ¿Viejo usted? Vamos, hombre, que tampoco hay por qué hacerse el viejecito. ¿O es que desea el señor acaso que le regalen el oído y le digan, como es la verdad, que muchos gaznápiros de veinte abriles darían cualquier cosa por lucir como él luce?... ¿Qué será que nadie está nunca contento? Aquí, el hombre, acomplejado de viejo, y esta amiga mía, en cambio, mi testiga, ¿podrá creer usted, caballero, que se siente deprimidísima de ser todavía tan jovencita? La muy simplona se piensa que, siendo casi un baby, nadie le hace caso ni la toma en serio...

—Ah, eso no, señorita. Grave error.

—Pues, bueno: igual se equivoca usted al imaginar que no hay quien lo mire con buenos ojos porque en vez de la sosera de esos insoportables muchachones es un hombre hecho, sazonado y vivido, y tiene un algo... Tiene, ¿cómo decirlo?, una especie de... En fin, no me haga hablar, que no soy una descarada ni una sinvergüenza, aunque se lo parezca y usted me haya llamado pájara.

—¿Te he llamado pájara? También te he llamado inocente. Pájara de las nieves, por lo blanquita. Una calandria, por la voz cantarina. ¡Ah, pajarita pícara y linda! Pero inocente, más que pájara, porque gastas en vano tus trinos y diriges tus dulces reclamos a quien a duras penas podría responderte.

—No, no, no. A quien quisiera no responder, porque tiene miedo. Pero yo siento que me responde ya. Responde, responde, sí, aunque no quiera.

—Nacen sabiendo estas niñas. Y yo, por mi parte, ¿no sé muy bien que todo esto es un disparate? Pero ¿quién se resiste? ¿Cómo pasar de largo ante una rosa temprana que te envuelve con su perfume delicioso? Ven acá, criatura encantadora; ven, preciosa niña.

—Quieto; calma. ¿Y es éste el que tan viejo era? ¿El que

nada quería conmigo? ¡Quieto, digo, caramba! ¡Vaya con
el vejete atrevido!

—Ven, nenita, no me huyas, no te me escapes, no te
rías así.

—La rosa tiene sus espinas, ¿se entera? A la calandria
hay que perseguirla: no crea que va a dejarse cazar tan
fácilmente.

—Pues hasta el fin del mundo he de seguirla, aunque
pierda el resuello.

—Y aún así puede escapársele saltando de rama en
rama, y de árbol en árbol... Anda, tú, ven, corre también,
testiga, a ver si este Matusalén logra alcanzarnos.

—Niña, niña, basta de huir. Basta, que para juego ya
está bien. ¿Es que quieres matarme? ¿O qué broma
es ésta?

—¿Te cansas, viejo, reviejo? ¿Te cansas ya? ¿Ya no
puedes correr más? ¿Ya no te queda aliento, ya te ahogas,
ya toses, ya lagrimean tus ojos pitañosos? Pues, ¿qué te
habías creído, carcamal? ¿Que con esas patas tiesas de jamelgo ibas a poder alcanzarme? ¿No te das cuenta de que
a tu edad esos fuegos no son sino fuegos fatuos, luz de
cementerio que asusta y no calienta? ¿O pensabas que
comiendo de la rosa recuperarías tu antiguo ser? No, respetable caballero; no se ha hecho la rosa para la boca del
asno, ni usted es de oro, ni tampoco estoy soñando en
una noche de verano... ¿Eh, testiga? ¿Qué era lo que
te decía yo? Míralo, ya lo estás viendo. Ahora tendrás
que pagarme la apuesta. Ahí lo tienes al viejo tonto,
casi reventado y suplicando de rodillas. Vámonos, anda.
Vamos corriendo a tomarnos esos helados que vas a
pagar tú.

—Ay, pobre de mí. Insensato, majadero, viejo tonto.
¿Qué me ha entrado? ¿Cómo he podido dejarme arrebatar
así, caer en locura semejante? ¡Y tan a sabiendas! ¡Estú-
pido de mí! Si disculpa tengo, mi única disculpa sería que
yo me estaba tan tranquilo, cuando vino ese diablillo delicioso a sacarme de mis casillas. ¿Por qué tenía que venir
a tentarme, y no me pudo dejar en paz? Luego, yo, por

miedo, por puro miedo, en eso tiene razón, estuve grosero y desagradable. En ningún caso debí de haberla tratado así. Era el miedo, claro está; pero ella bien ha querido castigarme. ¿Qué idea le daría de venir a meterse conmigo? ¡Cualquiera adivina lo que puede esconderse en una cabecita así! Yo no debí en ningún caso... Bueno, bien me ha castigado: con la crueldad de los pocos años. Se ha cobrado bien. Y si otra vez viniera... Quizá tenga lástima, se arrepienta un poco, y vuelva todavía. A lo mejor, quién sabe... No debo hacerme ilusiones, pero quizá... Si no volviera, si es que uno ha llegado al punto en que sólo sirve de irrisión, ¿para qué vivir entonces?

UN BALLO IN MASCHERA

—Mira, Pascualín, hijo mío, encanto; escúchame: ya
vas siendo grande, y es hora de que empieces a salir del
cascarón. Todos me lo repiten, que debo de darte alas.
Me lo dicen para fastidiarme, ya lo sé; pero de cualquier manera no deja de ser cierto, y yo lo veo sin que nadie me lo
tenga que decir. «Señora, ese niño ya está muy crecido,
y usted no se decide a destetarlo». ¡Qué chiste! ¡Se creerán
que tiene gracia! Ni tan crecido. Claro, como te ven gor-
dito y hermoso, no se dan cuenta de que, en el fondo,
sigues siendo una criatura todavía. Envidia, y ganas de
fastidiar, lo sé demasiado bien; pero, de todos modos, bueno
será que aprendas a moverte por el mundo; yo voy ya
para vieja, y un día u otro... ¿Tú qué dices, nene?

—Mami, yo no digo nada.

—Ven, ven por acá, mira que sorpresa te tengo, mira
qué disfraz tan lindo te he preparado. De pierrot. Va a ser
tu primer baile de máscaras, y tienes que ir muy bien
vestido. ¿Ves tú? De seda. Precioso, ¿no? Es precioso. Para
que la gente se vuelva a mirarte, y tu pobre madre oiga
los comentarios... Todavía no te lo pongas. Primero, a
comer. Bebe ahora tu vaso de leche, y mastica bien la
carnecita, ¿oyes? Las vitaminas, por Dios, que no se ol-
viden con la prisa. Luego, luego, nos vamos para el baile.
Aquí tengo las entradas.

—¿Cómo no habías de protestar tú? Tú, siempre protes-
tando: Y la culpa es mía; la culpa, me la tengo yo, que
nunca termino de aprender contigo. Contigo, la única
forma, es decir a todo amén. Se te había metido en la
cabeza que tenía que ser el Casanova; lo que no sea el

Casanova, para ti no vale nada. Y yo te garantizo... Tengo la seguridad de que el Casanova, ha de estar irrespirable en un día como hoy. Por querer hacer mejor las cosas, uno, con buenísima voluntad...

—Pero, querido, si ya lo sé; si yo no te echo la culpa de nada; si yo no digo nada. Tú creías que el Casanova iba a estar irrespirable, okay; y me traes aquí, a Eldorado, que está irrespirabilísimo. Eso es todo; yo no me quejo.

—Pues imagínate, si esto está como está, cómo estará el Casanova.

—No veo por qué. Además, ¿no te he dicho ya que okay?

—En un baile de máscaras tiene que haber gente, me parece a mí. Si no hay gente, ¿qué baile de máscaras es ése, entonces?

—Okay, te repito.

—No, pero si no es cuestión de decirme okay. Hemos venido a divertirnos, ¿no es eso? ¡Creo yo! Y no es poco lo que piden por la entrada, para que, encima, andes con la jeta caída. ¡Okay, okay!

—¡Por fin! ¡Ay, Señor, gracias a Dios que te encuentro, vida mía! Hasta con ganas de llorar estaba ya; no podía encontrarte. Tanto buscar, y no podía dar contigo. Claro, en este barullo... ¿Dónde te habías metido? ¿O es que a lo mejor llegas ahora mismo? Capaz serías. Tú llegas ahora, no me digas que no. ¿Por qué te has retrasado tanto?

—Pues, ¿y aquel pierrot gordote, siempre con la vieja a sus talones? Parece un flan.

—Fíjate, fíjate aquella mascarita, qué ingeniosa; aquélla, allí; la que parece que anda hacia atrás. ¿No la ves? Parecería que caminara de espaldas; da la impresión. Pero no es que camine de espaldas, fíjate bien; es que se ha disfrazado así: la careta, en el occipucio, y por delante de las narices, una melena larga, que apenas si la dejará ver. Qué interesante, ¿no? Y lo mismo la ropa: se ha vestido lo de atrás por delante, y lo del pecho a la espalda. ¡Vaya

broma! Cuando no le ves los pies es igual que si anduviera
para atrás. Mira, mira: ahora se pone a bailar con el soldado romano de las piernas peludas. Un poco indecente
resulta la cosa, pero divertida. Sugestivo, ¿no?; pero en
el fondo, ¿qué? Después de todo, nada.

—¡Qué suerte, qué felicidad, bien mío, haber podido escaparnos los dos solitos, con estos disfraces tan iguales!
Mi pierrot y tu pierrot. ¿Cuántos pierrots habrá aquí? In-
finitos. Una pareja más de pierrots, eso es lo que somos
nosotros. ¿Quién va a reparar? Y ahora, aquí, en este rincón, solos, solitos, solititos en medio de tanto sinvergüenza
y tanto loco. ¿Te das cuenta? Tenemos tres horas completas para no pensar en nada, más que en esta felicidad de
estar juntos, sin que nadie nos moleste, durante tres horas.
—Sí, encanto mío, aquí solitos tú y yo. Durante tres
horas completas. Hasta me parece imposible; es un sueño.
Dame, dame la mano, acércate bien, no te separes, no me
hables, no me toques tampoco. No, ahora no; abrázame
nada más. ¿Qué nos importa quién pase por delante de
nosotros, quién mire o vuelva la cara? Nadie puede conocernos. Estamos solos en el mundo, ¿verdad, tesoro
mío? Podrían pararse ahí enfrente tu mujer y tus hijos,
mi padre, mi madre, y toda mi gente: ¿qué importaría?
Nadie iba a adivinar que estas dos mascaritas, estos pierrots
tan cariñosos, éramos nosotros. ¡Cómo te quiero!... Pero
no me toques ahora; no puedo, tú sabes; luego, un poco
más tarde.

—Adiós, odalisco.

—Aquí, uno se cae, y ya no hay quien lo levante del
suelo. Dicen: «Está borracho», y pasan de largo. «Un
borracho», y lo dejan a uno tirado debajo de la mesa. Pero,
¿qué más me da a mí eso? Ni eso, ni nada. Yo me río
del mundo, sus pompas y vanidades. Todo me trae sin
cuidado. Si el piso es de madera, también mi espalda y mis
piernas, y mi cabeza, son de madera. De madera es la

pata de la mesa, tan barnizada, reluciente, abajo fina, más arriba, contorneada, en lo alto, cuadradita bajo el pliegue del mantel; y a su lado, de madera parecen esas dos piernas de mujer, extendidas, cansadas, saliendo de unos muslos que asoman por debajo de la falda. ¿De mujer, o de vieja? De una vieja asquerosa; de una viejona, seguramente. Los pies se le han escapado de los zapatos y de vez en cuando estiran los dedos, empinándose hacia arriba, dentro de la puntera de la media, como la colita de un animal torpe. Más allá, otros pies, muchos pares de pies, pasan persiguiéndose al compás de la música; pies de mujer y pies de hombre; pero éstos aquí, estos que mueven de vez en cuando los dedos a la altura de mi cabeza, cansados ya, pertenecen sin duda a una vieja que —apostaría yo— no se ha quitado el antifaz. Se sacó los zapatos, pero el antifaz lo tendrá bien encajado, para que no se vea que es una vieja repulsiva, la dueña de esta mano que, ahora, llena de sortijas, percudida, con manchitas color de hoja seca, pero eso sí, muy cargada de anillos, ha descendido y rasca perezosamente el muslo izquierdo, dejando en el pellejo unas señales amarillas, como si me rascara a mí la calva; mientras que yo, pobre de mí, ya que nadie acude a levantarme del suelo, me duermo, me duermo, me duermo, me duermo.

—«Ahora van a ver todos esos quién soy yo», dije entonces. Se pensarían ellos que yo no soy hombre para eso, y para mucho más.

—¿Por qué me has traído aquí? No debíamos haber venido aquí. Me gusta, sí; pero tengo miedo. Temo que algo va a pasarnos. Tú... Cada vez que pienso que podrías desaparecer, de pronto, en medio de toda esa multitud... ¿Para qué has tenido tanto empeño en traerme? ¿Y en hacerme beber tanto? Si sabes que me hace daño, si te lo tengo dicho y redicho, que yo en seguida me mareo, me descompongo, me siento mal, y ya no soy más yo...

—Bueno, ahorita nos vamos. Anda, vámonos. Te llevo para otra parte.

—Muy tonto es lo que es este niño.

—Como comprenderás, ya no podía más. Hace calor y más calor; hace un calor insufrible. Y ¿de qué valía que me quedara allí, velando junto al cadáver, cuando no hay quien aguante ya los olores? Ya sé que tendré que arrepentirme toda mi vida; pero, hija mía, tú eres mi amiga; tú tienes que comprenderme y compadecerme. Y si no, que te zurzan.

—Ustedes, muchachos, no saben nada de nada; ¿qué van a saber? Están criados como señoritas, en el mayor regalo, y no pueden figurarse siquiera lo que es la vida de un viejo lobo de mar. Digan, jovencitos, ¿por qué no me piden que les cuente los peligros, las tempestades, las batallas? Sólo les interesa oír la historia de mi noche de bodas, que la he contado ya no sé cuántas veces. Se regodean con eso.

—Pero es que yo no la he oído nunca. Ni éste. Ni éste. ¿Tú la has oído alguna vez, odalisca? Tampoco. ¿Ve? La odalisca tampoco la ha oído. Ande, cuéntela, mi sargento.

—Si no tiene nada de particular, idiotas. La contaré, pero no tiene nada de particular. Fue una boda excelente. La cosa había empezado como de costumbre: «¿Tú me quieres?». «No digo que no». «Bueno, pues entonces vamos a casarnos». La ceremonia estuvo muy bien. Fueron padrinos el capitán y su señora. Hubo banquete, en un café que tiene salón-comedor independiente, cerca del puerto. Comimos de todo, con abundantísimo vino, y licores de postre. Y cuando el capitán dijo que, lamentándolo mucho, tenía que ausentarse, yo levanté la reunión. «Andando», le ordené a mi esposa, y nos fuimos para casa entre las cariñosas ovaciones de los convidados.

—¿Y luego?

—Llegamos, y ya pueden suponer. La casa estaba sola, claro está. «¿Qué hacemos?», le dije a ella. Y ella me contesta: «Pues lo que tú quieras.» Yo propuse echar una partidita de cartas.

—¿Una partidita de cartas?

—Una partidita de cartas.

—¿Los dos solos?

—Los dos solos. En la casa no había nadie. Conque nos pusimos a jugar, y jugamos un buen rato.

—Y así fue cómo se pasaron ustedes la noche de bodas.

—No, tonto; porque a poco empecé a calentarme yo, y me levanté de pronto para tirarle el zarpazo; pero ella que me vio las intenciones se alzó también de su silla y empezó a huirme alrededor de la mesa. ¡Qué miedo que tenía! Decía que yo abandonaba el juego porque había visto que ella iba ganando. Corría y saltaba; yo no podía pillarla. Se escapaba, riendo, alrededor de la mesa, y yo no conseguía echarle el guante.

—Pero al final pudo agarrarla.

—¡Qué revolcón le di, muchachos! «Deja, no seas bestia, espera, que me vas a romper el vestido», me decía. «¿El vestido? Sí, sí. Aguarda y verás».

—Pero, Pascualín, criatura, ¿qué haces aquí tú, hijo de mi corazón, escuchando disparates?

—Déjelo, señora; no se preocupe. Ya es un hombrecito.

—Y usted un grosero. Vamos, vámonos de aquí, angelito mío.

—¿Y adónde quieres que nos vayamos, mami?

—A donde no oigas esas cosas, nene.

—Pero es que...

—Te lo tengo muy dicho. Debes tener cuidado de con quién te juntas. Tu pobre madre siempre se ha desvivido por procurarte buenas compañías, y tú... Baila, nene; saca a bailar a alguna mascarita decente; baila un poco, que el ejercicio te hará bajar de peso, para que no te llamen todos gordinflón, los muy envidiosos. ¿Ves aquella niñita vestida de pastorcilla? Pues con ella podrías bailar. Anda, anímate. ¿No quieres que me acerque yo a pedirle que baile contigo?

—Pero si sabes que no me gusta bailar, mami, y ni siquiera sé.

—Pues hay que aprender, hijo.

—¿Crees que no me he dado cuenta, pendón? Eso de-
muestra lo que tú eres; un verdadero pendón, una porquería humana, una basura, lo más arrastrado que pueda
haber en el mundo. Me he dado muy bien cuenta, pedazo
de carroña. Con una mano toqueteándome a mí por
dentro de la ropa, y por la otra, con mucho disimulo, haciéndole la cochinada a aquella especie de estantigua.
¿Quién era?, que si llego a echarle la garfada... Pero, no;
buena prisa se dio a escurrirse como una anguila, a esca-
bullirse como una lagartija, apenas se percató de que yo
no me estaba chupando el dedo. No sé ni cómo no te
mato, basura humana, mierda. ¡Qué asco! Déjame que es-
cupa, que vomite; ¡qué asco! Con una mano a mí, y mientras tanto, con la otra...

—A los menores de edad no se les expenden bebidas alcohólicas, por más que se presenten disfrazados de pierrot.
Está prohibido, ¿sabes, mocoso? Y si vuelves a sacarme
la lengua te...
—Pero, señor, si lo que yo le he pedido es un heladito
de fresa. Usted no me insulte.

—¿Qué tipo, ese sargento, no? ¡Qué bárbaro! ¡Ay! ¿te
imaginas un hombrón así?
—No me digas, chico. ¡Mujer suertuda, la esposa!
—¿En qué terminó lo del sargento, muchachos?
—Tu mamita querida no te dejó escuchar lo mejor del
cuento.
—De mi madre no consiento yo que nadie hable mal;
no lo consiento, y basta.
—Pero, pedazo de pierrot, ¿quién...? Mira, anda, vete
con tu mamita, y no me hagas desbarrar. Caramba, muy
tonto es lo que es este niño.

—Estaba empeñado el muy burro en darme por donde
no es, pero yo, claro está, no me dejé, qué se ha creído.

No me dejé, qué va. Que se lo haga a su santa madre, si gusta.

—No te enfades; tú en seguida te enojas. Pero la verdad es que aquí la atmósfera está demasiado cargada. Nada sería el humo del tabaco, las ventosidades, sino que a eso se une el olor de tantísima vomitera. De modo, querido, que si no lo tomas a mal...

—Okay.

—¡Qué belleza, Dios mío; qué fascinación! Todo lo que siempre arrebató mi fantasía de niña; todos mis juguetes: piratas fieros, arlequines, marineritos, un gallo, mosqueteros, damiselas, arlequines, pierrots, gatitos y gatazos, aquel fraile tan cómico, apaches, apachas. Y ahora, esta odalisca, esta encantadora odalisca, que de improviso se ha lanzado a ofrecernos la danza de los velos. ¿No es maravilloso? Viéndola evolucionar con tanta gracia, saltar y contraerse como una llama viva entre las brumas de sus tules celestes, dorados, rosa, bajo esta luz suave como rayo de luna, ay, a nadie me atrevería a confesárselo; pero yo, que todavía no he besado labios ningunos, daría un mundo por besar ahora mismo los de esa odalisca adorable.

—Señora, señora, que a su niño lo están violando en la cabina del teléfono. Acuda pronto, señora; acuda en seguida. Eso es un escándalo. Van a reventar la cabina.

—Se acabó la fiesta.

—Por fin. Creí que no se iban a ir nunca. ¡Qué pesados!

—Esos dos son de la clase de borrachos, tú sabes, que no hay manera de despegárselos. Se quedan los últimos, y todavía...

—No hables tan fuerte, que a lo mejor están ahí fuera, sentados en el felpudo junto a la puerta.

—De todos modos, ¿qué más da?: ni oyen ni entienden.

—La verdad es que nadie tenía ganas de irse. La fiesta ha resultado un éxito completo, ¿no? Creo que debemos felicitarnos.

—¿Te parece? A mí estas cosas me agotan. Sí, la verdad es que no ha quedado mal. Todo estuvo excelente, no podrán decir. Pero yo ya no me tengo, no aguanto más. Es que la gente carece de medida. Si hubieran ido yéndose a una hora discreta... Pero, no; hay que apurar la colilla.

—Bueno, tú, a propósito de colillas: ¿qué hacemos? ¿Sacamos de en medio ahora mismo esa tonelada de mugre que nos han dejado, o se queda todo así, hecho un chiquero, hasta por la mañana? A mí, qué quieres que te diga, me está doliendo la cabeza.

—Mira, más valdría que por lo menos esas colillas que tanto apestan las echáramos a la basura. Acuéstate tú si quieres, que yo lo haré.

—No, no; deja. En un momento vuelco yo los ceniceros, y mientras, tú sacas al pasillo ese ejército de botellas difuntas, que estorban y hacen bulto. ¡Qué bárbaros! ¡Qué manera de chupar, te das cuenta! La gente, cuando es a costa ajena, cómo sopla. Te fijarías en esa desgraciada de la Teretas, que ya el vaso de whisky se le caía de la mano y, mira, claro está, cómo no, mira de qué manera ha rociado la muy puerca el respaldo de la butaca y toda la alfombra. Ya no había modo de que saliera de ese rincón, estaba refugiada ahí como una cucaracha, y ha dejado alrededor suyo no sólo las manchas de la bebida, sino también, mira, migas de galletita, un pedazo de anchoa, bolitas de caviar, medio canapé mordido, ¡qué cerda!, para no hablar del montón de colillas empapadas de baba y pintadas de lápiz labial, que se amontonan ahí; mira, fíjate por favor, la muy cochina. Era para haberle dado una patada en el trasero, a la monona, qué rica ella, haciéndose la bonita con el marica de Suspirante; sí, sí, a buena parte iba, hazte la bonita, pero ¡qué va! Estaba ya como una cuba, y ni a tiros quería soltarlo. Y ¿para qué? ¿Para qué tanto empujarle y arrinconarlo con esos globos monstruosos que tiene, cuando a él cosas tales ¡plim!? ¿Qué plim? A él —en la cara se le notaba— esa clase de protuberancias le dan asco. A menos que no fuera el aliento de la muy putona borracha lo que le hacía ahogarse, pobre Suspirante, mientras con la vista seguía al títere de Togo en su mariposeo de flor en flor.

—Ah, por cierto... Oye, escucha: ¿viste cuánta razón tenía yo, y cómo el carcamal de don Tolete, tal cual yo pensaba, había hecho ¡crac!?

—No, caramba. De modo que era eso: murió. ¿Quién te lo ha dicho?

—Pero si yo creía que lo habías oído. Estabas al lado. Rago me lo dijo Pues... sí, eso era en efecto. ¿Qué otra cosa podía haber sido? Resultaba demasiado extraño que desapareciera el hombrecito así no más: ni teléfono, ni el menor rastro, nada. ¡Humo! Y a la edad que tenía... ¿Qué, sino eso podía pensarse? Ya te lo decía yo: cascó.

—Pobre don Tolete. Sí, muchos años cargaba encima, es cierto pero... En fin, después de la desgracia del año pasado, bien se veía que el bueno del viejo no iba ya a levantar cabeza. La verdad es que el tipo no ha tenido

mucha suerte en su vida. Dinero, sí que lo ganaba, pero
¿y qué? Primero aquellos dos matrimonios suyos, uno tras
otro, a cuál más desdichado; y luego, cuando ahora parecía tan feliz con esa otra...

—Seguro que era feliz con ella: se le caía la baba. Un
viejo en las últimas, con mujer joven; digo, bastante más
joven que él...

—Bueno, pues por eso mismo no hubiera podido espe-
rarse que fuera ella, la joven, quien revienta de repente
(¡vaya golpe!), dejando solito a su viejo. Fue como un
mazazo en la cabeza, pobre diablo. Ya se veía que no iba
a poder soportarlo.

—Pero dime: ¿tenía yo razón o no?: ha cascado. ¿Ves
como yo estaba en lo cierto? ¡Qué tanto porfiarme! Pues
sí, le pregunté a Rago, tan amigote suyo, si sabía qué
había sido de él; pero antes de que Rago abriera el pico,
fue la arpía de su mujer quien se adelantó a darme la
noticia. Esa majadera jamás se despega del lado de su
cónyuge, es algo que ya da hasta rabia, y por supuesto
le quita siempre la palabra de la boca. Así que fue ella
quien me dijo: «Pero ¿no lo sabías, que Tolete ha muerto?
¿En qué mundo vives tú? —me dice—. Pues se ha muerto.
Murió hace ya como seis u ocho meses. Una buena mañana ¡zas! se lo encontraron tieso. Creo que, para conso-
larse de la viudez en que había quedado, se debió de ane-
xionar alguna muchachita y, como estaba ya hecho una
ruina que no podía ni con su alma, naturalmente...» Entonces Rago se creyó en el caso de salir en defensa de su
memoria póstuma (¡eran tan amigos!) y «No digas esas
cosas, mujer —reconvino con suavidad a su esposa—; eso
no pasa de ser una conjetura tuya.» «¿Acaso no era Tolete un viejo verde? ¡Vaya si lo era! Pues ¡a ver! Tú me
dirás.» Pero Rago, sin hacerle caso, ofreció entonces su
propia versión: Tolete era hombre a quien le gustaba
mucho comer bien, y aficionado al trago. Algún pequeño
exceso, sin duda, cosa que, a su edad, claro...

—El resultado es que reventó también él, como poco
antes la prójima. Y también de repente. ¡Pobre don Tolete!

—Bueno, ya tenía sus añitos. No podrá decirse de él que se ha malogrado. ¿Qué más tenía que hacer en esta vida?

—Eso es muy verdad. Sobre todo, después que se quedó solo... Pero oye, tú, dime, ¿qué hacemos?, ¿sacamos toda esta porquería ahora, o la dejamos ahí, y ya mañana será otro día?

HIMENEO

—Pero, hijita de mi alma, ¿por qué andas ahora con esa cara de cordero degollado? ¡Vamos! ¡Cualquiera diría que a donde te llevan es al altar del sacrificio, y no al de Himeneo! ¿Qué es lo que te pasa, si puede saberse? ¿Es que te da miedo?

—No lo sé, madre. Miedo, no, ¿por qué? Si todas se casan... Pero ¡qué sé yo! Estoy un poco nerviosa; no puedo evitarlo.

—Tú lo que tienes es miedo, no me lo niegues; eso es lo que te pasa a ti. Muerta de miedo es lo que estás tú. ¡Qué bobería! Anda, tontona: ya verás cómo después tú misma vas a reírte. ¡Si eso no es nada! Es como vacunarse, menos que vacunarse, te lo aseguro yo; y muchísimo menos que sacarse una muela. Ya me lo dirás mañana.

—Miedo, no tengo. Todas pasan por ello, de manera que... ¿por qué razón había de tener miedo? Lo que siento es más bien algo así como, ¡qué sé yo!, como vergüenza. ¡Sí, vergüenza!

—Hija mía, ¡qué rara que eres! La verdad es que siempre has sido una criatura rarísima. Y la culpa me la tengo yo, yo solita, por haber tenido la debilidad de permitirte que fueras siempre una niña rara. ¡Mire usted, con lo que se me sale ahora: vergüenza! ¿Vergüenza de qué? Si no hubieras sido una niña tan reconcentrada, metida toda la santa vida en casa como un hurón, mientras que a las demás chicas no hay quien las sujete... O, si no, ¿a que ninguna de tus compañeras anda con semejantes remilgos y pamplinas a la hora de casarse? No, qué va, a buen seguro que están ya todas ellas curadas de tales espantos, vacunadas y revacunadas contra esa clase de sustos.

Sólo tú habías de ser siempre la misma estúpida, una completa pavisosa. Y a bien que si no me hubiera preocupado yo de tu porvenir, lo que es por ti... Menos mal que, gracias a Dios, tienes una madre como no te la mereces. ¡Señor, qué lucha! Hasta buscarle novio a la nena. Para que luego me venga todavía ahora con ésas, la muy pavisosa: «Teño medo; teño vergüencha.» ¡Por Dios! ¡Vergüenza! ¿Qué vergüenza puede tenerse, digo yo, de una persona tan amable, tan educada y tan formal, todo un cumplido caballero, que te quiere y te adora, y no hay más que ver cómo se le cae la baba contemplándote, mientras que cualquiera de esos zangolotinos imposibles con quien a lo mejor hubieras preferido casarte, vaya usted a saber los disgustos que luego nos hubiese dado? Mira, niña, no seas cretina; no me saques de quicio: ¡bueno está lo bueno, y basta! Bailando de gozo tendrías que haberte levantado hoy, mientras todas esas descaradas que te consideraban una pazguata y se reían de ti, revientan envidiando tu suerte. Así es que ya lo oyes: se acabaron las caras largas, y vamos andando, que es mucho lo que todavía hay que hacer de aquí a la hora de la boda. ¡Qué alivio, Señor mío, cuando te vea desfilar por fin a los acordes de la marcha nupcial! ¡Qué peso va a quitárseme de encima!

—¿Qué cómo sigue hoy? Pues ¿qué quieres que te diga?... Igual que ayer, y que anteayer, y que mañana. Ni para atrás ni para adelante. No vamos ni para atrás, ni tampoco... Esto es ya algo que...

—¡Pobre señor!

—Sí, querida. Pobre él, y pobres todos. Yo te aseguro que, como esto continúe así, va a llevarnos a los demás por delante. A veces te juro que es que ya no puedo más, y —¡Dios me perdone!— pienso: «Pues si la cosa no tiene cura, si no hay remedio, si el final es el que tiene que ser, y mientras ese final llega él está sufriendo, y esto ya no es vida ni para él ni para nadie, ¿por qué, entonces...?» ¡Que Dios me perdone!

—Te comprendo, hija, te comprendo; pero ¿qué se le va a hacer?... ¡Paciencia!

—¿Y te parece poca la que estoy teniendo? Yo ya —puedes creerme— es que, sencillamente, no aguanto más. Al comienzo, todo el mundo se interesaba, todo el mundo se compadecía, todo el mundo estaba dispuesto a echar una mano. Por otro lado, alguna esperanza quedaba de que a lo mejor pudiera la cosa no ser mortal. Pero ¿ahora? Y es muy natural, me hago bien cargo: la gente se cansa. Sólo yo tengo que ser incansable, por lo visto.

—Vamos, mujer, no llores, no te desesperes.

—Si es que es horrible; te digo que es horrible. A veces llego a sentirme como podrida por dentro, mala entraña, con unas intenciones que más vale no...

—Lo que pasa, querida, es que tienes los nervios rotos. Y se comprende, con la carga que llevas encima. Yo bien quisiera poder venir de vez en cuando a ayudarte un poco, si no fuese porque una tiene también su marido, y sus hijos, que son exigentes, y —ya lo sabes— con ellos no hay sino estar siempre al pie del cañón. Pero ¡cuántas veces no hemos comentado entre nosotros, en casa: «¡Esa pobre Mariana es una verdadera santa, y una mártir! ¡Qué abnegación la suya, tan admirable!»; y te hemos compadecido!

—Admiración, no lo sé; pero en cuanto a compasión, ¡vaya si la merezco! Nadie sabe bien lo que esto es. Nada basta, nada se agradece. El pobre, como que se encuentra perdido, y con esos dolores que no lo dejan descansar más que a ratitos, se pone de penoso como un niño chico, y no es capaz de figurarse lo que su enfermedad supone para los demás. ¡Igual que un niño chico, con los mismos caprichos y todo el egoísmo y toda la desconsideración de los niños! Cuando estaba en el hospital, él, ¡pobrecito mío!, sabía demasiado bien que allí el chinchorreo de nada podía valerle, porque allí no hacen caso a las chinchorrerías de los enfermos: inyecciones, píldoras, temperatura, análisis, y todo lo que haga falta, muy bien; pero lo que es fastidiar por puras ganas de fastidiar, ¡ah, eso sí que no! Y tienen razón, qué caramba: ¿por qué habían de soportar ellos pejigueras? Los enfermos —si lo sabré yo— se ponen insoportables, en seguida quieren abusar. Tampoco me dejaban a mí que me estuviera allí sino en las horas de visita, pues la gente de la familia en esos casos sólo sirve de estorbo; de modo que, quieras que no, yo era para él como una visita, y el infeliz me miraba desde su cama con unos ojos que se me partía el corazón de verlo. Así, cuando por fin lo mandaron para casa yo me alegré, te lo aseguro. Ya se sabía que la cosa no tiene remedio, y me lo dijeron sin ambages: «Señora, su marido lo mismo puede durar quince días que seis meses», me dijeron. Y siendo así, es claro que no podían tenerlo ocupando una cama del hospital hasta tanto que buenamente quisiera Dios acordarse de él. Total, que me lo traje para acá, dispuesta a que, por lo menos, sus últimos días de vida los pasara envuelto en nuestros cuidados. Pero sí, sí: ¡qué quince días, ni qué...! Ya lo estás viendo. Al principio,

todos —su hermana, la sobrina, hasta el cuñado—, todos
se desvivían por atenderlo tan cariñosamente. (Tú sabes
cómo ha sido él siempre para los suyos: ¿quién no lo querrá,
a ese pedazo de pan?) Pero, hija, conforme iba pasando el
tiempo, cada cual, unos con un pretexto y otros con otro,
empezaron a sacar el hombro, que pretextos y aun motivos verdaderos nunca faltan, y aquí me tienes a mí bre-
gando yo solita con la situación... Te digo, querida, que
es horrible, que ya es que no puedo más. Porque él, el
pobre, no se da cuenta, ni en el estado en que está puede
pedírsele que tenga demasiados miramientos, y el hecho
es que... ¿Ves? ¿Lo oyes? ¡Ya me está llamando! En seguida, no falla. ¡Voy! ¡Que ahora mismo voy, hombre!
¿No puedes aguardar un momento?

EXEQUIAS POR *FIFÍ*

—¡Ay, padres desdichados! Tanto amor, tantos desvelos, ¿para qué? Para ver ahora a nuestra *Fifí* graciosa y linda, reducida a ese fardo inerte, que el corazón se quiebra de mirarlo: así pasan las glorias del mundo: polvo y ceniza. Y tú, *Fifí* de mis entrañas, perrita cariñosa y única, ¿por qué nos abandonas?, ¿por qué nos dejas solos? ¿Es ése el pago que merecen nuestros cuidados amorosos? ¿Qué será de nosotros mañana, sin oír más aquellos alegres ladriditos que siempre se adelantaban a saludarnos desde el otro lado de la puerta; sin ver más tus ojuelos vivaces, criatura inteligente y gentil, sentimental, sensible y sensitiva; tu lengüecita fresca como un pétalo de rosa temblando con ansia de besar a papá y a mamá cuando...?

—¡A papá!... Créetelo, si es que ello te consuela.

—No me consuela, pero es demasiado cierto. A mí, sí; a su papi era a quien *Fifí* quería por encima de todo. Consolarme, eso no me consuela; al contrario: me aflige más. Preferiría que hubiera sido como tú te lo figuras en tu retorcida mente: algún lenitivo tendría entonces esta pena que me ahoga.

—Los remordimientos serán los que no te dejen vivir, desalmado. ¡A buena hora vienes a darte cuenta de lo sensible que ella era, mi perrita del alma! Cada vez que me acuerdo de los malos modos que solías tenerle, y sólo por pura envidia y celos de ver que me quería más a mí... Pues ¿cómo había de ser? ¿En un hombrón rudo y feísimo había de confiar su corazoncito tierno? Aunque te pese, sólo en mi regazo se sentía ella a gusto: las afinidades electivas, ¿sabes, burro?

—¡Qué afinidades electivas! Mira, si lo dices porque tú

eres también una perra, en tal caso, rica mía, *niente* de
afinidades electivas. Tú serás todo lo perra que se quiera,
pero *Fifí*, en cambio, era un ángel; eso es lo que ella era,
pobrecita *Fifí*.

—Anda, maricón, insúltame encima. ¿Pues no me llama
perra? Y ¡quién va a hablar! Hombrón rudo: ¡sí, sí! ¡Mucho
hombre! Tan puto como yo, señor mío, por más que usted
pretenda darse aires de machote. Hijo, podrás engañar a la
gente, y hasta yo misma, por lástima, que una es buena,
hago como que me lo creo; pero no me vengas con el
cuento de que nuestra *Fifí* tenía contigo el complejo de
Electra. ¡Vamos, hombre! Has de saber que a los animales
el instinto no les falla, y aunque ella era una inocente,
bien podía leerse en su mirada, más de una vez he sor-
prendido en sus ojitos, ¿qué te diré?, como una especie
de reproche, o de sorna, sí, de reproche burlesco y compasivo, viendo que yo soy lo bastante boba para dejar que
me lo haga uno que es igual que yo misma, tan y tan
como yo misma. Conque... Pero además, ¿qué es lo que
te estoy contando? Demasiado comprendías lo que significaba su nerviosismo, sus ladridos de protesta cuando
nos veía metidos en faena, y claro está que por eso
te encoraba tanto y te sacaba de tino. Si cada vez
que me viene a la memoria la coz que en aquella ocasión
le diste, grandísimo bestia, que hasta hubo que llevarla
al veterinario...

—Bueno, basta, ¡caramba!, que no es el mejor momento
para disputas, aquí en presencia de sus restos mortales.
Hay que dominarse, aunque sólo sea por respeto a la
muerte. Comprendo que es la desesperación lo que te pone
así. Lo comprendo, y si yo también me dejara arrebatar
por el exceso de mi pena... Pero hay que sobreponerse
y, más unidos que nunca, unidos en el dolor común, ayu-
darnos a sobrellevar esta desgracia. ¿De qué vale escarbar
en las heridas? Si fuéramos a apurar las cosas, todos tenemos siempre algo de qué acusarnos cuando la Parca nos
arrebata a un ser querido.

—¿Todos? ¿Qué quieres decir con eso? ¿Insinúas acaso

que también yo me he portado mal con la pobre *Fifí?* ¿Tendrás valor para...

—Cálmate, querida. No estoy insinuando nada... ¡Vamos, es lo que faltaba, que te pongas a llorar ahora! Por favor, no llores; no añadas...

—Pero ¿cómo puedes...? ¿De modo que yo...? ¡Ay, tierra!, ¿por qué no me tragas?

—Sé razonable. Yo no te he hecho imputación alguna, no he insinuado nada, ¡qué disparate! Lo que pasa es que estás excitado, sumamente excitado; debieras tomarte un cordial. ¡Qué disparate! ¿Cómo iba a decir yo...? ¿Cómo hubiera podido yo pensar siquiera en acusarte, cuando sé y me consta lo que has sido tú siempre para esa infeliz criatura; cuando mis quejas y mis agravios —no lo ignoras, tú mismo lo has dicho antes— eran debidos a que esa perrita me disputaba tu cariño, me robaba tus atenciones y me ponía celoso? Déjate de cavilar, no imagines tales cosas, tranquilízate. De nada vale desesperarse por lo que no tiene remedio. La muerte es nuestro común destino y, antes o después, a todos nos aguarda. Mejor será, ya que no podemos devolverle la vida a nuestra pobre *Fifí,* que concentremos en su recuerdo nuestra mente y, bien recogidos, velemos respetuosamente sus despojos mientras llega el triste momento de que vengan a buscarlos. Mírala, ahí tendida sobre su cojín de raso amatista donde tanto le gustaba acostarse: ¿no parece que estuviera dormida con la cabecita entre las patas? Diríase que de pronto va a enderezar las orejas, a saltar y a corretear alrededor nuestro como solía.

—¡Pobrecita mi *Fifí!*

—Criatura única: tan buena ella, tan cariñosa, tan dócil, tan mansa, tan inteligente, tan dándose cuenta de todo siempre desde chiquitita... No se me olvidará nunca el día que la adoptamos, lo bien que se portó, que parecía en efecto una niñita recién nacida, mirando con asombro a toda la gente reunida junto a tu cama.

—¡Ay, tiempos felices! No me los traigas a la memoria.

—Fue de veras un día muy feliz, una fiesta hermosa, memorable. Ella se prestó al simulacro como si hubiera sido una personita formal. Se dejó meter con disimulo dentro de la cama donde tú te retorcías y gritabas como un condenado con los dolores del parto, y cuando yo —padre orgulloso— la saqué por fin de entre tus piernas para presentarla a los amigos, y mientras todos se deshicieron en exclamaciones y encomios, en caricias, en ofrendas de tanto regalito lindo, ella triunfaba como una reinecita, mirando la ceremonia con alarma, pero también, la muy picarilla, con su pizca de altanería.

—La verdad es que la tuvimos muy consentida.

—Hija única, es claro.

—Pues... tendremos otra hijita.

—¿Qué dices?

—Digo que me tienes que dar otra *Fifí*.

—¿Lo quieres tú? ¿De veras que quieres tú una nueva *Fifí*? ¡Qué alegría me da oírtelo!

—Sí. Y la recibiremos con una fiesta aún mejor. Tendrá su bautizo, y luego, a cada aniversario, una recepción de cumpleaños con todos nuestros íntimos invitados.

—¿Es cierto que quieres que te haga otra perrita? ¿Y no vas a tenerle miedo a los dolores del parto? Pero has de prometerme que no la querrás más que a mí.

—Tonto, requetetonto, tontísimo. ¡Ay! ¿Por qué serán tan celosos los hombres?

—Ven acá, mimosona.

—No, no; ahora, no. No seas bárbaro. Ten consideración. Más tarde.

—No; ha de ser ahora mismo. En su presencia. No te resistas. Así. ¡Toma!... ¿Eh, *Fifí*, no me ladras? Mira lo que le estoy haciendo a tu amita querida. ¡Anda, ládrame! ¿Por qué ahora te quedas tan callada?

GAUDEAMUS

—Aquí es; entra. Anda, no tengas temor.

—¿Temor? Pero si yo no tengo temor. ¿Por qué había de tenerlo? ¿Acaso no voy contigo?

—Pues entonces, anda, entra de una vez. ¡Entra, criatura!

—¡Ajá! Miren, señoras y caballeros, quién comparece en esta docta academia poco antes de que cante el gallo. ¡Salve, Estudiante-Poeta! Y acompañado, el gran sátiro, de una ninfa nueva, que cualquiera sabe dónde acabará de capturar...

—Entra, te digo. No seas boba.

—Adelante, adelante, jovencita, que aquí todos somos amigos. Aunque parezca mentira, no es ésta una cueva de ogros. ¡Adelante! Confía en nosotros, nena, y no le hagas caso en cambio a ese Estudiante-Poeta. Ya lo irás conociendo y, cuando lo conozcas bien, verás qué especie de sujeto despreciable es. Vamos, jovencita; a ver, levanta esa carucha.

—Déjala en paz, hombre. ¿No estás viendo que es todavía una criatura?

—Precisamente por eso, porque es una menor, casi una impúber, hay que velar por ella, e instruirla, y abrirle los ojos contra las acechanzas del mundo, demonio y carne. Prevenirla, y pronto: antes de que el gallo cante.

—Grandísimo imbécil, tú lo que estás es muy borracho, y apenas hueles a carne fresca te pones imposible. Eres un perfecto degenerado. Y luego, ¿para qué?, es lo que yo digo. A otras podrás engañar tú con tanta alharaca, pero no a mí. ¡A mí, no! Mira acá, hijita, éste es de los que hablan mucho, pero toda la fuerza se le va por la boca. ¡Si lo sabré yo! Bien dicen: «perro que ladra no muerde».

—No me desacredites, prenda.

—Señora mía: siendo eso así, me permito rogarle que no deje de contar conmigo. Me tiene a su entera disposición para cuanto guste mandarle a este su humilde servidor que su mano besa.

—Tú también eres un imbécil: vete yendo a la mierda.

—Anda, primor, tómate un buche de cerveza y enjuágate con él esa boquita sucia. ¡Vaya vocabulario para una dama!

—De puro asquerosos, la obligan a una a irse de la lengua. Pero, mira, si yo soy a ratos malhablada, ahí tenéis en cambio a aquel angelito de Dios que todavía no ha abierto el pico. Oye, tú pavita, ¿cómo te llamas? A ver, ¿cómo se llama esa niña pava? ¿Es que le ha comido la lengüita un gato?

—Pero ¿por qué se meten ahora conmigo?

—Tú no les hagas caso: ¿no ves que están a medios pelos? Bébete tú también un traguito, vamos, y no me pongas esa cara, que tampoco es para tanto.

—Si te digo que no estoy asustada...

—¡Mejor! Pero entonces ¿para qué pones esa cara? Toma, bebe; aquí, de mi vaso. ¡Más, más! ¡Arriba! Termínalo.

—¿Para ponerme como aquéllas? Más vale que no.

—Más vale que sí.

—Oiga, usted, don caradura, ¿tendría la bondad de soltarme esa pierna, que no necesita tanto masaje, caramba? Le advierto que anda muy equivocado si se ha creído...

—¡Ay, usted perdone, señorita! Es verdad, que había confundido su pierna con la mía, ¡qué tonto! Perdone; me había creído que estaba acariciando mi propia pierna, y era la de usted. ¿Cómo pude confundirme? Ya me extrañaba no sentir nada. Y claro, es que era la suya, no la mía.

—Encima, se me hace el chistoso; ¡vaya por Dios!

—Ya decía yo: ¡pero qué suave y qué bien torneada tengo yo la pierna! Y es que era la suya. Claro, claro. ¿A ver, un momento? Déjeme ver.

—Bueno, pues no confunda también el vaso, porque se está bebiendo mi whisky. La verdad, no sé ni cómo dejan entrar aquí a cierta clase de gente.

—Pero, queridos colegas, ¿hemos venido aquí a discutir cosas serias en un espíritu de alta intelectualidad o hemos venido a hacer el burro?

—Cada cual hace lo que Dios le da a entender, lo que a cada uno le da la real gana, ¿o no? Supongo yo que cada uno...

—Hombre, haya un poquito de orden. Me parece a mí que un poco de orden y compostura a nadie le hace mal. Vamos, ¿por dónde anda Juanita, que para poner orden se pinta sola? ¡Juanita!

—¿A qué Juana está llamando su señoría: a Dama Juana o a María Juana?

—A tu distinguidísima progenitora, cachafaz. ¡Juanita!

—Ya voy, amor; estoy aquí, ya voy. Espera un instante, que éstos me tienen agarrada, y no hay modo. Soltad de una vez, estúpidos. ¡Jesús, qué bestias! Si de cualquier manera todos a un tiempo tampoco es posible. ¡Señor Dios! Ni que tuviera una más agujeros que una flauta...

—Déjenla, señores. ¡Pobre chica!

—¡Uf, vaya! ¡Gracias a Dios! Y ahora ¿qué es lo que pasa por allá?

—Nada, que esta desgraciada se me ha puesto a vomitar. Sabe bien la muy desgraciada, demasiado bien lo sabe, que en seguida se le sube a la cabeza, que jamás ha tenido aguante, y menos, mezclando bebidas... Pues ahí la tienen. Y toda la culpa es mía, por mi debilidad de carácter. Venir uno a estas reuniones acompañado de su propia hermana son ganas de estropearse la velada. ¿Qué hago yo ahora con ella, mareada como un atún?

—Por lo pronto, rico, limpiar esa mesa y el suelo. Con periódicos, por ejemplo. Y luego, para que se vaya el olor, que hasta aquí mismo llega, lavarlo todo aunque sea con cerveza. Ayúdenle, ¡qué asco! ¡Vaya una aguafiestas!

—Una vomitafiestas, dirás.

—Y ahora a roncar, la muy cerdona. ¡Qué guarra! Echadla ahí, en aquel rincón, hasta que se le pase.

—¡Qué rincón! Nada, hombre: sáquenla a la mismísima calle para que le dé el fresco en la cara.

—Para fresco, tú. Fuera manos, he dicho, que me lastimas. ¡Ea, se acabó lo que se daba! ¿Es que no te basta con una?

—Préstame también la otra un poquito; sólo un poquito.

—No me da la gana. ¿Para qué?

—Un capricho.

—Capricho tonto. Como si no fueran iguales la dos...

—Pues por eso mismo que son iguales, hay que tratarlas por igual; así no se tendrán envidia. Eso es lo justo, como Aristóteles enseña.

—Pues si lo enseña Aristóteles, yo por mí ya no quiero enseñar más nada. ¡Basta, he dicho! Y ahora... ¡ninguna de las dos!

—Llorarías, insensata, si fuese a hacerte caso y no insistiera. Vendrías a lloriquearme, a rogar.

—Aquí, el único nene llorón eres tú, que con nada te conformas. ¿O es que no has salido todavía de la edad de la lactancia?

—Anda, mami, tetita; sé buena...

—Con tal de que te calles... ¡Ay, burro, que me haces daño!

—¿Otra vez a pleito? ¡Dale! ¡Qué tío pesado! ¡La tiene tomada con mis piernas, está visto!

—Pero si ésta es la otra, ¿no? ¿O me he equivocado de nuevo? ¿O es que ya no sé ni por dónde me ando?

—Meando. Usted lo que anda es en busca de una sorpresa. Y se lo advierto: no le extrañe, caballero, si de pronto le aplasto de una patada ese bulto insolente.

—Ni lo intente siquiera: se me hincharía más, puede

estar segura. Sería contraproducente. Si de veras quiere que la inflamación desaparezca, lo que tiene que hacer es...

—Ese favor, va usted y se lo pide al Canco Jaculatoria, que es tan caritativo, y allí está, mírelo, muy orondo, contemplando con embeleso la edificante escena.

—Nunca. Para la gente devota soy yo demasiado tímido.

—Bueno, pues entonces, señor, a hacer puñetas. Colorín, colorado, este cuento ya se ha acabado, ¿me oye? ¡Basta!

—Chi, reina; chi, mamita.

—Vaya un tío pelma, con el calor que hace, y con lo mal que le huele el aliento al ladrón.

—Aquí da contento de ver cómo la gente se espabila. Observaron, señores y señoras, aquella criaturita candorosa que apenas osaba cuando entró alzar los ojos del suelo, y qué manera de tomar el terreno. Allí, allí: fíjense con cuánta dedicación el Estudiante-Poeta le mete a su *baby* el biberón en la boquita, que casi casi no la deja ni respirar. Terminará por ahogarla. Y ella, que al principio se resistía... Ella, que retiraba la cabeza diciendo: «No, no; caca, caca...»

cejar, segura, bajo contraproducentes do risas quizá
que la influencia de sus ropas lo pudieran haber cre...
Lo leyó. Ya usted se lo pintaré, pero lad jarro...
que en las castas... y qué está en día muy secundari...
temprano que embaucar la educable extraña.

—Bueno. Para... pude decírmelas su dentad... junta...

—Bueno, pues vámonos, señor, a hacer otras a la
luz, colorada, este cuarto va se hay a stade vine (es-
trata)

—Oh, reina enjuiciarme.

—Va a mi de polilla, eso el calor que ha... y que el
que el que la huele evaristo al ladro...

—Aquí, da corriente de verschin la gente se e gozá,
Observó un señor, y sacude... aquella obduración... and
mos aquí agujas hasta cuando entra plan lee otra... de
suelo. Y que muncha de tomar el arteria. Allí allí, hom...
cen entran dedicado do la mucha de horar a noche a el
bajo el lláveme en las aguilas, que tras mas de lo que
el repsar. Termínate por abogar... di disolute al em...
rápido... soluna. Ella, que refugia la cabeza metiendo...
evo no, más vaca...

DÍAS FELICES

A LAS PUERTAS DEL EDÉN

Cada vez que, en la lección de Historia Sagrada, volvían a describirnos con las vagas ponderaciones de siempre la belleza incomparable del Paraíso terrenal, a mí se me pintaba en la imaginación, no como el Jardín Botánico, demasiado espeso y sombrío, ni como el parquecito de la Retreta, demasiado abierto, sino que lo veía parecido al invernadero de casa; ¿pues hubiera podido concebirse nunca paraje más delicioso que aquella especie de terraza, o más bien patio alto, cerrado con cristaleras, al que sólo el abuelo —quizá, pensábamos, por alguna de sus confusiones de viejo— se obstinaba en llamar la estufa? Estufa —pensábamos—, porque cuando hace sol él se siente ahí tan abrigado como junto a su estufa de la sala... Nuestro invernadero estaba lleno de plantas preciosas, helechos, jacintos y palmeras de variedades increíblemente diversas, que mamá cuidaba y contemplaba mucho; y si el famoso Árbol de la Ciencia, corpulento en exceso, no se encontraba allí, teníamos en cambio un naranjo enano que, desde su orondo macetón, nos obsequiaba con frutas algo desabridas, cierto, pero no por eso menos codiciadas. «Esas naranjas son para mirarlas, hijitos; no para comerlas —nos decía mamá—. ¡Tan lindas cómo se las ve, asomadas por entre las hojas oscuras!...»

También los peces, en su enorme pecera redonda, eran —¡bobitos ellos!— no más que para mirarlos. Y hasta los canarios, con sus alas pajizas y los ojillos negros de cabeza de alfiler, eran más bien para la vista; cuando se ponían a cantar como locos, a mamá terminaba por darle jaqueca. «Mamá, los pájaros del biombo me gustan más, porque, ¿sabes?, ésos no cantan», le decía yo entonces,

angustiado... En el invernadero había un biombo de laca
con un mandarín y muchísimos pájaros, volando, posán-
dose, parados en las ramas de árboles extraños. «Sí, pero,
tampoco se mueven —me respondía ella—. ¿Tú ves?
¡Siempre igual!» Y se quedaba mirando al biombo.

Detrás del biombo es donde ella guardaba sus avíos de
pintura, el caballete, la paleta, el estuche de los colores
y los pinceles. Mamá sabía pintar muy bien. Cuando tenía
gana, por las mañanas casi siempre, se ponía a pintar y copiaba admirablemente alguna maceta, unas flores; todo
lo copiaba admirablemente. Para nosotros, verla pintar era
una fiesta. Entraba con su *matinée* de lazos y encajes.
Se demoraba entre las plantas, cortaba un tallo seco, unas
hojas mustias. Luego, terminado el desayuno —pues el
desayuno, café o chocolate, nos lo servían en el invernadero—, a veces empezaba a sacar los pinceles, preparaba
las demás cosas, elegía sitio; y nosotros nos instalábamos,
cada uno a un lado, para verla pintar. «¿Qué vas a pintar,
mamá?» «Ahora veremos», contestaba. O no contestaba
nada. Nosotros la mirábamos extasiados, impacientes;
y pronto, ay, aburridos; pues nuestra impaciencia sufría
mal el lento progreso de su mano calmosa. «Bueno, bueno,
a jugar. Ahora, a jugar en los patios. Los niños, a jugar,
pues si no, mamá se pone nerviosa, y no sigue pintando.» Vanas eran las protestas; teníamos que irnos.

Un día, en nuestras correrías por los patios, encontré
una tablita de madera fina, muy bien pulimentada; y claro
está, me apoderé de ella. ¿Para qué podrá servir?, me preguntaba. «¿Para qué crees tú que servirá?», le preguntaba
a Quique. Además de linda, la tablita era mágica: no tenía
uso conocido... De repente, se me ocurrió una idea. «Mira,
mamá, lo que me he encontrado; mira qué tablilla tan
bonita. ¿Para qué será esto? Tan bien recortada, y tan
lisa.» Mamá, distraída y un poco perpleja, pero sobre todo
distraída, le daba vueltas a la maderita entre sus dedos
enguantados de blanco. Iba a salir, el coche esperaba a la
puerta. Y yo, que espiaba su cara a través del velo, bajo
el sombrero grande traspasado de agujones, me atreví por

fin: «Oye, mamá, ¿no crees tú que podrías pintarme aquí, en esta tablita, alguna cosa para mí?» «Ya veremos», respondió ella devolviéndomela. Siempre decía: «Veremos.» Escuché esta palabra como una promesa. Y apenas oímos que el coche arrancaba, Quique y yo subimos al invernadero para cavilar sobre qué podríamos pedirle a mamá que pintara en aquella tablita preciosa.

El día siguiente, a la hora del desayuno, lo primero que hice fue preguntárselo, poniéndola en sus manos. La examinó con atención, como si nunca la hubiera visto antes, mientras yo temblaba de que pudiera rechazarla. «¿Verdad que es muy a propósito?» «Bueno, ya veremos lo que puede hacerse.» «Pero... hoy, mamá; hoy mismo, mamita querida; ahora.» Ella sonrió. «Vamos a ver, monigote: ¿qué es lo que tú querrías que te pintara aquí?» Mi respuesta estaba preparada: «Un pájaro». «¿Un pájaro?, ¿qué pájaro?» «Éste», grité yo saltando de alegría para señalar a uno de los que poblaban el biombo chino: un gorrión. «Y yo —dijo entonces Quique— también voy a buscar una tabla para que me pintes otro pajarito a mí.»

Con mucho esmero, sujetó mamá el trozo de madera sobre un cartón, colocó el cartón en el caballete, y en seguida embadurnó de pintura blanca la tablita, explicándome que ésa era la imprimación, necesaria para impedir que luego se reseque el óleo. De vez en cuando, mamá condescendía a estos detalles «técnicos». Por supuesto —añadió— que hasta mañana no se podía empezar a poner colores sobre el fondo blanco...

Yo no sé la de veces que debí de subir durante la tarde para echarle una ojeada a la maderita, con el temor de que todavía a la mañana siguiente pudiera parecerle a mamá que la pintura blanca no estaba lo bastante seca. Ésa fue mi preocupación durante el día entero; y la de Quique, buscar por toda la casa una tablilla igual a la mía, o parecida, para que mamá le pintara otro pájaro. Igual que la mía, no iba a encontrarla: sólo pudo dar con una caja vacía de cigarros habanos. Le quitó la tapa, sacó meticulosamente los clavitos, y luego la puso en remojo

para despegarle la etiqueta. Así llegamos a la mañana siguiente. Cuando, reunidos por fin de nuevo a la hora del
desayuno, le mostró a mamá la delgada lámina de olo-
roso cedro, ella le respondió lo que yo ya sabía: que esa
madera era demasiado esponjosa, además de quebradiza;
que buscara otra mejor, pues esa chuparía la pintura, que-
dándose quizá abarquillada... Terminamos con nuestro
café. Mamá se instaló en seguida frente al biombo y, en
medio de nuestra expectación, dio comienzo a su obra.

Yo estaba seguro de que mamá sería capaz de copiar
muy bien aquel gorrión tan gracioso, que parecía dispuesto a dar uno de sus saltitos; pero, seguro y todo, la observaba con ansiedad. Quería animarla, aprobar cada nueva
pincelada; sin embargo, sólo cuando llevaba ya más de
una hora trabajando pude hacerlo con sincera convicción. A partir de ahí, sí; después que dio por terminada
la que llamaba ella «mancha», mi entusiasmo fue crecien-
do hasta lo indecible. Apenas podía creer a mis ojos.
En comparación con el pájaro que iba adquiriendo vida
en la tablilla, el modelo del biombo parecía anodino, convencional, frío. Los colores del biombo eran brillantes;
brillantes, pero fríos; los que el pincel iba poniendo en mi
tablita eran cálidos como el cuerpecillo mismo del ave.
«¡Mamá, qué maravilla! ¡Mucho más bonito que el modelo; muchísimo más!» Tuve ganas de besarle la mano,
pero no me atreví a interrumpir su trabajo milagroso.
«¿Te gusta?» «Mucho, muchísimo; pero dime una cosa,
mamá: cuando la pintura se seque, ¿no perderá ese brillo?»
Era mi miedo. Yo había notado el día antes que la base
de pintura blanca, tan reluciente al principio, se había ido
poniendo mate conforme se secaba. Me tranquilizó ella:
«Verás tú: daremos una mano de barniz cuando esté terminado, y así conservará siempre el brillo.»

¡Qué lleno de felicidad me sentía! Colmado de felicidad.
¿Cómo podría decirlo?: perfecta y absolutamente feliz. Estaba deseando verlo concluido; una felicidad tan grande
llegaba a abrumarme, y las emociones alegres no fatigan
menos que las penas. Aquella noche debí de caer en la

cama como un plomo. Cuando a la otra mañana acordé y corrí al invernadero, ya estaban allí mamá y Quique tomando el desayuno. «¿Por qué no me has despertado?», reproché a Quique. Y antes de sentarme a la mesa me acerqué a echarle una mirada a mi pajarito.

«¿Qué te pasa?, ¿qué te pasa, hijo mío?», me gritó mamá, demudada, a la vez que se precipitaba hacia mí. No sabré decir si es que yo, antes, había proferido algún grito; pero ahora no podía hablar: estaba como estupefacto. Mamá echó una mirada al caballete, y pudo ver entonces lo que yo había visto: una raya, marcada con un clavo o punzón, recorría desde lo alto de la tablilla el cuerpo de mi pájaro. «Pero ¿quién puede haber hecho esto?», exclamó con la voz alterada. Entonces, yo empecé a sollozar: «Mamá, mamá, mamá, mamá.» Los sollozos me ahogaban. Ella, con un tono tan apagado ahora, tan desolado, que me extrañó en medio de mi aflicción: «Mira, hijito —me dijo—, esto no es nada, ¿sabes? Esto se arregla en seguida, yo lo arreglo en seguida, vas a ver.» «Pero ya nunca será igual, mamá; ya nunca será igual.» «Sí, tonto; sí. Quedará igual que antes. Exactamente igual», insistía. Yo me daba cuenta de que eso era para consolarme; que no, que ya no podía quedar como antes.

¿Quedó como antes? Es curioso que no consigo acordarme de nada más relacionado con la tablita: lo que ocurrió luego, a dónde fue a parar. Supongo yo que de repente perdí interés en ella. Tampoco mi madre siguió pintando. Vinieron otros hijos, niños y niñas; nuevas obligaciones. Y de ahí en adelante ya nunca volvió a tener holgura ni gusto para ese agradable pasatiempo.

LECCIÓN EJEMPLAR

En mis tiempos se sabía educar a los hijos: hoy, ya no. Ahora todo es blandura, lenidad, contemplaciones; y los resultados, a la vista están. En aquel entonces... Recuerdo, por ejemplo —y no es sino un ejemplo más—, el caso de la tan mentada doña Clotilde, vecina nuestra, cuyo carácter, energía y tacto celebraban todos. Era una señora chiquitita, flaquita, pero ¡de un temple!.... Viuda a poco de casarse, ella solita —y «a costa de cuántos sacrificios», se ponderaba— había sacado adelante a su Tiaguito, este mismo Santiago Zegrí que, por méritos de guerra, acababa de ser ascendido a capitán en Marruecos, y de quien todos hablaban con tanto encomio. Yo, por supuesto, no conseguía desde mi limbo recordarlo sino bajo una forma muy nebulosa; y cada vez que, aplastándome las sienes contra los barrotes del balcón, veía pasar por delante algún regimiento de regreso para el Cuartel del Triunfo, mi fantasía se esforzaba por imaginar al capitán Zegrí. Los soldados, fusil al hombro y batiendo gallardamente la alpargata a los compases de la *Marcha Turca*, de Mozart, doblaban la esquina ante nuestra casa; y cada oficial me proponía a mí una posible versión del legendario Tiaguito, falsa sin embargo; tenía que ser falsa, puesto que Tiaguito estaba en Marruecos. Eran los días en que el Barranco del Lobo y el monte Gurugú continuaban todavía apareciendo en todas las conversaciones. Lo que no calculaba yo (pues «hasta que la campaña no acabe no podrá venir», me decían siempre) es que muy pronto había de ver en persona al capitán Santiago Zegrí. Pero así fue. Y fue así: nuestra doña Clotilde había recibido un regalo que su hijo le enviaba. Se trataba —decían— de un cajón no muy grande, cuya apertura ordenó la buena señora con la expectación natural. Y al abrirlo, resultó que contenía —¡pásmense!— cinco cabezas de moros, barbudos y feísimos. ¿Por qué cinco, y no siete u ocho? ¡Cualquiera sabe! Quizá —conjeturo yo ahora— para que nadie pudiera atribuir el envío a reminiscencias literarias, por lo demás muy improbables; quizá, por ser el obsequio despojos de una determinada hazaña, es decir, por mera fidelidad al hecho histórico; quizá tan sólo por razón del tamaño del envase. Lo cierto es que cuando sacaron de él las cinco cabezas exangües, doña Clotilde torció el gesto y no dijo nada. Esta reacción de disgusto pudo deberse en parte al mal olor que en seguida se difundió por el gabinete, hasta dejar impregnados muebles y cortinajes.

Sea como quiera, su silencio inicial se formalizó hasta el punto de que, en lugar de agradecer a su hijo el recuerdo, de cuya buena intención al menos no cabía duda, o bien reprenderle, incluso con aspereza, si lo había encontrado desagradable e irrespetuoso, lo que hizo fue abstenerse en absoluto, desde aquel instante mismo, de contestar a sus repetidas cartas, hasta que el muchacho, desconcertado, aterrado, solicitó de sus jefes y consiguió que le concedieran una breve licencia con objeto de regresar a la Península y comparecer ante su irritada progenitora.

La entrevista fue memorable. Al recibir el telegrama de Tiaguito, doña Clotilde había convocado a parientes, amigos y vecinos para que estuvieran presentes a la hora de su llegada. Incluso yo, con mis seis añitos, y otros dos niños más, debimos ser testigos —quizá para que en lo futuro nos sirviera como escarmiento— de la escena que preparaba. Estábamos reunidos en la sala de visitas; y cuando por fin el timbre de la puerta y los rumores del pasillo anunciaron la presencia del viajero, toda aquella gente se abrió a los lados de la señora para dejarle paso hacia ella. Desde mi sitio, yo no quitaba los ojos del hueco de la puerta; y mi curiosidad, mejor: mi ansiedad, quedó más que saciada cuando vi aparecer en su marco la figura de un hombretón muy fornido, tostadísimo del sol,

en su uniforme de campaña. El héroe se detuvo allí un
momento buscando a su madre en la penumbra, e hizo
en seguida ademán de ir a precipitarse en sus brazos. Pero
entonces doña Clotilde se echó atrás, y alzó una mano
—su mano pequeñita, fina, blanca, y azulada de venas—
empuñando una fusta que, por lo visto, había tenido es-
condida a la espalda. Y blandiéndola sobre la frente del
capitán, le gritó con fría cólera: «¡De rodillas!»

Extrañas y rápidas mutaciones reflejó al oír esto la
cara de Santiago Zegrí: pasó de la preocupación y la sorpresa al humor, un humor casi divertido, y en seguida
a un miedo pueril. Sólo vaciló un instante. Se hincó de
rodillas ante su madre, y esta buena señora, en medio de
nuestro silencio estupefacto, descargó sobre su cabeza
y hombros una nube de furiosos rebencazos.

Al fin, sofocada: «¡Pide perdón a tu madre!», le exigió.
Y Tiaguito, de rodillas siempre, tomó la mano que lo
había maltratado y puso en ella sus labios, que murmu-
raban: «¡Perdón, perdón!», con filial humildad.

Ahora doña Clotilde, antes de que el capitán se hubiera levantado, le cogió la cabeza entre sus manos, deli-
cadamente, y le besó la frente y los ojos. Suspiró: «¡Ay,
Señor! Estos muchachos no tienen ya idea de lo que es
respeto.»

LATROCINIO

En esta rebotica ¿qué no habrá? Mi tío Antolín —el pobre tío Antolín, sonriendo siempre, bien lo recuerdo, con su calma bondadosa, al tiempo que se peina con los dedos la barba semicana— es el mago benévolo que preside esta cueva de maravillas. Sobre la repisa más alta, junto a la ventana entreabierta que da al patiecito, inmóviles en sus perchas, fijamente me miran los dos búhos disecados y el búho vivo que, cuando se haya muerto, y una vez disecado, seguirá mirándome todavía con ojos de vidrio. Y yo, por mi parte, tampoco me canso de contemplar esos tarros tan relucientes en la vitrina, los gruesos cristales biselados y el mármol del mostrador, la balanza minúscula con sus platillos y pesas de cobre, la caja registradora, imponente, historiada, y —en el escaparate— aquel botellón inmenso lleno de azulísimo líquido que recibía mi primera y mi última ojeada en cada una de mis visitas a la farmacia del tío Antolín. Todo ello se fue, es cierto, río abajo, quién sabe cuánto tiempo hace ya; pero todo todo se conserva sin embargo intacto; sigue estando ahí todo para siempre.

—¿Mamá, me dejas ir un rato a la botica del tío?

—Bueno, pero sólo un ratito. Y ya sabes, que no pidas nada, ¿me entiendes?, nada.

¿Para qué pedir? Sin que yo se lo pida, él me da siempre monedas, pastillas de menta, grageas, paloduz. La farmacia del tío Antolín es una gruta encantada, con cien mil sorpresas. Y hoy, en un cajón de la rebotica, me aguardaba un descubrimiento fascinante. ¿Qué vengo a encontrar allí? Algo que inmediatamente ha de ser mío; algo que al instante deseo poseer con la más perentoria urgencia.

He quedado en éxtasis ante esas estampas de colores tan
vivos, más frescos y más puros que los de las calcomanías;
la ciclista con sombrero de flores, una vaca holandesa, un
gallo, un automóvil negro y amarillo con los focos dorados, un pastor y su perro lanudo... El cajón está repleto
de estampas, y las figuras se repiten. Hay muchísimas estampas, centenares quizá de cada figura. Si yo le pidiera
al tío Antolín, claro está que me daría de ellas: no se ima-
ginará cuánto me gustan; él siempre me regala de todo.
Pero nada debo pedirle. Y si a él no se le ocurre dármelas...
¿Esperar? No; mejor selecciono ahora mismo una colección completa, y me la llevo. Al salir puedo decirle: «Mira,
tío, las he cogido»; o «Tío, ¿podría llevarme estas pocas
estampas?» No va a decir que no.

Pero cuando me quiero ir, resulta que él está muy distraído, leyendo su periódico. Le digo: «Adiós, tío, que me
marcho ya»; y él me contesta: «Adiós, nene», sin levantar
siquiera los ojos del papel.

Yo entonces me encamino ligero para casa. De prisa.
Volando. Como si me hubieran nacido alas. Tenía tantí-
simas ganas de llegar, y sacar las estampas y extenderlas
sobre la mesa... Son unas estampas de veras preciosas:
¡cómo brillan! Una por una, las voy examinando, las repaso, las devoro con los ojos y me demoro en cada detalle. Son preciosísimas. Son la cosa más bonita que jamás
he visto.

Y de pronto siento que mi madre las observa también
a mi espalda. Me vuelvo, no sin cierta aprensión.

—Mira, mamá, qué cosa linda.

—¿Quién te las ha dado? —me pregunta.

—Son de la farmacia.

—¿Te las ha dado tu tío?

Vacilo un instante. No se debe mentir.

—Estaban allí.

—¿Dónde es allí?

—En la farmacia.

—Pero ¿dónde?

—En un cajón.

—¿Quieres decir que las has tomado sin que nadie te las dé?

—Estaban allí, mamita; había muchas: miles; muchísimas, mamá.

Y me quedo escrutando su expresión.

Tras una pausa ominosa, oigo la voz de mi madre, una voz ya no severa, sino muy triste, apesadumbrada, que dice:

—Pero ¿es posible? ¿Es posible que tú hayas hecho cosa semejante? ¡Dios mío! Y para colmo, en un día como el de hoy, después de haberte confesado y comulgado. ¿No sabes tú acaso lo que una cosa así significa? ¿No sabes tú que eso es robar? ¡Vaya si lo sabes! Ya eres un hombrecito, y lo sabes demasiado bien.

«¡Robar, nada menos!», pienso yo. «Robar, porque le he tomado unas estampitas a mi propio tío, que es tan bueno y que de todos modos me las hubiera regalado.»

—Eso, hijo mío —continúa ella—, es muy grave. Nunca lo hubiera creído de ti. Eso es, sencillamente, un latrocinio.

Sé que, para inculcarme una regla de conducta, los famosos principios, exagera; sé que es una exageración tremenda; pero no por saberlo me aterran menos sus reproches. Sobre todo, tengo que dar por perdidas mis estampas: es infalible, y debiera haberlo previsto.

Noto que su voz se pone cada vez más triste, y ahora también un tanto solemne, para ordenarme:

—Ahora mismo (pero enseguidita, ¿me oyes?) vas y se las devuelves a tu tío.

«Qué idea me entraría —pienso yo— para haberlas cogido así. ¡Tanta urgencia! Y luego, ¿por qué no pude aguantarme un poco las ganas de desplegarlas sobre la mesa del comedor? Soy tonto; soy un idiota.»

—Si tú quieres, mamá —le propongo—, voy luego, o mañana, a dejarlas otra vez en su sitio.

—Escúchame o se lo cuento a tu padre y recibirás el castigo merecido. No me gustaría tener que darle a tu padre el disgusto de saber que un hijo suyo es capaz de tal fechoría, y eso te vale. Conque, escúchame bien: en

este mismo momento vuelves a la botica y le dices a tu
tío. «Tío Antolín, vengo a restituirte estas estampas que
te había robado del cajón. Y perdóname, que estoy arrepentido.»

Arrepentido, bien que lo estoy. Debí haberme dado
cuenta de que algo por el estilo tenía que ocurrir. Soy un
idiota. Las estampas eran demasiado bonitas, y me gus-
taban atrozmente, y deseaba tantísimo tenerlas... Pues,
bueno, ¡qué se le va a hacer!, las doy por perdidas. Soy
un tonto, y merezco perderlas. Que me las quitaran, estoy
conforme; que, si tan grave es el pecado, las quemaran
en la hornilla; que me permitieran restituirlas con disimulo, volverlas a poner en el maldito cajón. Pero no, señor.
Tenía que caérseme la cara de vergüenza confesando que
soy lo que en el fondo no soy: un ladronzuelo, un raterillo.

—Es lo que tienes que hacer. Y no hay réplica, ¿me
oyes?

—Mañana voy, mamá; ahora estoy muy cansado.

—¿Qué mañana? En este momento mismo, te digo,
y que no tenga que repetírtelo de nuevo. ¡Andando!

Pues ¿qué se le va a hacer? Andando.

Los pies me pesan, estoy cansado, me demoro en las
tiendas, tomo por el camino más largo, paso por en medio
del mercado de frutas. El paquete de estampas me pesa
en el bolsillo como si fueran láminas de plomo. ¿Para qué
ponerme a fantasear que no vuelvo nunca más a casa,
que me tiro a un estanque? Eso son bobadas; son pamplinas. Puras imaginaciones. No tengo otro remedio que
pasar por la vergüenza. Y aunque avanzo despacio, ya
estoy muy cerca de la farmacia. Y dentro de la farmacia
sigue estando el tío Antolín: desde la esquina de enfrente
puedo ver su bulto al fondo. ¿Para qué postergar más mi
entrada? Cuando yo reaparezca, y se sorprenda un poco
de verme allí otra vez (¿o todavía?), y yo le diga lo que
tengo que decirle, y le entregue las estampas robadas, él
me las va a regalar riéndose, acariciándome la cabeza, diciendo que qué barbaridad, que qué tontería, que las estampas eran para mí, esas pocas y muchas más que

quisiera. Pero yo entonces no querré ya ni ésas ni ningunas estampas. Apenas lograré contener los sollozos. Moveré la cabeza con terca negativa una vez y otra, sin hablar una sola palabra para que las lágrimas no me traicionen, y como él insistirá mucho y me obligará a cogerlas de nuevo repitiendo con énfasis que son para mí y que él me las regala, tendré que volverme con ellas para casa. Pero al llegar a la acequia que corre junto al carril me pararé y —una idea repentina— las tiraré al agua una por una para verlas irse corriente abajo; porque lo cierto es que ya no las quiero.

NUESTRO JARDÍN

En el centro, bajo la balaustrada de macetas floridas, la fuente redonda, casi a nivel del suelo, con su surtidor; y junto a ella, tendido en el suelo también, el aro de juguete, azul y rojo, que una niña ha dejado caer. Dos círculos, el aro y la fuente, uno más pequeño y el otro bien grande, tendidos ambos sobre la arena. Los veo como círculos, pero al mismo tiempo me doy cuenta de que en realidad su forma es oblonga; la mano que los trazó en el lienzo supo —cuestión de perspectiva— invitar así a la ilusión del círculo.

No pasa el tiempo por ese jardín nuestro. Al cabo de los años mil, he vuelto a verlo hace poco. Ahora, el cuadro está en casa de uno de mis hermanos, al otro lado del océano; y al visitarle, lo he visto otra vez: «nuestro» jardín, con su paz inmóvil. Lo he mirado sin prisa (ya nunca tengo prisa yo; yo estoy ya del otro lado), como cuando, sin prisa, teniendo por delante el tiempo entero de mi vida, solía mirarlo de niño. Al fondo, la balaustrada, cargada de geranios; la fuente, en el centro, con su agua verdosa y el pequeño surtidor; a la derecha, esa niña que, con un suelto vestido azul, una especie de mandil, se inclina sobre la fuente; y al otro lado, a la izquierda, un grupo de dos señoras, en sillas de mimbre, leyendo o conversando.

—¿Quién es esa niña? Dímelo, mamá.

—Muchas veces te lo tengo dicho, hijito, que esa niña es tu prima Laura. Apenas ves la cara, porque está agachada; pero fíjate en su trenza rubia.

—La prima Laura no tiene trenza. La prima Laura es una mujer, y ésa de ahí es una niña.

—¡Qué terco eres! ¿Cuántas veces tendré que repetirte la misma cosa? Cuando pinté el cuadro, Laurita tenía la edad que tú tienes ahora; y tú, mono, ni siquiera habías nacido.

No es que yo fuera terco; es que me gustaba mucho oírle explicar las cosas; y para conseguirlo me arriesgaba a impacientarla. Quería yo oírle repetir la misma cosa una vez y otra. Aguardaba un poco, hacía una pausa temiendo su exasperación, pero luego volvía a la carga de nuevo.

—Y ese aro, dime, ¿estaba pintado de veras a franjas azules y rojas, tal como se lo ve ahí? Era grande, ¿verdad?, ese aro. Le preguntaré a la prima Laura a ver si todavía lo conserva. A lo mejor lo tiene todavía en su casa; y si lo tiene, quizá me lo regale.

—No seas tonto. ¿Qué ha de tenerlo? Ya Laurita es una mujer, y no va a estar pensando en aros de juguete.

Pero yo insistía:

—Quisiera saber a dónde habrá ido a parar ese aro tan bonito.

—Quién sabe, hijo mío. Todo se pierde. Ya te tengo dicho que nuestra casa se vendió al morir el abuelo. ¡El aro! ¡Quién sabe!

Nuestro jardín, yo nunca lo había visto sino pintado en el cuadro. Verlo, no lo había visto nunca; pero ¡con qué frecuencia no había oído alrededor mío alusiones al jardín!, casi siempre para aventajarlo de algún modo al que teníamos ahora, este jardín de ahora, más pequeño, más encerrado, menos alegre. ¡Hubiera deseado tanto poder alguna vez entrar, al menos por un ratito, asomarme siquiera, al jardín nuestro!

—Mamá, dime: ¿no podrías tú llevarme una vez a que vea el jardín?

—¿Para qué quieres verlo? —bromeaba ella—. ¿Para poder encontrarle todos los defectos a mi cuadro, y acribillarme luego a preguntas?

—Una cosa quiero preguntarte, mamá. Tú me has dicho que una de las señoras sentadas ahí, la que está leyendo, eres tú. Pero entonces ¿cómo te arreglaste para copiarte a ti misma con ese libro en la mano? ¿Dónde estabas colocada tú? No lo comprendo. ¿Cómo podías verte a ti misma, para pintarte con el libro en la mano?

—Te he dicho que me pinté de memoria. Mientras me pintaba a mí misma no había nadie en mi asiento. Había pintado ya a tu tía Laura, y a Esperanza. Entonces me pinté a mí misma de memoria... Además, bobo, no son retratos: son tres señoras cualquiera. Son figuras pequeñas, dentro del cuadro. Tres señoras cualquiera.

Por un rato me quedaba callado; pero pronto insistía:

—Y ¿no podrías llevarme una vez a que vea el jardín?

—Tú sabes, hijito, que el jardín con la casa pertenece ya a otras gentes, y no hemos de ir a molestar a los extraños.

Pero mi cara debió de expresar una desolación tan completa, que ella se apresuró a agregar:

—Sin embargo, alguna vez, a lo mejor, si la ocasión se presenta, pudiéramos pedir permiso para echarle una miradita a nuestro jardín.

La ocasión no se presentó nunca. Una tarde regresábamos de pasear por las afueras, bajo los cerezos cargados de fruto, y yo iba corriendo tras de mi aro, un aro liso, sin colores, pero muy buen aro, cuya marcha sostenía yo con diestros golpecitos periódicos, cuando, desde el grupo de los mayores, oí su voz que me llamaba para decirme:

—Ven, mira; ése es «nuestro» jardín —señalando a lo alto de una tapia, en verdad un fuerte muro coronado por una hilera de balaustres.

¿De modo que nuestro jardín estaba ahí? ¿Tan cerca de donde vivíamos? Sujeté mi aro y, lleno de excitación, alcé la cabeza; pero no podía ver nada: la pared, altísima, y arriba, la balaustrada. Me retiré cuanto pude para mirar, pero nada se veía.

Dije:

—Ahí están los geranios.

Porque sobre la balaustrada se veían unas cuantas macetas. Pero es lo cierto que yo no terminaba de reconocer en ellas las del cuadro. Ni eran geranios ya. Por un momento tuve la sensación —¡qué absurdo!— de que entre las macetas iba a asomarse la niña rubia del vestido azul.

—Mamá —supliqué—. ¿No podríamos, ya que estamos aquí, pedir permiso para echarle un vistazo al jardín?

—Hoy es ya tarde, y todos volvemos cansados del paseo. Es demasiado tarde ya. Otro día será.

Pero ese otro día no vino nunca. Y hace poco, cuando, quizá ya por última vez, miraba yo de nuevo, fijo en el cuadro, nuestro jardín inmortal, mi sobrino, que me observaba en silencio, me preguntó al fin:

—Esa niña que recoge el aro, ¿no era una prima de papá y tuya? Y aquélla, allí, ¿no es la abuela? Papá nunca vio el jardín del bisabuelo; y tú, ¿lo viste alguna vez, tío?

DÍA DE DUELO

Entonces, al ocurrir el hecho, a las cuatro y media de la madrugada, pareció que fuese la cosa más simple, algo trivial y cotidiano como el crujido del armario, como una puerta que se cierra después de haber salido alguien y que ni siquiera hace volver la cabeza... Es ahora, en plena mañana, cuando resulta extraño, tan extraño que nadie lo puede admitir ni es capaz de entenderlo. Y, sin embargo, el hecho está ahí, obstinadamente, y cuantas veces volvemos sobre él otras tantas encontramos su terca presencia: te escapaste por el filo de la noche y el día, y nos has dejado tu cuerpo muerto. Eso es lo que está ahí: tu cuerpo, tirado, raro, increíble como una careta olvidada en el diván de un palco.

Toda la vida nos has engañado con esa careta. Y sólo al final la abandonas, amarilla y fría; nos la dejas y desapareces entre dos luces sin que hayamos conseguido saber cómo eres, quién eres. No nos duele tu fuga tanto como ese engaño de toda la vida en que nos has tenido. Porque ha sido, literalmente, la vida entera. Estabas con nosotros desde siempre, nos has mirado desde dentro de infinitas maneras, nos has hablado desde el fondo con todos los acentos, has compartido nuestros secretos comunes y los secretos de cada uno, has participado en nuestras enconadas conjuras, en las intrigas que surgían y se deshacían entre nosotros sin término; y nos has dicho mil veces desde tu escondite: «¡Yo soy! ¡Soy yo! ¡Yo!...» Con tal insistencia nos lo has dicho —a gritos, sonriendo, en un murmullo, con miradas patéticas, con la mera presencia, llorando, para nuestras fiestas, en las enfermedades, con el silencio, con el contacto de tus manos—, nos lo has dicho con tan convencido apremio que habíamos llegado a creerlo, y hasta nos parecía bello y animado y radiante ese cartón rígido que nos dejaste ahora, en tu huida, a la hora del alba.

¡Ahí está la prenda con que descubres el juego! Otras veces también quisiste esconderte de nosotros, y te has complacido en prolongar el goce de sentir cómo te buscábamos; hasta en ocasiones lo has prolongado más de lo que consentía nuestra tierna congoja, de modo que al declararse la broma ya casi cruel teníamos que disolver en un alborozo también excesivo la turbación de haber sido burlados por demasiado tiempo.

Pero ¿qué era semejante tiempo si se compara con la vida, con el tiempo de la vida entera? ¿En dónde nos refugiaríamos para dominar la estupefacción, en qué rincón del pasado, si tú lo llenas todo?

¡Ahí está el instrumento y testigo de tu burla! Sólo nos queda de ti lo que te niega. Y aun esa vieja careta tampoco puede quedarse ahí tirada: habrá que poner en ella las manos, siquiera sea fingiendo un respeto que prolongue en falso la pasada credulidad. Nada cuesta reproducir sin convicción, por una última vez, las actitudes que se aprendieron en la fe. Habrá que hacerlo: ya es pleno día; hay que suprimir del mundo de las cosas concretas ese algo olvidado en la sorprendida premura de los sueños.

Es pleno día, pero ya un día sin ti. Estamos reunidos alrededor de tu ausencia todos los que, al advertir en ti los signos de tu muerte, cuando comenzó a poderse leer en tu mirada el oscuro designio y un como leve destello de malicia con que anticipabas la ironía de tu fuga, nos dispusimos a rodearte en una vigilancia ansiosa; los que hemos asistido —suspensos los pulsos y cortado el aliento— al forcejeo desesperado por desprenderte de esa careta que nos dejas al fin, irreconocible, después de los horribles tirones que la desfiguraban tanto y que —distendiendo unas veces la boca como desgarrada por garfios prendidos a las

comisuras, o anulando otras los agujeros de los ojos hasta
reducirlos a una delgadísima línea tumefacta, o destacando los pómulos y estirando el cartón de las mejillas hacia
atrás, hacia las orejas— nos permitía entrever por un instante las posibilidades de otras muchas fisonomías de que
también hubieras podido servirte a lo largo de la vida,
y en las que también hubiéramos podido creer cuando,
desde ellas, nos hubieses afirmado imperiosamente: «¡Soy
yo! ¡Yo!»

Nosotros, los testigos de tu agonía, estamos aquí reunidos. Pero falta —llegará luego— el que no quiso presen-
ciarla y, negándose a la requisitoria despavorida de tus
ojos, salió al campo y esperó caminando y caminando durante horas, bajo las estrellas, contra el viento, sobre las
hojas secas, a que todo se hubiera cumplido. Cuando entre
y, al darse por enterado de lo que ya venía sabiendo, di-
rija a su alrededor, sobre nosostros, miradas de reproche
como si nos tuviera por tus asesinos y quisiera así excul-
parse de tu muerte, lo abrumaremos desde nuestra entereza con la acusación de cobardía. Habría sido el cómplice pusilánime que en el momento decisivo se ve abandonado de las últimas fuerzas, se ablanda y, deshecho,
pide por gracia que le permitan transponer los umbrales...

Y ¿de qué nos vale la pretendida entereza, si no podemos dejar de sentirnos unos a otros como miembros de
una rara confabulación, en la que él mismo participa
también desde fuera, pese a su vana argucia? Pues tu vida
la hemos consumido entre todos, entre todos la hemos de-
vorado, todos nos hemos nutrido de ella. Ha ardido hasta
extinguirse en una misma hoguera con las nuestras propias,
que aún siguen ardiendo... Pero no; nuestra confabulación no responde a ese pasado. Lo que nos reúne en un
silencio protervo no es el crimen consumado, y del que
somos tan víctimas como autores, sino el que estamos
proyectando en el fondo de nuestras conciencias. Es ahora,
ahora que ya no puedes nada, que no has de volverte
contra nosotros de ninguna manera, tierna u hostil; ahora
que ya no estás aquí, ahora, alevosamente, es cuando

vamos a acabar contigo: omitiremos tu nombre, que se ha hecho demasiado doloroso; dividiremos la herencia de tu recuerdo para cultivar cada cual por sí solo su parcela; en su soledad celosa cada uno ocultará su parte, preservándola de cualquier contacto profano. Tu recuerdo, como las prendas de tu uso, será tenido en una especie de santurario donde nadie se atreva a manosearlo. Nos guardaremos mucho de hablar de ti, y aun de pensar en ti, por temor a caer en irreverencia. Pero todo ello será tan sólo una artimaña para el olvido. Porque en verdad de lo que se trata es de ahogar tu recuerdo, de sofocarlo, de exterminarte en lo oscuro.

No, no nos abruma el pesar de haberte asesinado; nos abruma la necesidad de hacer desaparecer tus huellas. Y sabemos bien que eso no cabe eludirlo; que nos queda todavía por cumplir la tarea más miserable: la de olvidarte.

Es pleno día. Por huir de tu fuga, por no aceptar una ausencia de que convence con su presencia en nuestro mundo ese incomprensible fragmento del sueño, nos acogemos a la fingida piedad de las flores. En el jardín las abejas asedian el dulzor de los ciruelos y hacen vibrar el aire soleado. Tu perro, que aulló abajo, junto al molino, hasta el amanecer, ladra ahora con júbilo. Nosotros, en grupo, vamos cortando rosas, dalias. Queremos destruir el contrasentido de las flores, evitar furiosamente que te sobrevivan, enterrarlas contigo: ¿o tal vez nos obstinamos en suprimirlas porque son en el jardín algo de ti, y se oponen a la precoz urgencia del olvido?

Tal vez por esto. Y por esto mismo acaso, cuando el niño idiota que tú solías acariciar y que hoy nos sigue, barruntando, se ha aproximado y recoge una rosa caída a uno de nosotros, uno de nosotros, fuera de sí, le grita: «¡No toques tú esas flores!» Pues ¿no estamos permitiendo que las toquen, y las corten, y las reúnan, y formen ramos con ellas, manos de que tantas torturas recibiste? Pero esa rosa, entre las manos chicas, torpes y devotas del muchacho, se convierte en símbolo de tu mano, y no podemos soportarlo...

Por fin, a la caída de la tarde, nos hemos desprendido de *eso*. Aparentábamos solemnidad y un pesar digno, pero teníamos la sensación infame de quien, precipitadamente, trata de ocultar su ignominia. Queríamos concluir; en verdad, se había llegado al límite. Si al principio resultaba incómodo y absurdo como un objeto fuera de su sitio (aunque más bien era algo que ni tiene ni puede tener un sitio, ya que pertenece a los sueños), después, acabados los preparativos y todo dispuesto, la cosa se hizo tan abrumadora como un banquete que está servido y a punto desde mucho antes de su hora. Ese vacío lo había corrompido todo: corrompió los cielos —en cuya diafanidad se insinuaron pronto esas manchas de la fruta demasiado madura por las que en seguida había de acentuarse el progreso de una descomposición que tan nauseabundo aspecto le daría luego— y corrompió nuestra alma disolviendo su decoro. ¿Cómo podríamos entregarnos a nuestro dolor ni cómo iniciar las tareas de nuestro olvido mientras *eso* estuviera ahí?

Ya nos hemos librado de ello. Ya estás en contacto, desde la muerte, con todo lo que quiere vivir, brotando de la tierra, y hunde raíces y extiende brazos y respira y palpita. Tu corazón inmóvil, preso en la red de los cautelosos, aterrorizados, sutiles dedos vegetales, les cederá sus últimos jugos.

Y nosotros, que habíamos odiado en tu cuerpo el engañoso simulacro, nos dolemos ahora, no de ti: de ese cuerpo que tú abandonaste y que acabamos de ocultar bajo tierra.

¿Nosotros? ¿Somos nosotros todavía? Ha vuelto la noche, y ya sabemos algo de lo que esto significa: por eso hemos empezado a mirarnos con desconfianza (¿quién podría confiar en nadie después de tu fuga?). Nos espiamos los unos a los otros. Conversamos, pero no estamos en la conversación; acechamos desde ella. Y así, suelta y sin sentido, cuando no desmaya, deriva hacia el puro delirio. Lo que nos interesa es no perder un gesto; pues en un gesto, en uno solo, en un leve ademán, se revela a veces toda la superchería. Y por momentos parece inminente el descubrimiento: en algún rostro ha estado a punto de marcarse la línea de sutura con la máscara, pues, conocida la falacia, cada uno sospecha de los demás, cada uno se agota en escudriñar la expresión de todos los otros.

Al cabo, una atención tan sostenida no deja de rendir sus frutos: acaso se comprueba que la contracción de una ceja no coincidió, ni en el momento ni en la intensidad, con la frase a cuya intención correspondía. O bien que una observación indiferente acerca de la hora o de la conveniencia de cerrar una ventana iba acompañada de una poderosa convulsión de la mandíbula; o tal vez que el movimiento de unos labios a través de los cuales se oía salir una alusión cargada de dolor derivaba a prestarles la incongruente forma del bostezo.

Más tarde los resultados se hacen precisos, llegan a ser concluyentes: acá, un mechón de cabello que se despega y cae sin concierto hacia un lado, sobre una oreja exangüe; allá, unas manos que acuden con premura a cubrir un juego de facciones desencajadas y tratan de disimular el desorden y sostienen el vacilante conjunto y se demoran lo bastante para impedir que se vea, pero no que se adivine; y en todas partes esa amarillez inverosímil que conocemos ya sin lugar a dudas.

De nada vale sonreírle a nuestro propio miedo. Crece con la evidencia, y al crecer la acrecienta de nuevo. Quisiéramos convencernos, persuadirnos, tranquilizarnos, y sonreímos. Pero también nuestras propias sonrisas son falsas; no son tales sonrisas, son muecas. Lo advertimos en seguida, y advertimos que los demás se dan buena cuenta; que confirman sus sospechas, que ya no creen tampoco en uno, y lo saben todo, ya sin remedio.

SAN SILVESTRE

Nos lo habían dicho y asegurado: que durante esa *Sylvesterabend*, esa velada de fin de año, había licencia para todo, todo estaba permitido, y que hasta la policía tenía por consigna no intervenir ni meterse en nada salvo caso de crímenes serios. Y nosotros, muchachos jóvenes, impacientes, ávidos, no veíamos llegar la hora de la gran bacanal.

Veníamos de tierras cálidas, secas, quemadas, ásperas, y para la mayor parte de nosotros aquél era nuestro primer año de estudiantes en el extranjero, en un país cuyas costumbres nos resultaban ajenas, cuyo idioma apenas dominábamos. A duras penas, sí, conseguíamos hacernos entender para los menesteres del diario vivir; con paciencia, diccionario y adivinación empezábamos a defendernos en las tareas de clase; pero, por lo demás, era como si una vidriera nos separase del país donde estábamos viviendo: un país húmedo, verde y misterioso, selva de maravillas, que nos envolvía, nos atraía, nos reclamaba con señas muy seductoras, apremiantes casi, sin que jamás lográsemos alcanzarlo: insectos desesperados y tontos, tropezábamos siempre de nuevo contra el engañoso y durísimo cristal.

Esas señas —¿hará falta aclararlo?—; éramos jóvenes, ávidos; veníamos de tierras resecas, y ¡no hay que decirlo! si tan intensamente, tan dolientemente nos sentíamos llamados por las secretas voces de aquella selva, si sus luces fugaces nos atraían con fascinación irresistible, es porque tales señales provenían sobre todo de las mujeres, en cuyas miradas —al cruzarnos por la calle, o bien detrás de un mostrador, o en las gradas del aula, en los bancos de la bilioteca— emitían promesas inequívocas que, sin embargo, resultaban fallidas siempre. Promesas desmentidas; falsas promesas... Por todas partes se nos aparecían y desaparecían las muchachas. Corpulentas, hermosas, opulentas, hermosísimas, blancas, rosadas, rubias, altivas, lentas, inocentes, indiferentes, nosotros las contemplábamos con admiración —nosotros los oscuros, los barbudos, los peludos, los morenos, los ojinegros, los enjutos y sarmentosos, los chisporroteantes, los sedientos nos quedábamos contemplándolas con pasmo—. Queríamos hablarles, y no podíamos, no sabíamos; era una especie de balbuceo ridículo, una sonrisa lamentable pidiéndoles disculpas. Y ellas, un poco sorprendidas, divertidas quizá, vacilaban por un instante, pero en seguida volvían la espalda y se alejaban con alguna frase incierta, o sencillamente pasaban a ocuparse de otra cosa y ya no nos hacían más caso.

Pero ahora se acercaba la fiesta de San Silvestre, la noche de fin de año en que —se nos había ponderado con mucha insistencia— todo estaba permitido, y no esperaba nadie que nadie procediera con demasiada circunspección para nada.

Quien más nos lo había ponderado era el viejo Marqués de Saint-Denis, gordo y jocundo, pintoresco personaje, de cuyo marquesado se conjeturaba ser fantasía pura o a lo sumo —como sostenían otros— un mero título pontificio, y aun para eso de origen portugués: no Saint-Denis, sino San Dionís. Pero esto poco importa; él era nuestro mentor. Nos burlábamos de él, pero seguíamos sus consejos y aprovechábamos sus enseñanzas. Como experimentado conocedor y diablo viejo, entre todos los lugares posibles nos recomendó para esa noche la Franziskaner Keller, local bien espacioso como es sabido, sin necias pretensiones de champán, antes fiel a su popular cerveza, aquella famosa Bockbier cuya excelencia proclama, trepado sobre un tonel en medio de la sala, un enorme cabrío de *papier mâché*. Allí el precio de la entrada convenía a la parquedad de nuestros recursos, pobres estudiantes becados; y el ambiente democrático podría estimular y disimular allí nuestra forzada *sans façon*... Allí estaría con nosotros el marqués, dispuesto siempre, pese a sus años, a alternar entre la alegre juventud.

De acuerdo con él, habíamos quedado en reunirnos hacia las ocho de la noche en el sitio donde habitualmente solíamos tener nuestra tertulia de los sábados, en el café-confitería Bavaria. Y en efecto, el marqués y yo fuimos, casi a la vez, los primeros en acudir a la cita. En seguida empezaron a caer otros y otros más, sobre todo de los estudiantes nuevos y bisoños, pues quienes ya llevaban tiempo y estaban algo familiarizados con el país se atenían cada cual a sus compromisos propios, sus amistades particulares, sus planes privados para pasar la noche de San Silvestre y recibir al año nuevo. Así, después de un rato prudencial, y reunidos ya los que deseábamos juntar nuestras respectivas soledades e ir a divertirnos en aquella cervecería que el veterano marqués había propuesto, salimos en grupo, nos encaminamos hacia allá rápidamente, pues hacía frío, y entramos en tropel, hablando español a gritos, mientras el viejo se las entendía a la puerta con el control de las entradas.

El desmesurado local rebosaba de gente. A sus tradicionales decoraciones —típicas escenas de glotonería frailuna y carteles jocosos en dialecto y corrupto latín vulgar con caracteres góticos— habían añadido para la ocasión guirnaldas de hojas verdes y muchas luces de colores. Bajo el empinado y agresivo macho cabrío del centro, anuncio consabido de la Bockbier, habían instalado una tarima para la orquesta de acordeones y violines que debía animar la fiesta. El humo de pipas y cigarrillos subía a lo alto, y las camareras se afanaban sirviendo por entre las mesas. Apiñados cerca de la puerta, nos detuvimos nosotros por un momento a catar el ambiente con expectativa silenciosa. Las mesas, de ordinario holgadas, se habían apretado para dejar en el centro del salón, alrededor de la orquesta, algún espacio libre como pista de baile, donde ahora bullía una multitud excitadísima; en las mesas se manoteaba y se bebía; y nuestro grupo, parado a la entrada y todavía medio pasmado del frío, apenas osaba avanzar hacia el centro caldeado de tanta animación.

Hasta que por fin ¡zas!, vimos de pronto desprenderse de entre nosotros, ¿a quién?; pues ¿a quién había de ser sino —cómo le llamábamos por broma— al simio del cigarro, Lucio González, un canario flaquito, cetrino y rizoso que había llegado a aquellos climas gélidos para estudiar fitopatología tropical en un instituto famoso? Era buen chico Lucio, y no se enfadaba, se reía, cuando le decíamos que a nosotros no quisiera engañarnos, que le guardaríamos el secreto, pero que nosotros sabíamos muy bien quién era él: que él era un mono escapado de los experimentos del doctor Köhler en Tenerife. Cual simio rijoso, había salido corriendo y saltaba ahora tras una abundante ninfa que acertó a pasar cerca de nuestro grupo. No necesitaba más: a él le bastaba sentir sobre sí una mirada de curiosidad para lanzarse en seguida al asalto. Nuestro gordo marqués lo seguía en sus correrías con la vista por el espeso salón, y celebraba riendo su impulso. «¡Así, así me gusta a mí! ¡Ésa es la juventud! Muchachos, tomad ejemplo.»

Pero lo que por lo pronto hicimos fue capturar una de las pocas mesas aún vacantes y, amontonados alrededor de ella, sentados unos y otros en pie, pedir de beber. Bebimos, empinamos el codo, y ¡cómo!: cerveza, aguardiente, vino del Rin. Había que ponerse a tono con aquella multitud donde los ojos rebrillaban, se agitaban las manos y todo el mundo hablaba sin que nadie escuchara a nadie. ¡Arriba, muchachos, arriba! Y cuando, poco después, pasó junto a nuestra mesa un pequeño rebaño femenino lanzándonos al paso ojeadas de burlón desafío, dos o tres de entre nosotros, el peruano Zaldívar, Luquitas Rey de la rumba, y no recuerdo quién más, se alzaron y se fueron tras las mujeres para invitarlas al baile. Y a mí, que había optado, como otros, por permanecer todavía con mi vaso en la mano a la espera de mejor oportunidad, me divirtió divisar luego desde mi puesto, asomándose y sumiéndose, surgiendo y ocultándose de nuevo entre las apretadas parejas del centro, la cabeza renegrida, el pelo hirsuto, los ojos entornados y lúbricos del peruano, abrazado con seriedad intensa, en el vértigo del vals vienés, a una walquiria casi albina. ¡Bien por el peruano!

¿Se ha fijado usted, ese Zaldívar con su cara de entierro, y cómo zangolotea?, le preguntó al marqués aquel uruguayo sinvergonzón llamado el Vasco, no sé bien si por nombre o apodo. Nuestro Saint-Denis, levantando sus brazos cortos y fornidos como si quisiera empujarnos, exclamó jocundo: «¡Todos, todos, muchachos! ¡A ellas! ¿Qué juventud es ésta?»

Pero ¿necesitábamos nosotros acaso que nadie nos empujara? ¿Hacía falta siquiera el ejemplo práctico que, en seguida, hubo de brindarnos el propio viejo, a quien, con toda su barriga, lo vimos sacar hacia la pista a una chiquilla muy tierna, verdaderamente una niña, y ajetrearse y echar el bofe con aquella pobre criatura estrujada entre sus brazos? Sin duda que no. La sala entera era un hervidero de risas, gritos y susurros, música no escuchada, pesados manotazos y forcejeos festivos. Avanzaba la noche, corría el licor, la atmósfera estaba cada vez más cargada y, por supuesto, unos antes, otros después, todos habíamos de ir entrando en la danza.

Distraído en observar las fatigosas evoluciones del marqués, las cabriolas y saltos del simio González, las súbitas reapariciones de Zaldívar el peruano cuya mano oscura y nerviosa se veía posada sobre la nalga de su blanda walquiria, de repente vine a darme cuenta de que, desde una mesa próxima, era observado yo a mi vez por dos mujeres. Quizá comentaban mi aspecto absorto y extraño, quizá hacían conjeturas acerca de si sería yo un egipcio, o un persa, o a lo mejor un judío de quién sabe dónde. Se hablaban casi al oído, muy juntas las dos caras; y tan parecidas esas dos caras por cierto que, sin duda —pensé—, se trataba de dos hermanas; o mejor, de madre e hija, pues era una la de una mujer hecha, aunque todavía joven y desde luego muy linda, mientras que en la otra se mostraba aún una altivez tímida y todo el orgulloso desamparo de la inocencia virginal. Los dos pares de ojos, almendrados y negrísimos, me sonreían; me estaban sonriendo con apacible agrado... Y entonces vengo a darme cuenta de que me he quedado solo en mi mesa; todos mis compañeros, uno tras otro, han sido atraídos y tragados por el torbellino de la sala, y sólo yo sigo allí, ante la mesa cubierta de vasos vacíos. Levanto mi jarro de cerveza en dirección a las dos desconocidas y esbozo una especie de brindis mudo. Ellas, risueñas, levantan sus copas, y comprendo que ahora debo acercarme. Si por un instante he vacilado, ya la mayor, la madre, me está invitando con una pequeña inclinación amistosa. Y yo, siempre con mi jarro empuñado, me voy para su mesa. El corazón me golpea dentro del pecho, y la cabeza quiere dárseme vueltas. ¿Qué demonios me pasa? Como repentina urgencia de este corazón mío que rebosa, he sentido un anhelo hacia la jovencita sentada frente a mí, cuyos ojos de gacela me escrutan con dulzura y con una sombra de temor. Intento decir algo, cualquier cosa; se espera de mí que algo diga; pero mi lengua, más por la emoción que por efecto del alcohol, está de torpe como nunca: se me traba, y apenas si consigo formar una frase. Ni siquiera entiendo lo que me está preguntando aquella señora. «¿Qué? ¡Ah, sí! —me apresuro—. Sí, *Spanier*, de *Spanien*» —aclaro con tonta precipitación—. Y ella, absurda y muy deliberadamente, pronuncia: Ta-rra-go-na...

Para cortar la pausa que sigue, sugiero con vago ademán unas vueltas de baile. Se consultan ellas con la mirada, y es la madre quien se levanta, y a quien debo escoltar hacia la pista. Allí, oprimiendo contra mí la suavidad de su pecho, noto ahora que unos párpados algo marchitos pesan sobre sus bellos ojos de almendra. Los míos escapan buscando a lo lejos, entre el desorden de las mesas, la figura solitaria de la muchacha que ha de haberse quedado —pienso yo— en melancólica espera; y a cada vuelta descubro de nuevo su perfil, en la misma postura siempre. Tan pronto como la música termina, no bien la pieza ha

concluido, mi pareja se desprende mí. He intentado yo,
como hacen otros, mantener el brazo en su cintura, pero
ella se ha deslizado; y yo entonces la sigo hasta la mesa.

Al llegar, la muchacha levanta la cabeza y sonríe. Sin
pensarlo, en un impulso, le tomo la mano, que se me resiste al pronto pero luego se entrega, trémula y resignada,
como animalito preso. No, no la suelto; no la he de soltar.
Sin haberla soltado, la invito a acompañarme a la pista,
ahora que la orquesta ataca otra pieza; y al tiempo que
la invito, tiro de ella, la arrastro casi, impaciente por es-
trechar entre mis brazos su cuerpo delgado, mientras la
madre nos ve alejarnos —así he creído percibirlo— con una
cierta expresión entre divertida e inquieta. Nada me importa, ¡nada! Con delicia, beso el pelo, la frente, las cejas
de aquella cabecita que en vano pugna, entre risas ner-
viosas, por rehuir mi ardiente furia. Y al fin, el regreso
hacia la mesa, cuando la música ha cesado, tiene casi un
aire de fuga.

¿Cómo podría referir, reconstruir punto por punto y paso
a paso todo lo que siguió a lo largo de la noche? La jovencita —recuerdo— se negó a bailar conmigo las veces
próximas. Se negaba y se negaba, y se negaba; y como
yo, excitado, quisiera forzarle la mano y sacarla por fuerza,
su madre, quizá considerándolo prudente al creerme más
ebrio de lo que estaba, quizá compadecida de las emociones excesivas que agitaban mis pocos años, quizá envi-
diosa y ávida ella misma, me tomó del brazo y me condujo con severa dulzura hacia el centro del salón. Mientras
bailábamos, yo procuré explicarle todo, darme a entender,
decirle las mil cosas que me bullían adentro; le preguntaba
a cada paso si me comprendía y ella, aunque seguramente
no comprendía una sola palabra, me calmaba asegurán-
dome que sí, que sí, con movimientos de cabeza, o bien
me tapaba la boca con los dedos de una mano que yo
retenía, ansioso, contra mis labios.

Yo estaba muy turbado; todo era confuso alrededor mío.
En un momento dado sentí sobre mi hombro una palmada,
y me volví a ver: era el marqués que me gritaba algo,

gesticulando: ¿qué?; ni lo entendí, ni tampoco le hice caso
alguno. Desesperado por apoderarme de la muchacha, no
veía otra cosa, ni distinguía nada en aquella gran confusión. Dos veces o tres más, varias veces, conseguí echarle
la zarpa de nuevo; pero siempre, para exasperación mía,
acudía la otra al rescate, ofreciéndoseme en cambio. ¡Qué!
No era el cuerpo maduro de la matrona lo que quería
yo, sino a la jovencita arisca y temerosa.

En medio de la barahúnda, unos toques de trompeta
anunciaron desde la orquesta la hora de media noche, la
entrada del año nuevo; y entonces fue como si la gritería
que se levantó en la sala agotara de golpe mis energías
últimas. Los ojos se me cerraron, y tengo la memoria imprecisa de que unos dedos cariñosos me acariciaban los
párpados; de que mi cabeza reposaba, feliz, sobre un regazo cálido. Más, no puedo recordar; más, no recuerdo.

...Cuando a la mañana abrí los ojos, un rayo de sol
caía sobre ellos desde lo alto, y tuve que volverlos a en-
tornar, protegerlos con la mano. Me di cuenta de que estaba tendido en el suelo, junto a una silla derribada y un
montón de serpentinas. En todo lo alto, encaramado
siempre, triunfaba el cabrío de la Bockbier. Yo me encontraba en el suelo, entre las patas de una mesa. Y enfrente de mí, muertas de risa, me contemplaban unas
viejas armadas de escobas. Eran las mujeres de la limpieza, con sus pañuelos atados, sus escobas y sus baldes
de agua. *Glückliches Neu Jahr!* ¡Feliz año nuevo, jovencito!
—me saludaron.

Por la mañana habíamos ido a visitar el Hospital de la Caridad. Admiramos allí debidamente el cuadro famoso de las *Postrimerías*; y yo, que me había abstenido de explicarlo o comentarlo, no resistí el deseo de citar entre dientes unos versos del doctor Mira de Amescua: *Tumba de huesos cubierta / con un paño de brocado*. Después, pasando de Valdés, el tétrico, al dulce Murillo, nos pusimos a contemplar la *Santa Isabel de Hungría* que, con sus manos de reina, cura a los leprosos. Luego, saliendo, el patio del hospital: una delicia. (¿Verdad que es delicioso? ¡Es delicioso!) Y enfrente, al otro lado de la calle, un vivero de plantas y pájaros...

Otro día más; un día largo, lento, caluroso, feliz. Tras de la siesta, a la caída de la tarde, empezó a refrescar algo. Andábamos paseando por el parque, y nos sentíamos cansados, bastante cansados. Las vacaciones, con tanta felicidad como aquellos días únicos nos deparaban, fatigan demasiado. Estábamos colmados; y todo alrededor nuestro, los jardines del Alcázar, los naranjos, aquel cielo tan azul, la ciudad entera, todo nos hacía rebosar el corazón de un cariño excesivo. Había oscurecido, y seguíamos paseando por el parque. No tuvimos ganas de volver al hotel para la cena. En vez de cenar en serio, nos acomodamos junto a una mesilla de mármol bajo aquella arboleda, y pedimos helados de avellana con galletitas, unas galletitas muy finas, decididos a continuar hasta quién sabe qué hora agradablemente instalados allí bajo las frondas del parque, ya anochecido. Sin que se notara, habían desaparecido los grupos de niños con sus niñeras, las familias, y apenas quedaban algunas parejas calladas como nosotros. A la distancia, junto al quiosco, las chaquetillas blancas de los camareros, charlando en voz baja.

Nosotros disfrutábamos de nuestro silencio; nos mirábamos de vez en cuando en la oscuridad, y nos sonreíamos en la oscuridad.

—Mira, fíjate —dijo ella de pronto—; qué raro, cómo le brillan los ojos a aquel perro.

—Sí, a los animales les brillan mucho los ojos por la noche. Recuerdo que una vez...

—Pero, ay, fíjate, ese probrecito está cojo. ¿No ves cómo anda?

—Se hace el cojo. A los perros, tú sabes, les da a veces por hacerse el cojo. En cojera de perro...

—No; no lo creo; creo que no; ése es cojo de veras.

—Ya te convencerás de que no; ahí se acerca.

Se nos acercó poco a poco. Era cojo, tenía una pata quebrada. Y ahora, ya estaba ahí, al lado nuestro.

—Toma, pobrecito —le dijo ella, dándole un bizcocho—. ¿Qué es lo que te ha pasado a ti, pobrecito?

El animal la miró con sus ojos vidriados, y ella le puso la mano sobre la cabeza.

—No, no —protesté yo—. No, querida. ¿No comprendes que ese bicho está tiñoso?

—Pobrecito. Déjalo que sienta un poco de cariño.

Y su mano acarició la cabeza que el perro alzaba con avidez entornando los ojos agradecidos. Lo que brillaba ahora en la oscuridad era el diamante del anillo en su mano; brillaba —pensé yo— como una lágrima viva caída en una magnolia. Lo pensé, pero —claro está— no se lo dije: se hubiera reído y me hubiera llamado tonto.

Bajo su caricia, el perro quería acercar más y más el hocico húmedo.

—Pero, por Dios, ¿no te das cuenta de que va a mancharte? ¿No ves que está muy sucio? —insistí con cierta impaciencia.

—Pobrecito, pobrecito —repetía ella—. Déjalo un poco. Mira cómo le gusta que alguien lo acaricie.

—Sí, pero luego...

—Eso es verdad —reconoció ella, entristecida—; eso es
verdad, luego...

Conseguí alejar al perro. Y después, ya no tardamos
mucho en regresarnos al hotel.

Señor ¡qué días tan felices! Pero luego...

EL ÁNGEL DE BERNINI, MI ÁNGEL

¡El ángel de Bernini! ¡Cuántas veces no me había detenido yo a su pie, ahí en el puente del Tíber, y me había extasiado contemplando, radiante de blancura contra el azul del cielo, esa inocencia patética, esos ojos impávidos y candorosos bajo una frente oprimida por la riqueza de tantos bucles! Al encontrármela un día de pronto, en ciudad tan lejana de Roma, reconocí inmediatamente en su mirada la del ángel que yo admiraba tanto, y en seguida pensé algo que sólo mucho más adelante habría de decirle; pensé: «Tú, criatura hermosa, eres el ángel de Bernini; tú eres mi ángel de Bernini.»

Y así, cuanto más la miraba, más lo era. Las líneas un poco blandas de sus facciones, la suave redondez carnosa, todavía infantil, de su cara bajo una boquita muy tierna, y luego, el esplendor de un cuerpo que también hubiera parecido ambiguo sin la afirmación valiente de sus pechos, animaban y acercaban para mí el admirado mármol que, en lo alto de su pedestal, nunca antes habían podido alcanzar mis manos. Ahora, por fin, lo tenía ahí, vivo y cálido bajo mi vista. Me incliné a besarle la cabeza, y «tú, dulce amor —le dije—, eres el ángel de Bernini. Dime: ¿nunca has visto tú ese ángel de la Pasión?, ¿no lo has visto nunca?, ¿ni en fotografía siquiera?» —Nunca lo había visto—. Le expliqué cómo el artista, siglos ha, supo maravillosamente anticipar su encarnación humana; cómo la había adivinado y profetizado, y me la había anunciado a mí, que, en años sucesivos, jamás iría a Roma sin visitar en el Ponte Sant'Angelo la figura de Bernini; pero ella apenas tuvo curiosidad por conocer, siquiera fuese en fotografía, esa figuración donde yo había apren-

dido a amarla antes —múchísimo antes— de que ella se
me apareciera en persona...

Tenía entornados los ojos y la boquita trémula. «Qué
murmuras ahí», le pregunté. «Es una oración. Yo siempre
digo una oración antes de dormirme. Y tú vas a rezarla
conmigo, ¿verdad? No me digas que no. Repite mis palabras, ¿quieres? Repite: *Ángel de la guarda, dulce compañía: no me desampares ni de noche ni de día.*» Las re-
petí, ¡cómo no había de repetirlas! Y en seguida volví a in-
sistir: «Alguna vez he de llevarte a Roma para que te veas
en el ángel de Bernini.» Ella contestó que sí, que sí; pero
¿sabía ya acaso, con ese saber suyo secreto y melancólico,
que este deseo no había de cumplirse? También la mirada
de sus ojos mortales parecía hecha a ver pasar las aguas
del eterno Tíber.

Nunca fuimos a Roma. Y ya no está ella conmigo; ya
nunca estará conmigo. Al despedirnos le colgué al cuello
una cruz para memoria de nuestra pasión, y ella prometió
que la besaría cada noche después de invocar al ángel de
la guarda (...*ni de noche ni de día*). Ya no está más conmigo. Y yo, quizá me pararé alguna vez todavía sobre el
puente del río, y levantaré la vista hacia aquella faz resplandeciente que no alcanzan a acariciar mis manos.

¡ALELUYA, HERMANO!

Pues sí, ¡esto era lo que me faltaba! Usted sabe qué fastidio, cuando de pronto al automóvil se le ocurre pararse, y por más vueltas que uno le da, no hay medio: ¡como muerto! Para colmo, día domingo. Era un domingo por la mañana, y también el domingo es un día muerto. ¿Qué se puede hacer un domingo por la mañana, estando el tiempo hermoso, claro, más bien fresquito, agradable, si uno vive solo y no ha combinado previamente algo, alguna excursión, por ejemplo, a la playa con gente amiga? Ese domingo yo no había podido combinar nada; no había querido combinar nada; e incluso había declinado con un pretexto, dos días antes, una invitación para el fin de semana, que si bien no ofrecía grandes alicientes —pasarlo fuera, en compañía de un matrimonio y sus chiquillos—, al menos, eso sí, hubiera sido una solución. Pero yo me había resistido a comprometerme antes de saber cómo irían las cosas con Nieves y, a decir verdad, hasta el último instante, es decir, hasta el sábado por la noche, cuando una vez más y ya ésta sin esperanzas intenté en vano hablarle por teléfono, no me convencí de que ahora iba de veras y se me había marchado en efecto «con los suyos» como ella recalcaba, a una fiesta de bodas en el campo. «Vete a donde te dé la gana, a mí qué», le había dicho yo; pero en ocasiones anteriores eso fue bastante para que desistiera de sus planes, aunque procurando siempre, cómo no, cotizarme el sacrificio. Ahora los había cumplido con toda naturalidad. «No tengo más remedio que ir, ¿sabes? Se trata de una prima mía. Tengo que ir si no quiero que se ofendan conmigo. Y además, ¿qué?: es sólo por el *weekend*. El lunes a la mañana estoy de nuevo en mi trabajo, caram-

ba.» Nada le importó mi mala cara: se reía. Me miraba con
burla, burla cariñosa, por supuesto, y se reía. Me hubiera
gustado a mí que Nieves fuera algo más franca, más directa; que me hiciera frente; que, si se le antojaba pelear,
peleara. Pero eso, nunca; jamás peleaba. «Desde luego —me
decía—, yo no he de pedirte a ti que te cases conmigo.
Ya lo sé demasiado bien que conmigo tú no te casarías.»
«Ni contigo ni con nadie pienso casarme —le respondía
yo, un tanto cargado—. De modo que ¿para qué hablar
de ello entonces? Si fuera cuestión de casarme...» «No
habías de hacerlo con esta negrita; no, zeñol, no», bromeaba ella. «Estúpida», la increpaba yo, echándolo también a risa y besándole la boca; pero furioso en el fondo
por la especie tan pérfida de su chantaje. Aunque —reflexionaba luego— en última instancia todas, negras o blancas, lo que quieren no es sino casarse. Ahí van a parar
todos sus tiros; y para lograrlo cada cual echa mano de
los recursos que su astucia le sugiere. Demasiado bien
sabe esa pícara por qué lado chantajearme a mí: «Tú, claro
está, como eres blanquito...»

Bueno, pues cuando ya, en vista de que su teléfono no
contestaba, tuve que renunciar a la perspectiva de que
pasáramos juntos el domingo, se me vino el mundo encima. Aquella noche, entre unas cosas y otras, no conseguía yo quedarme dormido. Para empezar, la manera
de ser tan escurridiza que Nieves tenía, me sacaba de tino:
siempre escurriéndose. Y ahora, desde luego, allá estaría
tan contenta con «los suyos», mientras que yo... Yo, mientras, abandonado a mí mismo, apenas si podía librarme
de las preocupaciones que durante la semana habían ido
acumulándose y que, a la hora de dormir, zumbaban como
moscas sobre mi cabeza. Eran, en parte, preocupaciones de
dinero: un vencimiento que maldito si se me ocurría a
dónde acudir para cubrir su importe. Pero si se hubiera
tratado sólo de dificultades económicas... A ésas estaba
yo demasiado acostumbrado y no habían de amilanarme
ahora, aun cuando ¡la verdad! termine uno a veces por
sentirse cansado. Para quitarme el sueño estaba también

ahí aquel imbécil de Hontanares con su agresiva anti-
patía que últimamente se había transformado casi en
hostilidad abierta. De no haber sido en cierto modo jefe
mío, con lo cual estaba en condiciones de perjudicarme
o, al menos, de amargarme la vida dentro de la empre-
sa, ¿qué más me hubiera dado?: tan luego me limpiaba
el trasero con Hontanares y sus insidias. Pero, por desgracia, no podía encogerme de hombros sino, muy al contrario, andar bien alerta. ¿Qué demonios le habrían ido
a contar, o qué habría averiguado el grandísimo cabrón
acerca de mis asuntos privados para estarme echando
siempre esas miradas de sorna, para dirigirse siempre a mí
en forma reticente y, a la postre, venir a decirme, como
me había dicho el viernes pasado, con su solemnidad de
burro: «Señor Fulano: tenemos que hablar. Preséntese en
mi oficina el lunes próximo a primera hora, pues debo
hablar con usted»? Lo que quería decirme resultó ser una
completa majadería sin trascendencia alguna, y por lo
demás, nada personal: ya ni me acuerdo. Pero esto, hasta
el lunes por la mañana no lo supe. Y si lo que el tipo se
había propuesto era tenerme con el alma en un hilo todo
el fin de semana, no hay duda que lo consiguió. Como
digo, aquella noche tardé bastante en dormirme; y no bien
desperté por la mañana, todas las cavilaciones anteriores
acudieron en seguida a ocuparme de nuevo el magín: la
solapada enemistad de Hontanares, el pago impostergable
que debía encarar, y mi Nieves que se me había escurrido
de entre las manos y ¡quién sabe por dónde andarás!

Me levanté de mal humor, y otra vez, para colmo, con
la dichosa puntada de dolor al lado izquierdo, que no será
nada, como alegremente pretendía Nieves («No es nada,
tonto»), pero que si no es nada ¿por qué no desaparece de
una vez por todas? Soy bastante aprensivo, lo confieso.
El médico no me decía que fuera de cuidado, pero tampoco
se resolvía a declarar que no era nada. Quizá no sabía
más sino lo que yo mismo le contaba: que de vez en cuando
me entraba ese dolorcillo, y se me quitaba luego, y así
siempre. ¡Una pejiguera! A la fecha, ya me he acostum-

brado, y no hago caso; pero entonces andaba demasiado preocupado. Bueno, pues me levanté, hice café en la maquinilla eléctrica, me lo tomé sin gusto y, tardando lo más posible, me entretuve después en las consabidas operaciones de la higiene cotidiana. Pero, por mucho que quise demorarme, pronto estuve bañado y vestido, y ahora tenía toda la mañana por delante: una mañana de domingo, luminosa y vacía. ¿Qué hacer con ella? A la tarde, después de haber comido, siempre puede uno matar las horas metiéndose en cualquier cine, por más que el domingo los cines están odiosos de niños, parejitas sobonas y familias; la tarde, al fin y al cabo, no era tanto problema. Pero ¿qué hacer con estas horas de la mañana, radiantes e inútiles? ¿De qué modo gastarlas? Tras haber dado por la habitación unas vueltas aburridas, asomarme a la terraza, comprobar que en la radio no había nada, sentarme con un libro en la mano y volverlo a dejar en el estante sin haberlo abierto, hice al fin lo que desde el comienzo sabía que terminaría haciendo: sacar el auto y echar adelante con él. Es el recurso infalible. Yendo de un sitio para otro, uno se distrae. Lo malo del auto es que muy pronto se ha llegado a todas partes. Pero, de cualquier manera, es un recurso. Eché, pues, adelante sin rumbo fijo, y cuando ya había atravesado entera la ciudad desierta —¡asquerosos domingos!— y me disponía a doblar hacia el malecón, ¡vaya!, ¡lo que me faltaba: la máquina que se para! Allí mismo, en la esquina, me quedé empantanado. Hay días que más valiera no levantarse de la cama. ¿Quién me mandaba a mí...? No es que la cosa tuviera importancia alguna, claro: un incidente de lo más común; pero ¡hay días...! ¿Qué necesidad tenía yo, vamos a ver, de sacar el auto, y qué diablos iba a hacer ahora, con todo cerrado, cuando nadie quiere trabajar y aun los cuatro gatos que están de servicio, si por fin das con ellos, resulta que no saben hacer nada?

Después de haber estado hurgando un buen rato sin efecto alguno todo lo que se me ocurrió, todo lo que en esos casos se prueba y se intenta, me entraron ganas de

pegarle una patada al cacharro inerte, o de sentarme a
llorar ahí en el borde de la acera. Y mirando estaba, per-
plejo y rabioso, o más bien desolado, por muy absurdo
que parezca, al inútil bloque, cuando oigo de pronto a mi
lado una voz que, como venida del cielo, se brinda a pres-
tarme ayuda cariñosamente:

—¿Qué es eso, amigo? ¿Puedo echarle una mano?

Ni lo había sentido acercarse. Ahí estaba: era un hombre
ya entrado en años que, junto a mí, se inclinaba sobre la
máquina descubierta.

—¿Es usted por casualidad mecánico? —le pregunto.

—Mecánico, no soy. No, señor, mecánico no soy. Pero
a lo mejor puedo ayudarle. Las máquinas ¿sabe? son como
los cristianos: de repente se enferman, y sólo Dios es
capaz...

Empezó a trastear por acá y por allá, y estuvo consi-
derando por bastante tiempo el motor inerte. La indispo-
sición de mi pobre máquina debía de ser muy grave y muy
oculta, porque a ningún tratamiento respondía. Es que era
una máquina ya demasiado vieja: un cacharro.

—A veces —siguió diciendo el hombre— ...Usted no lo
creerá, pero a veces ocurre que, después de concentrarme
—y apretaba los ojos—, siento de golpe como un impulso,
una inspiración de dentro, que me lleva la mano, ella solita, a un tornillo, a una pieza, y aprieto algo, o muevo,
o tiro, y... ya está. Sí, señor: cosa de no creerlo... Pero
lo que es otras veces...

—Pues hoy parece que estamos de mala suerte —comen-
té yo, un tanto desabrido.

Y el buen hombre se me quedó mirando con una sonrisa
afectuosa. Lucía la dentadura, muy blanca y brillante;
y sus ojos brillantes también y muy negros, me contemplaban con simpatía. Su expresión conservaba algo de la
frescura juvenil; y a no ser porque los espesos velloncillos
de su cabeza se enrollaban como finos alambritos de acero,
nadie hubiera pensado que era un viejo ... Le alargué para
que se limpiara las manos de grasa un trapo, y mientras
se las frotaba seguía sonriéndome.

—Muchas gracias —le dije—; muchas gracias, de todas maneras.

—Lo siento —me contestó él—. Siento no haber podido serle más útil. Y añadió—: Pero, mire, joven, hágame caso a mí: no críe mala sangre por una cosa como ésta.

Aunque me sentía destemplado, deseaba no ser descortés con aquel oficioso. Le respondí de la mejor manera:

—No, si no me hago mala sangre. Sólo que... es desagradable, ¿no? Me fastidia el asunto, y eso es todo. Me revienta, sencillamente. Pero ¡qué remedio!

Y noté en el tono de mi propia voz una como inflexión de desamparo. Seguramente que mi sonrisa parecería forzada, triste, ridículamente triste.

—A lo mejor, usted iba con prisa, tenía prisa de llegar a algún sitio —comentó él, mirando alrededor como en busca de un recurso que ofrecerme.

—Pues... no, ya ve usted. La verdad es que no. No iba a ninguna parte. Déjelo; no tiene importancia: ya me arreglaré.

Quería mostrarme amable para con aquel sujeto tan servicial y, por no incurrir en la sequedad casi grosera a que propendo (¡si me conoceré yo!) cada vez que cualquier contratiempo como este del automóvil me pone de mal humor, empecé a esbozar unas vagas explicaciones. Mi propósito era tan sólo evitar esa impresión de reserva excesiva que a veces doy, y aparecer natural, tranquilo. Pero el caso es que, en seguida, quizá también para retenerlo un poco más y que no se fuera a ir dejándome otra vez solo, me fui deslizando hacia la confidencia y terminé hablándole de mis cuitas, al principio en una forma impersonal, mediante reflexiones acerca de la escasa amenidad que la vida nos brinda a los desdichados mortales, y luego —aunque sin detalles precisos, claro está— acerca de mis propias dificultades personales de aquellos días.

Él me escuchaba, y asentía con la cabeza; me escuchaba mirando con obstinación al suelo. Sin darnos cuenta, habíamos comenzado a andar, despacito, en dirección al muelle. Doblada la esquina, allí estaba el mar rebrillando, reluciendo, verde, azul, blanco, en la mañana hermosa. Nadie andaba por el malecón. El sol pegaba fuerte, pero en aquel sitio, con el airecito fresco que venía del mar, no molestaba apenas. Nos sentamos en un banco frente al agua.

—Sí, señor —reflexionó el hombre tras un largo silencio—; sí, señor; cada cual tiene sus penas. Así es el mundo.

Y luego empezó a emitir un murmullo bajo, entre dientes, una especie de himno cuya melodía me sonaba a cosa conocida sin que lograra, a pesar de ello, reconocerla.

Pasó rato y rato. De vez en cuando echaba yo una mirada de reojo a aquella cabeza inclinada y cubierta de menudos vellones grises, a aquellos párpados pesados que se entornaban frente al mar refulgente, a aquellos labios gruesos que con ligero temblor dejaban pasar el runruneo medio apagado de la interminable letanía. Casi creí que se hubiera olvidado de mi presencia, y ya estaba pensando en levantarme, cuando, como si me hubiera leído el pensamiento, se volvió, puso su mano oscura sobre la manga blanquísima de mi camisa y, no sin alguna vehemencia, me dijo:

—Tenga paciencia, joven. ¿Qué prisa tiene? Los jóvenes, siempre parece que tienen prisa.

Era muy cierto: ¿qué prisa podía tener yo? Agregó:

—Olvídese, olvídese de todo lo que no importa, y piense sólo en aquello que importa más.

No aclaró qué era lo que no importa, ni qué lo que importa más. No me lo aclaró con palabras explícitas; pero me oprimió el brazo cariñosamente y sentí que, en el fondo, tenía razón el hombre; comprendí que era necedad desvivirse por esas cosas que a mí me estaban preocupando, por las pequeñeces que me afligían; y la vista del mar, tranquilo e inmenso en aquel silencio de domingo, me ayudó a comprenderlo.

—Vámonos —dijo entonces, levantándose. Y yo lo seguí.

Anduvimos despacito, sin hablar apenas, junto al borde del agua.

—¿Usted no sabe, joven, que todo termina por arreglarse? —sentenció reflexivo.

Y yo, un poco amargo, ironicé:

—Con la muerte, sí.

—Sí, con la muerte —corroboró él, grave. Pero en seguida, cambiando del tono serio al ligero, añadió—: Ahora bien, que mientras tanto la muerte llega, vamos nosotros a hacer por la vida. ¿No le parece? Ande: lo convido a almorzar conmigo. Si me hace el favor.

No protesté ni por fórmula. Pese a mis disimulos, aquel hombre se había percatado demasiado bien del estado de ánimo en que yo estaba, y me tenía lástima, y no quería dejarme solo. Con un sentimiento de autocompasión y abandono, acepté, pues, su invitación tácitamente, aunque haciendo para mí el propósito firme de, llegado el momento, adelantarme a pagar yo la cuenta.

Pero ese momento no había de llegar nunca, porque donde me llevó a comer fue a su propia casa, una casita de tablas verdes, con geranios en la ventana y cortinas tejidas a ganchillo.

—Laura: este señor, que es un amigo, viene a comer con nosotros —proclamó, levantando la cortina, desde la puerta; y se echó a un lado para dejarme pasar. Una vez dentro, la doña Laura acudió a darme la mano, y lamentó mucho que si lo hubiera sabido, pero que no iba a poder darnos sino un poco de arroz y unos platanitos; para beber, cerveza.

El arroz estaba bueno. Comimos al aire libre, en una especie de patiecillo interior con piso de tierra que, como las demás pobres viviendas de por allí, era el desahogo de la casita. Me advirtieron luego que, si tenía gana, podía echarme una siesta. Tomamos café. «¡Excelente café, señora!», hube de celebrar yo. Y después de un segundo pocillo saboreado con delicia, nos quedamos largamente callados.

Al cabo de un buen rato, mi hombre se levantó, entró sin decir palabra y, a poquito, volvió a aparecer con un clarinete en la mano y expresión de risueña malicia en los ojos.

—¡Ajá! —exclamé yo, festivo, al verlo. Y nos reímos juntos. Abierta la palma de la mano, me hizo seña de que aguardara un instante. Y, parado ante mí, siempre sin decir esta boca es mía, se llevó a ella la del clarinete y, perezosa y tentativamente, empezó a emitir sonidos. Doña Laura se había sumido entre tanto en la penumbra de las habitaciones, y yo estaba recostado muy a mi gusto en una butaca de mimbre contra las hojas enormes de unas plantas que todo lo bañaban de fresca luz. El hombre retozaba y gozaba tocando a lo loco. Y a mí, aquella manera de jugueteo o burla con el reluciente clarinete me distraía, me divertía, me serenaba. Era algo así como entretenerse en mirar las payasadas incansables de un niño travieso; pues el buen hombre, a la vez que lanzaba al aire sus notas estridentes, destempladas y cómicas, gesticulaba, guiñaba con picardía sus ojos, sacudía la cabeza en un alarde bufo, y pegaba obstinadas patadas en el suelo.

Pero de repente, y cuando más distraído estaba yo, tras una de tantas pausas, en lugar de soltar otra de sus bromas chocarreras, profirió el clarinete un desgarrado y prolongadísimo lamento que me hizo sobresaltar; así, me asustó primero, y luego me dejó sobrecogido. ¿Qué significaba aquello? Está uno como cambiando por chanza manotazos de gato con un amigo y, de repente, cuando menos se lo espera, recibe tremendo puñetazo en el pecho... La respiración se me cortó: ¿Qué era aquello? El clarinete continuaba gritando su desesperación sin límites, pero el clamor había perdido ya la vibración inicial, tan aguda, y empezaba a hacerse más oscuro, más y más oscuro, hasta transformarse poco a poco en una especie de llanto convulso que por momentos recuperaba su vehemencia, pero que volvía a decaer en seguida en congoja, parecía fatigarse y adquiría cada vez más los acentos abnegados y tristísimos, pero apagados ya, de la resignación.

Me acudieron lágrimas a los ojos, y traté de disimularlas con el brazo. Observé que también él estaba llorando: se veían en su cara gotas de sudor, pero también gotas de llanto. Y entonces bajé yo el brazo, avergonzado de mi vergüenza. Nos miramos uno a otro con el desamparo de náufragos que se hunden juntos. Hasta que, tras de tanta agonía, el clarinete se quedó callado.

Mi hombre se enjugó la cara con la manga y, sonriéndome, respiró hondo. Pero apenas hubo tomado aliento volvió a alzar con gesto triunfante el clarinete, y ahora las notas que salían de él fueron solemnes, graves, serenas. De la resignación pasamos a un consolador olvido; nos asomábamos a un paisaje, aunque melancólico, muy apacible... Y otra vez, después de corta pausa, volvió a producirse una situación sobrecogedora. Fue un nuevo grito, pero ahora un grito de alegría, un grito breve y tenso, tras del cual raudales de felicidad se derramaron sobre mi alma, entregada ya por completo a las doradas frases del clarinete, a su persuasión brillante que, por último, con un movimiento muy impetuoso, se levantaba, se exaltaba hacia praderas de esperanza infinita y de júbilo inmenso... Cuando éste hubo alcanzado una culminación casi insufrible, no sé ni cómo me encontré en pie y con los brazos abiertos.

—¡Aleluya, hermano! —me exhortó el hombre—. ¡Aleluya!

Lo abracé en silencio.

Y ya no tardé mucho en despedirme de aquella buena gente. Paso a pasito, me fui para mi casa. Como él había dicho, todo termina por arreglarse.

ENTRE EL *GRAND GUIGNOL* Y EL *VAUDEVILLE*

Yo le digo siempre: «El milagro de tu risa»; pues ¿cómo puede su risa...? Viviendo, como ella vive, prisionera en la ergástula perversa de ese electrónico marido, especie de doctor Mabuse *up-to-date*, ¿cómo podrá la risa de su boca ser tan fresca, tan alegre, tan sana; en suma, tan natural?

Es que, por más científico y más ingeniero que su carcelero sea, el lozano ingenio de ella logra derrotar una vez tras otra todas sus astutas ingenierías; y entonces, cuando el brío de su amor ha vencido de nuevo las complicadas artimañas de una tecnología destinada a espiarla y tenerla presa, su risa resuena vibrante con el triunfo de una rosa roja abierta entre el lujo de negros encajes, sayas de seda y suave perfume francés.

La incesante pugna da lugar a que, sobre un fondo tenebroso y grotesco de *grand guignol*, surjan —absurdamente divertidos— los episodios de *vaudeville*. Si, por ejemplo, un odioso aparatito enano instalado en su teléfono detecta, registra y le delata a su amo nuestra conversación, ella sabrá transformar mis palabras en las de un imaginario jesuita español que, A. M. D. G., dirige su alma. O acaso, cuando estamos a solas, si ha llamado a la puerta cualquier importuno (¿el cartero?, ¿quizá algún vendedor?), salta ella en su desnudez y a prisa recoge sus ropas dispersas en busca de escondite, debo tranquilizarla yo: le cubro la cabeza con una de sus prendas íntimas y «Las moras de Marruecos, ¿tú sabes? —le digo—, sólo la cara cuidan de ocultarle a los curiosos que las miran bañarse en el río; y además, si tu electrónico sabio te viera así, de seguro no había de reconocer, aunque sí admirar, tu cuerpo *in puribus*; ya en tiempos antiguos le ocurrió eso a otro marido de novela»; con lo cual, brota feliz de nuevo la risa en su garganta.

A veces, sin embargo, parece que el *thrilling* va a prevalecer sobre la diversión picante. Días atrás la luna con su blanca magia quiso avisarme piadosamente de que el lunático doctor premeditaba —nada menos— liquidarme a mí. ¿Cómo? ¿De qué manera? ¿Mediante el rayo de la muerte? ¿Urdiendo acaso un crimen perfecto? No lo sé. Ni siquiera estoy muy seguro de sus verdaderas intenciones. Quizá sea tan sólo un *blackmail* lo que él persigue con sus *black magics*. El hecho es que su amenaza truculenta había conseguido por fin aterrorizar a mi intrépida prisionera y extraerle la promesa de que ¡nunca más! volvería a verse conmigo.

Dura palabra es *never more*, palabra siniestra; pero ¿de qué valen las promesas forzadas? Sólo duran lo que dura la fuerza. Una semana más tarde nos apresurábamos ya, ella y yo, abriéndonos paso en su auto por entre el tráfico espeso de Times Square, hacia el lugar de nuestros secretos encuentros. Y (sin resollar, no hiciera el diablo que algún mecanismo agazapado bajo el asiento nos denunciase luego), mientras le bastaba la izquierda para guiar el coche, su mano diestra anticipaba el placer que nos prometía el hecho de —gracias a su falsa promesa— hallarme vivo yo todavía: una manipulación oculta (oculta, como la carta robada de Edgar Allan Poe, precisamente por tener lugar tan a la vista del público).

Desde entonces, «la carta de Poe» ha pasado a ser entre nosotros una palabra-clave como las «caletyas» de Proust, que siempre vuelve a desencadenar la alegría de su risa hermosa.

AU COCHON DE LAIT

Así se llama el restaurante donde, años atrás, un camarero demasiado entusiasta se aplicó a recitar en honor nuestro, hasta decir «basta», las estancias de la Divina Comedia, mientras afuera, en la calle, bullía multitudinosa la *comédie humaine*.

Aunque ha pasado tiempo, no tengo hoy dificultad en encontrar de nuevo el local, y hasta recupero el rincón mismo en que un día paladeara las delicias culinarias del menú con el aderezo añadido por el imprevisto despliegue de la imaginería dantesca.

Otro gran florentino, Sandro Botticelli, habría de ofrecer esta vez delicada sazón a nuestro suculento refrigerio; pues, apenas había asentido yo con leve seña al vino que un tácito adolescente en chaquetilla blanca sometía a mi prueba, cuando vimos irrumpir en el comedor a la famosa Primavera, no precedida ahora por la fragancia de Flora ni flanqueada de las Gracias, sino escoltada por un angelote hermoso de tres o cuatro años, fruto de su vientre, y un caballero, su gallardo esposo, que en el cuadro original figura bajo el atuendo de Mercurio, y que en la actualidad debe de ocuparse efectivamente en actividades comerciales. Ella, la Primavera de Botticelli, con esos ojos vivaces de tierna y alegre inocencia y la dulce inflexión del cuello sobre un hombro muy suave, ha aparecido allí llenando el espacio todo con su presencia. Asistida por la cortesía impecable de su custodio, se sienta frente a nosotros después de haber instalado al *piccolo* en una silla alta a su lado; sonríe; y cuando luego se le acerca el *maître* a tomar respetuosa nota de su apetito, la oigo encargar la especialidad de la casa: el famoso *cochon de lait* al horno.

No tardará mucho en presentarse, tan orondo sobre elegante mesita de ruedas, el preciado lechón; y su triunfal entrada repetirá en parodia bufa la aparición reciente de la Primavera; quien, desde su trono, se dispone ahora a recibirlo con la mejor gracia.

—Mira, hijito —le dice a su angelote apuntando hacia la fuente el rosado índice de su mano derecha—; mira el cochinillo, qué divertido. ¿Ves sus orejitas? ¿Ves su boca, los dientecillos?

Y el angelote se ríe ferozmente, palmotea, quiere tocarle la cabeza al lechón asado.

—Estáte quieto ahora, nene, mientras este señor lo trincha, y luego podrás comer un pedacito del plato de mamá. Pórtate bien, ángel mío.

Todo se cumple así, bajo la mirada complaciente de Mercurio. El cochinillo, con su guarnición de pepinos, papas, confitura y puré de manzana, está de veras sabrosísimo. También nosotros lo hemos pedido, y nosotros también estamos comiendo *cochon de lait*.

FRAGANCIA DE JAZMINES

(Homenaje a Espronceda)

¿A qué edad puede considerarse viejo un hombre? ¿A qué edad es uno lo que se dice un viejo? Así yo meditaba en tanto me afeitaba esta mañana mismo, cuando de pronto caí en la cuenta de que los compases entreoídos y medio escuchados que llegaban desde una radio lejana eran los de aquel que solía ella complacerse en llamar «nuestro» bolero. Tardé un poco en reconocerlo; hacía rato que pugnaba por atraer mi atención como un niño tímido y porfiado, y yo no terminaba de reconocerlo. Pero sí, claro: era *Fragancia de jazmines*, nuestro bolero. Por aquel entonces esa pieza estaba en plena boga, y a ella le gustaba muchísimo; quién sabe qué fibras tan sensibles haría vibrar en su alma. Le divertía cantarme (a la vez que me miraba de soslayo con intención juguetona) sus promesas trémulas de amor eterno *—¡jamás, jamás, jamás!—*; y yo me burlaba cariñosamente, y ella fingía enojarse de mi incredulidad fingida.

Ahora ya casi nunca tocan nuestro bolero, ya nadie lo canta, ha pasado de moda, hay otras tonadas, y todo está medio olvidado ya. Así, cuando esta mañana —mientras meditaba yo, afeitándome ante el espejo— quiso inesperadamente llegar de nuevo a mi oído su melodía dulzona, me costó algún trabajo reconocer en él la voz amiga, ¡tan parecidas son todas esas melodías con su invariable patetismo sentimentalón!...

¿A qué edad es uno un viejo? De pronto, distraído como estaba en mis vagos pensamientos, sentí dentro la punzada agridulce: *¡Jamás, mi amor, jamás te olvidaré!*; y a partir de ese instante los fantasmas traviesos de nuestro pasado, un eco de tu risilla inocente y pícara, la gardenia blanca

sobre aquel vestido tuyo de seda carmesí, los gruesos rizos
negros, pesados como racimo de uvas sobre la tersa blancura de tu frente, el cuidado absorto con que te pulías las
uñas cuando estabas enojada y querías disimularlo, y tantas otras escenas de nuestra costumbre clandestina acudieron en tropel a mi memoria. ¿A qué edad es uno ya
viejo? «Tú no eres todavía ningún viejo; te prohíbo que
vuelvas a repetirlo», creí oírte replicarme una vez más
con el cómico ceño fruncido y el rigor de una dulce se-
veridad en tus preciosos ojitos azules.

Pero de entonces acá han pasado cinco años más: cinco
años más han pasado. Para sorpresa mía, cuando esta
mañana el irónico *jamás*, *jamás* de una radio vecina vino
a despertar esas memorias adormecidas, y me puse a echar
cuentas y repasé fechas, pude comprobar que hoy precisamente (¡qué casualidad!; precisamente hoy) se cumplen
los cinco años de nuestra separación. Tal día como hoy
fue, hace cinco años, sí; hoy es el aniversario... ¿Dónde
estarás, corderito mío? Yo la llamaba corderito porque sus
ojos, aunque celestes, eran —son— muy redondos, muy
vivaces y muy tiernos, como los de un cordero; y su frente,
ancha, tenaz; y su cuerpo, pequeñito, lleno, tibio, gracioso.
¡Pobre corderito mío! Me pregunto si acaso ella no habrá
recordado también hoy este aniversario; si no habrá venido a recordarle nuestras horas de abandono, y de amor,
y de caricias, alguna canción de aquel tiempo, quizá esa
misma *Fragancia de jazmines*, ¿por qué no?; u otra cosa
cualquiera, quién sabe: el ruido de unos pasos en la calle,
o un aguacero repentino como el que estaba cayendo,
cinco años hace, en el momento en que ella se metía en
su automóvil y se alejaba para siempre de mí sin tan siquiera volver la cara.

Se fue sin haber vuelto la cabeza siquiera. ¡Bien hecho!
¿Acaso no era asunto concluido? Pues ¡asunto concluido!
Seguramente se iba odiando al mundo entero, y tal vez
odiándome a mí por estar en ese mundo que odiaba. O a lo
mejor es que la pena le apretaba la garganta, igual que
a mí, y no se quiso arriesgar a echarme una mirada últi-

ma de despedida antes de meterse en el auto, sabiendo
como lo sabía que yo estaba viéndola partir y que ansiaba —aunque también la temía— esa mirada última. O sencillamente la violencia del aguacero no le permitió pensar
en otra cosa que en ponerse a cubierto. Así es que me
quedé muy desconsolado, pese a mi temor de que una
mirada última nos pudiera llevar a un nuevo abrazo y ese
abrazo significara (como lo hubiera significado: ¿a qué en-
gañarse?) cambiar la cruel resolución que tanto trabajo
nos había costado adoptar. Pues la verdad es que nos en-
contrábamos ya en el límite, y no cabían más posterga-
ciones; ya no había plazo posible: si al siguiente día no
tomaba el avión yo solo, tendríamos que escaparnos los
dos juntos, rompiendo con todo. Más plazo, ya no cabía.
Nuestro secreto había trascendido: bien fácil era leerlo en
las ojeadas reticentes de todos los conocidos alrededor
nuestro. Hasta su Otelo empezaba a solivantarse sin que
bastaran las artes engañadoras de ella para apaciguarlo.

—«Él», ¿sabes, bien mío? —le llamaba siempre Él; así
es como designaba siempre mi corderito a quien yo, por
mi parte, solía nombrárselo como «tu Otelo»—. Él, ¿sabes?,
está poniéndose insufrible. A veces, ¡mira!, lo mataría;
y a veces me llega también a dar lástima. Me da lástima
porque, el pobre, es bueno y me quiere. Si no me quisiera
tanto, ¿cómo iba a soportar esto? Ya son más de tres
meses que no le dejo acercarse a mí, primero con tal o
cual pretexto y, luego, cuando ya eran demasiados dolores de cabeza, diciéndole por fin con todas sus letras, como
tú sabes muy bien que se lo he dicho, que, la verdad, no
puedo porque... lo siento mucho, pero he dejado de quererle, y no, y no, y no.

—Te preguntará él por qué has dejado de quererle.

—Sí, claro; pero ésa es una pregunta idiota. Una deja
de querer a alguien porque sí; no hace falta razón ninguna.

—¿Yo no soy una razón, entonces?

—¡Tonto! —se reía.

—Y dime, corderito, ¿él no sospecha? Sospechará que
algo ocurre.

—Sospecha, sí. Vaya si sospecha. Yo le digo: «No irás ahora a venirme con celos. A ver: ¿de quién tienes celos?», le digo. Lo provoco así; y no me contesta; suspira y no me contesta; no se atreve. Le dará vergüenza confesar que tiene celos. Pone ojos de carnero degollado, y entonces me entran más ganas todavía de atizarle un palo en el testuz.

—Entre los cuernos, ¿eh?

—No seas así; no seas tan malo, querido. No digas esas cosas. El pobre me da muchísima lástima. Y la verdad es, ¿sabes?, que él me quiere más que tú.

Si la quería más que yo o no, eso no lo sé. Sé que él, su Otelo, era joven y buen mozo; que tenía ante sí un porvenir brillante, y que aun con sus recursos actuales le proporcionaba un nivel de vida, comodidades y lujos, que yo jamás hubiera podido ofrecerle. Y siendo así, cada vez que contemplábamos la perspectiva de cometer una barbaridad, liarnos la manta a la cabeza y, a costa de un formidable escándalo, romper con todo lo que fueran trabas para la felicidad completa de nuestro gran amor, me esforzaba yo por hacerle ver las cosas bajo la luz fría de la razón, no para disuadirla ni desanimarla, sino para que el paso, si llegábamos a darlo, fuera con una conciencia clara de sus consecuencias todas, y muy resueltos a afrontar los ineludibles sacrificios.

—Para mí, imagínate, corderito, no hay en ello sino ventajas. Yo ¿qué más puedo apetecer sino tenerte conmigo día y noche, siempre, siempre, noche y día juntos, mi corderito lindo y yo? Nada pierdo, y lo gano todo. Pero tú sí que tienes que pensarlo muy bien antes de decidirte. Esa casa tuya tan bien puesta y que te gusta tanto, los muebles que compraste con enorme ilusión cuando ibas a casarte y que te enorgullece ver admirados y envidiados por quienes te visitan, tu instalación magnífica de *high fidelity*, el proyector, todo eso... ¡despídete!, ¡despídete para siempre! Lo dejarías atrás, y dejarías atrás al grupo mismo de la gente amiga, esos matrimonios jóvenes, los compañeros de tu Otelo y sus esposas, el círculo de las relaciones comunes, para quedarte, como oveja apestada, sola conmigo, en un rincón aparte.

Yo sabía cuánto le importaban todas esas cosas. Y era natural que le importaran mucho. Su vida estaba llena de satisfacciones, era lo que se llama una vida lograda y completa cuando vine yo a irrumpir en su esfera. Recuerdo la ocasión en que por vez primera nos encontramos: alguien me llevó a su casa, donde estaba celebrándose una de esas reuniones medio sociales, medio profesionales (creo que para festejar un ascenso recién obtenido por Otelo, a quien yo aún no conocía), y caí allí, en una atmósfera ya bastante caldeada por las bebidas, como un extraño entre amigotes, un hombre al que, si más no fuera, por su edad se le debía cierta circunspección, y que, estando de paso en el país, atraía una atención curiosa de los otros. Dije a la encantadora dueña de la casa alguna cortesía, y la vi ruborizarse de placer. Como joven esposa, se complacía —cualquiera hubiera podido darse cuenta— en su casa bonita, en su papel de dueña y anfitriona, en los amigos reunidos allí con tan ostensible alegría, y hasta en la presencia inesperada de este forastero —yo— que uno de ellos le había llevado; de este señor que, en aquel momento del saludo, reteniéndole un poco la mano, exageraba lo feliz de la oportunidad y ponderaba el gran honor, etcétera. Escaparse ahora, a los pocos meses de habernos conocido, conmigo, con aquel señor forastero que le hiciera ruborizarse de gusto elogiándole el muy exquisito con que su casa estaba montada, era tanto como abandonar esa casa, y todo lo que esa casa representaba, dejándose atrás el mundo en que hasta entonces había sido dichosa. Y esto, ¿a cambio de qué? Pues a cambio de una vida estrecha y desordenada, que a mucha gente podría parecerle hasta sórdida, siempre en ambientes no muy distintos al de ese mismo cuarto de hospedaje, donde acudía ella a visitarme dos o tres, y aún cuatro veces, por semana: una habitación sin más muebles que la cama, una mesita sobre la que se apilaban mis escasos libros, y el armario con toda mi ropa colgada de tres perchas.

Eso o poco más —le hacía ver— era cuanto podía esperar
de mí; eso era todo lo que podía prometerse de vivir conmigo. ¿Lo había pensado? ¿Se daba cuenta?

—Sí, será verdad; pero ¡vivir al lado tuyo! —ponderaba, apretando contra mi pecho su cabeza, cuyos rizos
hermosos me divertía yo en peinar suavemente con
mis dedos—. A tu lado, así —ponderaba—; así para
siempre.

—¿Para siempre? Ni siquiera eso, querida; para unos
cuantos años, muy pocos. Después de unos pocos años,
¡se acabó! ¿No piensas tú, corderito mío, en la diferencia
de edad que nos separa?

—¡Que no pronuncies esa palabra! Nada nos separa;
nada podrá nunca despegarme de ti —exclamaba, vehemente. Y con obstinación, apretaba su frente desnuda
contra mi pecho.

Pero insistía yo:

—Tus amigas, lo sabes muy bien, van a hacerse cruces:
¡disparate semejante! ¡Y con un viejo!

—Te prohíbo, ¿me oyes?, que vuelvas a decir eso —pro-
testaba, gritaba casi—. Eso no es verdad. Detesto oírtelo
decir. Tú no eres ningún viejo.

—Para tus ojos cariñosos no lo seré; pero, dime, ¿cómo
han de verme los ojos de la malevolencia ajena? ¿No te
zumban ya los oídos con la rechifla? Imagínate, los comentarios.

—¿Y qué me importa a mí? ¿Qué me importa?

Pero ¿cómo no había de importarle? Se quedó muy callada, y al cabo de un rato sentí correr sobre mi pecho
algunas lágrimas calientes deslizándose hacia el costado.
¡Pobre corderito! De seguro, en su mente acosada por mis
reflexiones estaba pintándose el cuadro de un triste futuro
donde, a las penalidades de una vida sacrificada por amor,
hubiera venido a juntarse la inevitable miseria física de
los años.

—¿Para qué me dices esas cosas? Siempre adelantán-
dote a las desdichas, ave de mal agüero, como si acaso
pudiera uno saber jamás... ¿O es que lo que quieres tú

es terminar conmigo? Porque si lo que quieres es eso, más
valía que, francamente...

Le tapé la boca, ¡corderito inocente!; pero ella retiró la
cabeza, y continuó:

—Dime, vamos a ver: ¿es que tú has estudiado para
fraile?; porque deberías salir a predicar por ahí: lo haces
muy bien.

Como de costumbre, nuestras amarguras se disolvieron
esa vez en risa. Pero lo cierto es que yo no estaba dispuesto a echar sobre mí la responsabilidad del tremendo
disparate, y por eso le representaba implacablemente todas
sus consecuencias, demasiado previsibles e inevitables, ¡ay!
Habíamos llegado al fondo de un callejón sin salida, estábamos arrinconados. El escándalo iba a producirse: era
indefectible, era inminente ya. O precipitar, pues, la ex-
plosión a la vez que salíamos corriendo para ponernos
fuera de su alcance o, si no, irme yo por donde había
venido, y quizá de ese modo la tormenta pasara de largo
sin descargar sobre nuestras cabezas.

—Tú no me das ánimos. Tú me echas siempre un jarro
de agua fría. Tú lo que no quieres es cargar conmigo. Tú te
lo piensas todo, todo lo calculas —me reprochaba—. Si de
veras me quisieras como te quiero yo a ti...

—Demasiado bien sabes cuánto te quiero. Te quiero
quizá más que tú a mí; más, seguramente. Lo que pasa
es que, claro está, te quiero a mi manera. Y ya comprenderás cuál puede ser mi manera. No te olvides de que ya
no soy...

Ahora era ella quien, con una expresión de dolor en
su cara, casi una mueca, me tapaba la boca: «¡Que no!»

Pero, finalmente, tuvo que rendirse a la razón. Por poquito que yo la hubiera animado... Tuvo que rendirse a la
razón, y decidimos, sin más, cortar por lo sano.

En nuestra última entrevista, la de nuestra despedida,
le regalé una crucecita de granates: me juró que, así vi-
viera mil años, hasta la hora de su muerte había de llevarla colgada del cuello. «Como un voto», dijo.

Aquel día sus besos tenían el sabor salino de las lá-

grimas, y sus suspiros expresaban más sufrimiento que
placer. Cuando por fin vi que, tras una triste ojeada al
reloj, comenzaba a vestirse repitiendo, distraída, los gestos
habituales, ni sé cómo pude sofocar mi congoja. Alguna
vez, en la alegría de la playa, entre tantos otros bañistas,
había contemplado yo a la distancia ese cuerpo querido
que era en secreto mío; ahora, en la penumbra de mi habitación, lo veía cubrirse, separarse, desprenderse de mí,
hacerse ajeno; y dentro de unos instantes ya estaría para
siempre fuera de mi vida.

¡Doloroso desgarrón! Otros cinco años han volado desde
entonces; cinco años más: hoy se cumplen. Casualmente
ha venido a recordármelo una piececita hace tiempo pasada de moda: nuestro bolero *Fragancia de jazmines...* La
amputación fue terrible, pero —hay que confesarlo— necesaria. Hoy, ya, la herida no duele. Tan cruel cirugía evitó
en su momento —¿qué duda cabe?— la amenazadora gan-
grena de los años y desengaños, dejándonos —a mí, y supongo que también a ella—, no tristes recuerdos del placer
perdido, sino una memoria melancólicamente dulce de
aquellos días tan felices.

UNA MAÑANA EN SICILIA

4 de febrero de 1972: es mi tercer día en Sicilia. Desde Palermo, me lleva María del Carmen a visitar el templo dórico y el anfiteatro de Segesto. El cielo está gris; y observo que los ojos de Carmen son del mismo color que hoy tiene el mar por cuya orilla avanza nuestro automóvil: el mismo color de las pitas que, en doble teoría de penachos gigantes, bordean, ahora que hemos llegado, el sendero hacia el templo.

—Pero veamos antes el teatro —propone ella. Y allá nos encaminamos hasta alcanzar en lo alto de la colina el fuerte muro de piedra que ciñe su semicírculo.

A la entrada del anfiteatro quedamos detenidos, paralizados: se ha abierto ante nuestra vista el espectáculo del mar. Aquellos miles de espectadores, el público griego cuya ausencia llena estas graderías, veían desenvolverse el drama o la comedia sobre el escenario abierto y quieto de esta hermosísima naturaleza.

—Sabían elegir sus lugares —dice María del Carmen.

—Sí —dije yo—; el modo como integraban la obra humana en el paisaje no es lo menos admirable en ellos. Mire el templo, a lo lejos, sobre aquella otra altura.

Pero en seguida me callo, un poco avergonzado de mi frase. Callamos. Todo calla. No se ve a nadie en la extensión del espacio que nos rodea. Un pájaro ha cantado, oculto; otro animal, quizá una liebre, se escabulle abajo, entre las matas.

—Cuánta paz —ha pronunciado Carmen como en acción de gracias; y yo repito sus palabras:

—Cuánta paz.

El aire está perfumado de hierbas campestres: romero,

mejorana, alucema. Se oye zumbar algún insecto. Cuánta paz. Hoy no hay turistas. Y ni la sombra queda ya de aquella gárrula ciudad griega que, hace veintitantos siglos, acudiría al teatro este.

Descendemos al fin, para tomar luego el sendero que sube al templo. El sendero es empinado y pedregoso. A ambos lados las pitas abren al cielo sus largas, pinchudas hojas metálicas; hojas tersas, anchas y carnosas donde muchas parejas de amantes y algún corazón solitario han dejado grabados sus nombres. Ahí están, pardas, negruzcas, sobre el verde azulado, las cicatrices de tantas incisiones: *Franca ed Aldo*, *Linda and Fred*, *Lucia & Kurt*... Franca ed Aldo: *1 maggio 1970*. Pronto hará dos años. ¿Qué habrá sido, entretanto, de Aldo y de Franca? Pienso en las parejas que, hace siglos ya, arañaron sus nombres en los estucos de la Alhambra, y esos nombres pueden leerse todavía.

Estas hojas de cactus no son, por cierto, mármol o bronce. Alrededor de las que aún se yerguen vigorosas y amenazantes, yacen ya, mustias, a ras del suelo, otras cuyo color seco ha hecho ilegibles los signos que visitantes anteriores quisieron perpetuar; ilegibles, como los nombres inscritos en algunas tumbas de iglesias medievales, borrados por millones de pisadas en cientos de años. Si por un momento hubiera sentido el deseo de consignar el mío a la hoja de una pita, pronto habría desistido del futil empeño. ¿Para qué? ¿No sería tanto como escribirlo en el agua?

Pero ya estamos arriba, ya discurrimos por entre las imponentes columnas. Busca en su guía María del Carmen los datos correspondientes a este templo, y en vano se esfuerza el libro por ofrecer al turista serviciales precisiones: ni siquiera la deidad a que se consagraba el edificio es capaz de nombrarla. También el nombre del dios cayó en el olvido.

Recogemos del suelo florecitas silvestres, moradas y amarillas. Y al cabo de un rato emprendemos el regreso, sendero abajo.

Apenas habremos llegado a la mitad cuando, en el fondo, vemos aparecer un extraño grupo, cuatro personas, que no tardarán en cruzarse con nosotros. Es —en seguida nos hemos dado cuenta— una boda. El novio, menudito, bien peinado y vestido de negro, sostiene del brazo a la novia, ayudándole a subir, mientras con la otra mano le recoge el vuelo de su largo vestido nupcial para que no arrastre por tierra. Fatigosamente sube la novia. Muy pálida, grandes ojeras, los labios secos y entreabiertos, mirando al suelo como si avanzara muy preocupada con sus zapatos de raso que los charolados del esposo se desvelan por preceder y cortejar entre los guijarros del camino. Tras de los novios, una muchacha, hermana o amiga, levanta en alto el velo de la desposada; y al lado, el fotógrafo, tutelar, los acompaña máquina en mano. ¿Acostumbran las gentes de esta comarca sacarse el retrato de novios entre las columnas dóricas del templo? ¿Quieren de ese modo fijar para siempre el momento de su dicha, encerrarlo en el pétreo monumento? Sin duda. Y siendo así, estos últimos fieles se encomiendan al dios ignoto y ponen en él sus esperanzas de felicidad eterna, como quizá ya lo hicieron antes sus padres y sus abuelos.

Al cruzarnos con el grupo, Carmen les saluda: *Auguri, auguri.* Y ellos contestan dando las gracias melancólicamente como si, cansados, estuvieran cumpliendo un rito en cuya eficacia no creen demasiado.

(Pero yo mismo, ¿acaso no estoy consignando ahora también este momento mío a la hoja efímera de un diario?)

Solíamos en las tardes de lluvia pedir té —*tea for two*—; pero hoy viniste a verme en mi casa y yo mismo preparé las dos tazas, echando, en el fondo de cada una, una cucharadita de hojillas, oscuras como hormigas, para verter luego encima de ellas el agua caliente. No tenía yo ni tetera, ni colador, ni nada; en mi casa no hay nada de nada; y tú te reías, te burlabas con esa burla tuya tan tierna, con tu sonrisa irónica y cariñosa.

—¿Podrás leer nuestra suerte en las hojas del té? —me preguntaste—. «Tú, de veras crees en la magia», me habías dicho un momento antes porque, en lugar de darte una aspirina —tampoco tengo aspirinas en casa—, quise aliviarte un dolor de cabeza con suaves roces de mis dedos sobre tu frente y en las sienes. «¡Claro que sí!», te respondí. «¿Podrá haber acaso quien no crea en la magia?» «Aquí tienes a una que no cree», contestaste; pero, ¡casualidad sería!, el dolor de cabeza se te olvidó en seguida.

En lugar de escrutar nuestro destino en las hojas del té, a la caída de la tarde salimos de casa para ir a comer algo por allí cerca, en cualquier parte, pues estaba lloviendo demasiado; y así, no tardamos mucho en estar sentados frente a frente en un restaurante anodino, sin apenas haber reparado en nada alrededor nuestro —¿para qué?— ni prestar atención a cosa alguna. ¿Qué nos importaba de nada? En medio de la gente, seguíamos estando los dos solos, como si flotáramos en el vacío, cada uno prendido no más que a la mirada del otro: un caso de extraña levitación, ¿no?

Pero, estando así desde hacía ya quién sabe cuánto rato, de repente vine a darme cuenta de que tu sonrisa se había desvanecido; no, de que la habías dejado ahí prendida en tus labios, mientras que tu mirada se replegaba hacia dentro; y si tus labios sonreían aún, en tus pupilas clamaba una desolación total. Debiste de sentir la sacudida, el tirón de mis ojos asustados: «no me sueltes, por favor; no me abandones, no me dejes caer»; pues, como quien apenas sale de un sueño, una voz blanca susurró entre tus labios aún sonrientes: «¿Sabes, querido? Anoche, otra vez se repitió la misma pesadilla de siempre. ¡Cuánto daría yo por saber lo que significa! ¿Si significara sencillamente que mi vida, casi toda mi vida, ha sido en vano, un puro contrasentido?»

Un contrasentido. En vano. El mundo entero se me vino encima al conjuro de estas palabras. Con una algarabía absurdamente sofocada, cuajó de pronto en torno a mí todo aquello en que antes apenas si había reparado: la sala del restaurante anodino, con sus muebles y sus horribles lámparas, y aquellas caras, aquellos bultos, aquellos cuerpos. Fue como hallarme de improviso contigo, como si tú y yo nos halláramos de improviso metidos en una cueva muy perversa, frente a los cien mil peligros grotescos, amenazas imprecisas, sórdidos ademanes y esas miradas viscosas que, sin querer darme cuenta, había estado sintiendo desde el comienzo adheridas a mi piel; sí, las había sentido enredarse entre mis dedos y resbalar por mi cara como pesados salivazos lentísimos, pero no quería darme cuenta.

¡Dios mío, en qué antro hemos venido a meternos! Tú, abstraída, aún no habías caído en la cuenta; y yo temblaba de que, al fin, terminaras también por descubrir a las dos brujas que, en un rincón, engullían infatigablemente, con sus fláccidos, pintarrajeados, pringosos e insaciables hocicos, atroces alimentos a los que sólo daban tregua de vez en cuando para echar hacia nosotros furtivas ojeadas malignas; de que descubrieras también tú a aquel diablo epiceno de grandes ojos luminosos e hirsuta pelambre roja que con sus uñas pintadas manipulaba la caja registradora; que pudieras notar la presencia de aquellos tres can-

guros que melancólicamente pasaban en fila por entre las
mesas, o el otro grupo de los negros gesticulantes con risotadas de dientes podridos, o que reparases en el vie-
jecillo amarillo y canijo que blandía en su mano temblona
una pata de gallina, o en la mujer gorda que, junto a un
marido de cartón, sacaba a veces la lengua para relamerse
y quizá para hacer burla de nosotros con disimulo.

—Mira, querida mía, vámonos de aquí. Aquí hay gente
que no me gusta nada —te dije—. Pensarás que soy his-
térico, pero... vámonos.

Acudió la camarera con la cuenta, y al pronto me pareció una especie de ángel adolescente que tuvieran se-
cuestrado y cautivo en esa gruta; pero hubo un instante
en que también creí detectar algún destello malvado en su
aparente inocencia.

En fin, salimos, y ya no hablaríamos más. Largamente,
te retuve las manos entre las mías, y otra vez tu mirada
quedó prendida a mis ojos con desesperado amor. «¿Tú no
crees en magias?», pensaba yo. «Pero, dulce criatura mía,
¡si tú misma estás hechizada; si vives bajo un maleficio!...»
Y me acordé del cuento, quizá un cuento árabe, que nunca
de niño me cansaba de escuchar yo: el cuento de la princesa por malas artes convertida en paloma. Le habían cla-
vado en la cabeza un alfiler, y el encantamiento no se
desharía hasta que alguien lograra extraer ese alfiler de
la cabecita al ave espantadiza y desconfiada. Yo, cuando
niño, anhelaba tanto poder ser ese alguien..., lo anhelaba tanto...

Tú, la reina de Saba; tú, reina de Babilonia, *a real queen* (no, ¡por Dios, nunca!, *a nice girl*), me acusaste de haberte encerrado, para castigo de tu soberbio laberinto, en un laberinto de arena: mi propio desierto. («¿Recuerdas —me habías preguntado— aquel cuento de Borges sobre *Los dos reyes y los dos laberintos?*» Te dije que no me acordaba; y entonces me lo contaste tú. A tu manera.)

Y yo, ahora que las navidades se acercan, estoy pensando —se me ocurre— hacerte un presente griego: regalarte una clepsidra. Se me ocurrió anoche, leyendo *Las flores del mal*. El año pasado te envié para estas fechas crisantemos amarillos. ¿Habría de enviarte este año una rosa roja? Creo que preferiría regalarte una clepsidra. Pero si lo hiciera, no iba a resultar en verdad un presente griego, sino más bien árabe: algo como el regalo del rey de Arabia. Imagínate: un reloj de arena; un desierto (o el Tiempo) *dans une bouteille*.

En fin, se acercan las navidades, y desde hace ya días gime en mi memoria, melancólicamente, un villancico de mi tierra e infancia remotas: *La nochebuena se viene, la nochebuena se va, y nosotros nos iremos y no volveremos más.* Así llora el villancico. ¿Te enviaré, pues, el reloj de arena? Un regalo bastante pérfido sería ése. Pretendería yo estar poniendo mi vida en tus manos. Te advertiría al entregártelo: «Tú, querida mía, no creerás en magias; pero mira, fíjate, has de saber que mi existencia está ligada mágicamente a este reloj. El día que te olvides de invertirlo y deje la arena de caer, ése será el último de mi vida.» Y quizá me responderías, burlona: «Monstruo de tu laberinto, tanta responsabilidad la rechazo. ¿Acaso no sabes, no sabes acaso que la vida es sueño?»

Pero, aun sin creer en magias, quizá temblara un poco entre tus manos la botella del Tiempo; y quizá se te cayera al suelo y se quebrara el cristal y la arena se derramara, y quedara así roto el hechizo.

EN PASCUA FLORIDA

*A Lisa, que me ha enviado un huevo
de pascua decorado por ella.*

Si tuviera yo la gracia que no quiso darme el cielo, escribiría para Lisa uno de esos lindos poemas de circunstancias que, en ocasiones, aspiran a perpetuar lo efímero. Una mano que adoro me ha traído su presente de Pascuas. Estamos en Pascua Florida, y ella, Lisa, ha decorado para mí, con colores tiernos, un huevo pascual. Ahí está ahora, alto, sobre el estante; alto y solemne como una hostia. Ahí lo puse anoche, y ahí lo estoy viendo al despertar por la mañana.

¿He soñado que me levantaba durante la noche, y lo encerraba entre mis manos, y luego lo echaba a flotar en una vasija de agua, y lo interrogaba luego? ¿Es que he soñado eso, o es que de veras lo hice, y me dormí después, y ahora, cuando el día brilla en la ventana creo haberlo soñado? Lo interrogaba: en vano lo interrogaba; como siempre, en vano. El huevo está cerrado, y es una promesa. Lisa es una promesa, cerrada también. De un momento a otro, acaso hoy mismo, será fecunda ya con dolor y sangre, ¡pobre corazón que sabe y que no sabe!

Pero no sólo quien, como Lisa, está al borde de la edad, niña todavía esta mañana, no sólo ella alienta entre el saber y el no saber. La mensajera divina, toda delicadeza, amor, temor, ¿no es a su vez esa niña misma de cuyos labios hubiera querido escuchar yo el cántico seguro de una gloriosa resurrección? Y yo, ¿no me acerco yo tal vez a los umbrales oscuros preguntando todavía y siempre en vano?

EL LEONCILLO DE BARRO NEGRO

Me lo traje para esta ermita mía. Ella y yo le llamamos mi ermita al apartamento sucinto donde, como un San Jerónimo en la jungla de asfalto, paso las horas de mi vejez con algún libro que apenas leo y muchos pensamientos que a veces me fatigan. Para completar el cuadro, me traje conmigo el negro leoncillo, tanto más doméstico cuanto que es una figura de barro cocido, obra de artesanía popular. Lo había comprado por pocas monedas tiempo atrás durante un viaje a Méjico, y ahora lo puse en el estante de la esquina, mirando al retrato de mi niñita.

Mi niñita, la cabeza tiernamente inclinada sobre el manillar de su triciclo, paralizaba con su inocencia impecable la graciosa ferocidad del leoncillo: una pata hacia adelante y la boca muy abierta... Era una tensión inmóvil, un drama eternizado en ese rincón de mi ermita donde se concentran en símbolo todas las riquezas de mi vida: ahí está la caja de música que tantas veces me abre las puertas del cielo; ahí triunfa una enorme rosa de papel rosado que ella me regaló un día; y ahí sonríe con la mirada perpetuamente triste la imagen plural de este ángel mío, ella, la mensajera divina cuyas manos alimentan mi existencia, alma y cuerpo.

Mirando hacia ese estante del rincón, hacia esas fotografías, al león y a la rosa, pienso en posibles constelaciones mágicas. La amenazadora fierecilla mejicana nada puede contra la niñita rubia a quien está acechando y cuya inocencia la fascina; pero quién sabe si no ejercerá algún solapado influjo sobre la otra criatura angélica en quien, desde los secos y ardientes territorios de San Marcos, envidia acaso el vuelo vertiginoso del Apocalipsis. Bien puede un ángel ser princesa transformada en melancólica paloma por arte de hechicería, aquella mujer única, ella, a quien yo siempre quise, he querido y quiero desencantar...

El teléfono suena; suena su voz dulcísima anunciándome que viene a verme en mi ermita, que dentro de unos minutos ya estará aquí conmigo. Y yo entonces, con un movimiento de desatada emoción, derribo sin querer el león de barro, que se hace pedazos en el suelo. Su cabecita entre mis dedos me mira ahora con encono perverso e impotente; y sus fauces están abiertas con no sé qué promesa de mieles en la muerte, como las del león que mató Hércules hebreo.

Primero he sentido pesar por la figurita rota; pero luego, en seguida, una especie de liberación. «Hoy se deshace el hechizo», me digo con certidumbre insensata. Y tan pronto como ella entra por la puerta veo que sus ojos me miran, no ya con la tristeza del cautiverio, sino con radiante felicidad. ¿Es el amor, que por fin la ha exorcisado? Sí, es el amor. «¡Qué maravilla! Siendo la misma, hoy eres otra», le digo. «¿Otra?» «Siempre la misma, y ya otra, sí.» Hoy ha vuelto ella a ser quien era; hoy reconozco en ella a la que desde el comienzo había adivinado, e invocado con desesperación incansable. Hoy se encuentra a sí misma, libre entre mis brazos. Me nombra, vuelve a nombrarme, repite mi nombre infinitamente. Me dice: «¿Sabes? Esto es hermoso»; me dice: «Cuánta paz». Y yo la beso en la frente.

—Tú no has visto todavía el costado izquierdo de la catedral —te dije—, que es igualmente magnífico. Sale a un gran atrio, del que luego se desciende a la plaza por una escalera muy abrupta.

Quise llevarte a que lo vieras desde abajo; pero, de camino, pensaba hacerte ver también cierta casita, una especie de chalet, edificio del más refinado *art nouveau*, que por allí había descubierto yo años atrás; es decir, pensaba enseñártela si es que todavía no la habían demolido como me temía yo, pues cuando el año pasado estuve de nuevo en Salamanca y volví a pasar por delante de ella, la encontré ya deshabitada y ruinosa.

Deshabitada, y más ruinosa aún, la hemos encontrado ahora nosotros pero, por suerte, ahí estaba todavía en pie. ¡Qué dolor, esa decrepitud, ese abandono! La casa tiene mi misma edad: en lo alto de su frente ostenta la cifra de 1905; y no tanto esa fecha como el estilo del edificio evoca el mundo aquel en que, hace tantísimo tiempo, vi yo la luz primera. En vano procuraría describirla con palabras.

Cuando por azar descubrí hace años esa casita burguesa sin notoriedad alguna en el borde mismo de tan ilustre y palacial ciudad, habiéndola mirado y admirado largo rato, no me separé de allí sin antes sacarle una fotografía que conservo entre mis papeles. Pero, sí, vano sería el intento de declarar mediante palabras la gracia de su trazado, el equilibrio exquisito de sus proporciones, el delicado contraste que hace el ladrillo de un rojo apagado con las molduras blanco casi mate de las ventanas, la elegancia de sus líneas, el despliegue de la verja exterior en curvas suntuosas y el primor de esa puerta hoy tan maltratada que, expoliada de sus herrajes y carcomida, se ofrece a la piedad de nuestra vista.

¡Qué dolor, tanto descuido!; pero ¡qué alégría, haber alcanzado a mostrarte esa ignorada joya, y haber podido así leer en tu cara, mientras parados la contemplábamos, el placer que su belleza despertaba en ti! Quizá haya sido ésta la última oportunidad. Han arrancado ya las aldabas, todas las piezas de metal; crece la yerba entre las piedras de la entrada, y sobre el umbral está pudriéndose una zapatilla de niño. Pero aún puede verse ahí, a la espera de que alguien lo quiera comprar para acaso rematarlo, el chalet desconocido, contiguo casi a un dieciochesco hospicio para expósitos en la calle que, bajo la catedral, cierra esa plaza por donde tal vez cruzan infatigables vencejos, pesados clérigos revuelan, y acampan rebaños de adolescentes melenudos para tocar la guitarra y beber vino. Probablemente, ya el año que viene no existirá más mi chalet secreto, y nadie ha de recordar su pasada existencia. Acaso perdure todavía un poco su imagen en aquella fotografía que yo tengo, y en la memoria que tú puedas guardar de esta tarde en que te he llevado a presenciar su final decadencia.

EN LA SIXTINA

Se dice: la Sixtina, como se dice: la Eroica, y basta; no hace falta más. ¿Para qué precisar que se trata de una sinfonía o de una capilla, si todo el mundo lo sabe? Además, ya ha dejado de ser capilla. Lo que fuera edificado para servicio del culto se ha convertido ya en sala de museo, la máxima atracción del Vaticano, aquello que ningún turista podría dejar de ver, que nadie se atrevería a abandonar Roma sin haber visitado. Es otra especie de culto, surgido en nuestro tiempo; una nueva devoción que, por cierto, pronto degenera, como las demás, en obligación rutinaria.

También nosotros teníamos que ir a los museos vaticanos antes de que nuestras vacaciones se terminaran, y pagar el tributo de nuestra admiración a las pinturas de Miguel Ángel en la Sixtina. Así lo hicimos.

Era una mañana resplandeciente. Habíamos salido temprano del hotel y, sin prisa, después de saborear nuestro café en aquel bar que ya empezaba a hacerse costumbre nuestra divertidos en observar una vez más los movimientos cautelosos del gato rubio que nos conocía y fingía no conocernos, anduvimos hacia el río, lo cruzamos, llegamos hasta los muros del Vaticano, y fuimos acercándonos hasta la entrada donde una aglomeración de autobuses y gentes de toda Europa, del mundo entero, declaraba que era en efecto la del museo famoso. ¿Qué hacerle? ¡Tanta, tantísima gente! Nos miramos el uno al otro con una sonrisa —¿qué hacerle, sino seguir adelante?—, y adelante fuimos. Tomados de la mano, nos metimos entre la apretada y plurilingüe multitud, y repetimos por nuestra parte lo que cada cual hacía: comprar los billetes, entregarlos al pasar, entrar al ascensor, y continuar avanzando por salas y más salas e interminables galerías que de vez en cuando querían enganchar nuestra atención, pero a las que razonablemente nos resistíamos para atenernos a los carteles que de tiempo en tiempo nos señalaban con una flecha la dirección hacia donde nuestro propósito se encaminaba, nuestra meta: la Capilla Sixtina.

Dos o tres veces pensó uno, al ir a desembocar en esta o la otra sala: aquí es; pero no, no lo era todavía; teníamos que seguir más allá. Hasta que, por fin, nos encontramos en ella de pronto. El techo y la pared del frente, cubiertos de aquellas figuras cuyas reproducciones ¿quién no ha visto y quién no conoce de memoria? nos aseguraban de que sí, de que por fin estábamos dentro de la Capilla Sixtina.

Por supuesto, sólo el techo y el alto mural del Juicio podíamos ver levantando la nuestra sobre el piélago de cabezas en que nos hallábamos inmersos. Nos llevaba la corriente que desde todas partes concurría a Roma, y se apiñaba en las puertas del Vaticano, y se estrujaba por los pasillos del museo, y pugnaba por ingresar en la Sixtina, y ahí alzaba la mirada ávidamente hacia la escena presidida por el Salvador del género humano. Pero ¿sabía de veras esta multitud lo que miraba, lo que anhelaba, lo que quizá temía? Sobre todos nosostros, como sobre los muertos a quienes despiertan de su tumba para convocarlos al juicio, se precipitaban desde la altura, soplando sus mudas trompetas, los terribles querubines del lado izquierdo mientras a la derecha, con sus orejas de burro, reclutaba eternamente Carón a los condenados para el infierno. Abajo, circulando con dificultad por el suelo de la capilla, se apretujaban —y nosotros dos entre ellos— los turistas de piernas peludas, de calvas pecosas tostadas del sol, o adolescentes granujientos, viejas ya embalsamadas, y aquellas opulentas walquirias de minifalda, pies roñosos y espléndidas trenzas rubias que devoraban sandwiches y se llamaban a gritos. Entre tantos pecadores impenitentes, distraídos con la idea de que, tras el Juicio Final, saldríamos otra vez de la Sixtina y, ya en la calle, satisfechos de haber cumplido nuestro deber, buscaríamos alguna *trattoria* ahí mismo en el Trastevere para comer *spaghetti* y paladear un vasito de *chianti*, podían distinguirse los tenaces judíos que, desde los cuatro puntos cardinales, traen su arrogancia y su cámara fotográfica al seno mismo de la Gran Meretriz y disparan a traición sus *flashes* contra la imagen del Redentor, sin que la imponente majestad que Miguel Ángel supo darle alcance a intimidarlos. También los circunspectos japoneses ejercitaban sus máquinas con aplicación infatigable. Y todos, como masa espesa en colosal olla que desborda lentamente por un lado mientras por el otro sigue colmándose, girábamos juntos dentro de la Sixtina; girábamos y girábamos sin término.

MÁS SOBRE ÁNGELES

Sin prevenirte nada, te enfrenté, con el ángel de Bernini. No con aquel que triunfa, blanquísimo, sobre el puente, a la luz de Roma, dorada y azul, sino con su recatado original, en la penumbra de la iglesia. Aquel día, distraídos y felices, te había conducido a lo largo de calles bulliciosas, hasta Sant'Andrea delle Fratte. Entramos, te hice avanzar y, ahí mismo, a la izquierda del altar mayor, te señalé: «Mira, ése es el ángel de Bernini.» Estábamos parados ante su imponente hermosura.

«Muy tuyo es el haberme traído así, sin advertírmelo antes», me dijiste tú tras un largo silencio. Y en tus palabras escuché yo una inflexión de queja, de dulce reproche que en seguida me hizo sentir culpable frente al cielo y la tierra. «Dime, querida mía, ¿he hecho mal?», te supliqué lleno de ansiedad.

Tú habías leído aquello que yo escribí sobre mi ángel de Bernini, y habías reaccionado a su lectura con esas observaciones tuyas siempre tan sensatas, siempre tan sutiles, infalibles. «Se ve que a ti lo que de veras te interesa —habías concluido entonces—, es el ángel de piedra, y no la mujer.» Ahora querías saber quién pudiera haber sido la mujer; me lo preguntabas. Pero sí, de veras, lo que me había interesado y seguía interesándome a mí no era la mujer sino la obra de arte. Una vez más, admiraba ahora a tu lado esa belleza suya, purísima y eterna, que con pasajero reflejo había quizá bañado por un instante la realidad corporal de alguna criatura transitoria. Ahora, a solas tú y yo, la mano en la mano, contemplábamos, nosotros dos solos, al ángel hermoso en la iglesia desierta. Callábamos; y mientras, nuestro amor vivía, palpitaba

nuestro amor, más eterno que el mármol. ¿He hecho mal
en traerla?, seguía torturándome a mí mismo, por mucho
que, cariñosamente, me hubieras dicho tú que no, que no.
Y sintiendo en el hueco de mi mano el calor de la tuya,
y en tu voz las vibraciones de tu alma delicada, supe que
todas las alegrías y todas las tristezas de todos los ángeles
del cielo estaban cifradas en tu nombre.

Luego, cuando una vez me he atrevido a pronunciarlo
en voz alta, las legiones celestiales debieron acudir juntas
a mi boca.

EL ESPEJO TRIZADO

¿Por qué, dime (me preguntaste un día y ¡con qué acento dolorido me lo preguntabas!), por qué van desapareciendo del mundo las cosas bellas que tanto lo adornaban antes? Me lo has preguntado evocando la atmósfera de aquel soneto en que Rubén Darío exhorta: «En invernales horas, mirad a Carolina...» ¡Pobre Rubén! No quise responderte nada. Estabas tú «medio apelotonada» contra mi pecho en el asiento del coche, y yo te besaba en la frente interminablemente. Nada te respondí; pero pensaba: ¡Pobre Rubén! Como yo ahora, se pasó él la vida entera —¡insensato!— queriendo apresar la belleza del mundo contra el tiempo que huye, y todo se le escapaba de las manos, como a mí; todo se le deshacía en ceniza; todo.

¿Que no quedan ya cosas hermosas? Sí, querida mía, sí quedan: están ahí siempre, pero, entrevistas, apenas alcanza uno a tocarlas. Son una sombra que se disipa.

Tú habías recordado la felicidad íntima del soneto («entro sin hacer ruido, dejo mi abrigo gris»), sus objetos preciosos: gato de Angora, porcelana china; y a mí el soneto me trajo a la memoria ese espejo que el verano pasado te regalé con tanto placer porque era una cosa bonita, aun sabiendo que nunca habremos de asomarnos juntos a su cristal.

Y ahora, un año después, me dices afligida que hace días encontraste trizado el espejo, dentro de su envoltorio todavía. Casi no te atrevías a decírmelo por miedo de apenarme. ¡Cuánta desolación la tuya! Sospechas que acaso lo has quebrado tú misma sin darte cuenta.

OTRO PÁJARO AZUL

«Mira, mira qué pájaro tan hermoso, allí, en el árbol, allí arriba; qué colores», casi gritaste corriendo hacia la ventana, llamándome a la ventana.

Habíamos pasado un rato en silencio, y escuchábamos a los pájaros cantar fuera, en aquella neblina, con aquel viento. «Esos pobres petirrojos se obstinan en cantar —había observado yo—. Por más que llueva y haga un viento frío, ellos cantan: reclaman la primavera prometida.» Y fue entonces cuando viste tú agitarse allá al fondo, grande, azul, en lo alto de una rama, a ese pájaro de belleza única, y me atrajiste a compartir tu admiración, tu júbilo.

Pero en seguida pudimos darnos cuenta de que no era tal ave. Lo que se movía en el árbol extendiendo y agitando con frenesí su oscuro azul, no era un ave; era quizá un trapo, un girón de tela prendido a las ramas en el viento.

Por consolarte, te dije yo (y así lo sentía): «Querida: es más hermoso y me gusta más que si hubiera sido de verdad, porque ese pájaro lo has creado tú, tú lo has inventado, es obra tuya.» Pero al mismo tiempo que te lo decía me acudió este pensamiento: Si no seré yo también una invención de tus ojos magos, y algún día, en algún momento...

MIENTRAS TÚ DUERMES

Yo te estoy mirando. Te contemplo, echada ahí sobre la cama de cuyo borde pende dulcemente tu pie mientras que la otra pierna se arquea en una curva suave hasta ocultarme casi los leves rizos de tu vientre; y acaricio con la vista tu pecho, tu garganta, la boca entreabierta, la mata de pelo que se derrama por la almohada, toda esa hermosura que a veces sabe encenderse entre mis brazos hasta consumirme en sus llamaradas, y que ahora, dormida, quieta, se me entrega de otro modo.

¿Se entrega? No, no se entrega: su descuido es pura ironía. Pues tú, mi vida, aunque estás ahí al alcance de mi mano, has huido de mí para internarte en esa selva del sueño y te escondes en una gruta a la que yo no tengo acceso. Se han cerrado tus ojos; respiras, y tu pecho se mueve al blando ritmo de la respiración; si me atrevo a besar tu pie, tu pie me responde, no tú. Acaso te mueves, suspiras, pero tus ojos siguen cerrados. ¿Sueñas? ¿Qué estarás soñando lejos de mí? ¿Aparezco quizá yo dentro de tu sueño? ¿Soy un figura de tu sueño? ¿O no? O, excluido de ese otro mundo que es tuyo, sólo tuyo y no mío, tengo que esperar a que despiertes, aguardar tu regreso al otro lado de la puerta, para preguntarte: ¿Qué has soñado, amor mío?, y que tal vez me lo cuentes, o quizá me digas que no, que no has soñado nada, que no lo recuerdas...

LAKE MICHIGAN

Has querido —me dices— alquilar una casa a la orilla del lago, y no pudo ser; tampoco ese deseo tuyo pudo cumplirse, pues la casita que tanto te había gustado resultó estar condenada: amenazaba hundirse en el agua, y las providenciales autoridades la habían condenado antes de que el lago se la tragara... Al oírtelo, me agita y resuena dentro de mí una risa semejante al ruido hueco que ese lago hacía cuando, parados al borde una hermosa mañana del pasado otoño, lo vimos arrojar bajo nuestra mirada centenares, quizá miles de peces muertos por la contaminación de sus aguas. En estos días hablan mucho los periódicos acerca de la *polution*, de la necesidad de preservar a la naturaleza contra los estragos de una industria invasora. Y también están hablando los periódicos de salvar a la ciudad de Venecia que, paulatina pero inexorablemente, se hunde en el mar.

Mi pensamiento viaja hacia Venecia... Sí, durante esta última temporada Venecia ronda mi imaginación de continuo. Los cines vienen proyectando una versión cinematográfica que Luchino Visconti ha hecho de *Der Tod in Venedig*, y ello me ha llevado a releer la novela de Thomas Mann. Esta lectura, las vistas del film, una cierta memoria de *The Aspern papers* y de las fantasías de Maurice *à la recherche du temps perdu*, aquel ensayo de Ángel Sánchez Rivero que la *Revista de Occidente* publicó cuando su autor vivía y yo era muy joven, y que ahora ha vuelto a editarse en España, y sobre todo mis propios recuerdos impregnados de melancólica felicidad, todo ello contribuye a hacerme pensar con frecuencia obsesiva en la ciudad que, poquito a poco, se sume en sus antiguos dominios marinos.

La muerte en Venecia: qué buen título. Siempre viene a asociarse en mi mente con el de Rodenbach: *Bruges la Morte.* Igual que Venecia, también Brujas —su nombre ya lo declara— es una ciudad de puentes sobre canales; pero los *brugge* germánicos se nos han convertido, a través del francés, en estas «brujas» españolas que envuelven la ciudad en un ambiente nocturno de aquelarre prestando calidades fantásticas a su condición de muerta, mientras que Venecia brilla, nítida, con la plasticidad y el lujo atroz de los mausoleos, y no es tanto que ella misma esté muerta como que, con imponente magnificencia, aloja a la muerte en su seno. Mármoles blancos, verdes, negros, cárdenos, relucientes mosaicos, altares, bronces, todo resplandece bajo el sol dorado, sobre el agua de azul absoluto surcada de funerarias góndolas. Absorta en sí, exhalando un nauseabundo olor a flores podridas, la ciudad entera es un narciso vuelto al engañoso líquido espejo que le hace soñarse eterna mientras que, sin prisa, sucumbe. Bien percibió Mann, el hombre, lo que de letal hay en la belleza, su seducción imposible, la caída del artista en la mansa, aniquiladora atracción de lo perfecto. Perfecto es sólo el deseo; pero no, no tiendas tus manos para apresarlo: aquella casa que tanto te gustaba se hundirá en el lago.

¡Lago Michigan! Con purísima, fresca luminosidad, resurge y canta dentro de mí en palabras inglesas que yo entonces no podía aún comprender, intacto desde el fondo del tiempo (¡cuánta agua no ha corrido bajo los puentes desde aquellas fechas!) el *lake* Michigan de la canción grabada en un disco que compré con mi primer gramófono de manubrio, y que yo escuchaba, incansable, una vez y otra y otra, en el remoto Madrid de mi juventud. Vinieron después los desastres de la guerra, y seguramente nunca más acudió a mi memoria esa pieza de música (¿era un fox-trot?; creo que era un fox-trot) hasta que el imprevisible destino me ha conducido a esta orilla que devora casas y devuelve peces muertos.

EL MESÍAS

Chicago: Todavía hay por ahí quienes asocian su nombre con el recuerdo sangriento de los *gangsters*. Ignoran acaso que Chicago disfruta hoy en día de una vida cultural muy intensa; olvidan que, entre otros muchos museos, tenemos aquí el famoso Art Institute, tan rico en impresionistas franceses; que, frente a los laboratorios donde se logró la hazaña de desintegrar el átomo, puede admirarse un monumento conmemorativo, entre hongo de bronce y siniestra calavera, obra nada menos que del inglés Moore; que, en punto a escultura, la ciudad se enorgullece de la muy controvertida de Picasso (ya hasta las compañías aéreas se sirven de ella para anunciar sus viajes)... Pero sobre todo, ¿quién no sabe que existe en Chicago una actividad musical envidiable? Nosotros lo sabemos muy bien, y buen partido que sacamos de ello.

Así, en días pasados, hubimos de adquirir con la debida antelación billetes para ir a escuchar un *Mesías* que se anunciaba como gran promesa. Y, puesto que la entrada nos había costado algo cara, decidimos —tanto más, siendo un domingo y habiendo de celebrarse el concierto en la hermosa capilla gótica de nuestra universidad— engalanarnos con la ropa mejor. Yo, previa aprobación tuya, me puse el traje de franela gris (casi no tengo otro) con la camisa que tan primorosamente me habías planchado; y tú, uno de tus vestidos, tan bonitos todos que, fuera el que fuese, hubiera obtenido siempre mi beneplácito.

Llegada la hora nos encaminamos al templo, sorteando la nieve de ayer bajo un impecable cielo azul, mientras el carillón invitaba a los fieles (fieles al gran arte, por encima de cualquier denominación religiosa) que ya se aglomeraban en el atrio, y entramos también nosotros para llegar, a lo largo de la nave, hasta nuestros asientos y desde ellos admirar por un momento los hermosos estandartes tendidos a ambos lados con sus diseños modernísimos (y yo te hice notar, y tú confirmaste, que las audacias del arte nuevo casan bien con el trazado gótico de la arquitectura; que aquellas figuras, y letras, y símbolos, casaban perfectamente con aquellos arcos y aquellas ojivas).

En fin, ya estábamos acomodados y dispuestos a dejarnos arrastrar hacia los espacios celestiales de Händel. Alrededor nuestro bullía el público: un público abigarrado. La compostura de nuestro atuendo —conviene advertirlo; nosotros lo advertimos entonces— resultaba una como protesta tácita e impremeditada contra el desorden vestimentario que hoy prevalece, pues los demás concurrentes coincidían por lo general en exhibir la rebeldía de su espíritu mediante el común desaliño, de modo que nuestra burguesa moderación hubiera podido parecer insultante y crearnos una situación embarazosa si, frente a aquella multitud de apariencia estrafalaria, no hubieran surgido en seguida, ahí en medio, polarizando la atención para establecer un contraste bastante grotesco, el frac del director y el lamé dorado que adornaba las carnes de la lechosa solista. Pero bastó su presencia, bastó que empezara a sonar la orquesta para que nadie pudiera distraerse más en trivialidades semejantes.

Ya todos en las nubes; todos ya arrebatados, suspendidos por rayos fulgentes hasta la esfera de las emociones divinas donde en vano la dureza del asiento, el rígido respaldo de madera, quería de vez en vez y cada vez más recordarnos ¡triste miseria humana! la duración magnífica con que el oratorio imita a la eternidad; y cuando, acercándose a su término, levantó a los oyentes con el sobrecogedor «¡Aleluya!» y debimos alzarnos de nuestro banco para escucharlo respetuosamente en pie, este movimiento no sólo marcó el punto culminante de nuestra exaltación espiritual, sino que, con el obligado cambio de postura, nos trajo un grato alivio físico. A partir de en-

tonces el desenfreno musical comenzaría a sosegarse y
pronto la orquesta habría de recogerse al silencio. El concierto había acabado.

¿Dónde iríamos a cenar tras tan sublime fiesta? ¿Dónde
más que a ese restaurante chino que, aun cuando situado
en un lugar imposible, atraía por su buena cocina (y también, quizá, por el lugar imposible donde estaba situado)
a aquellos *connaisseurs* que —habiéndose pasado la consigna de boca a oído— saben poner los ojos en blanco
—homenaje debido a la delicia de unas bien adobadas costillas de cerdo— después de haber paladeado en éxtasis las
milagrosas armonías de Händel? No es que el local en sí
tuviera nada de agradable (tal vez su mérito estaba en
no tenerlo): melancólico moblaje de plástico barato, lámparas mortecinas, tazas desportilladas, cubiertos de estaño
y unos chinitos sin edad, sin ruido, sin prisa, sonriendo
impertérritos para sus adentros ante la enorme afluencia
de clientes que, parados a la entrada y casi junto a las
mesas, les suplican con miradas humildes o cómplices
gestos de *habitués* el trato **preferencial** que no han de
obtener. Con sabiduría oriental, los chinitos lo comprenden
todo, y todo lo **perdonan**, pues aquellos señores han llegado hasta allí, se han expuesto a los asaltos de las pan-
dillas juveniles o a la navaja del drogado que perentorio
te exige dinero, y es muy natural que deseen acomodarse
pronto ante las cascadas tazas de exquisito té mientras
aguardan los elaborados camarones; pero hay que darle
tiempo al tiempo, y los chinitos sonríen impertérritos.
¿Iremos también nosotros a ese restaurante? «Creo que
no», dices tú. Y nosotros también sonreímos.

SIN LITERATURA

He visitado hoy el museo oriental de esta University of Chicago que voy a dejar, quizá para siempre, dentro de tres semanas. En los seis o siete años que he estado aquí, quién sabe la de veces que no habré pasado ante la puerta del museo, sin entrar nunca. Pero ahora me voy de Chicago, quizá para siempre, y he querido verlo antes de irme.

Es pequeño el museo, y es excelente; bien merece su fama. Hay en él cosas asirias, egipcias. Lo recorro, me demoro frente a las vitrinas, admiro joyas, estatuas. Y por último, me detengo junto a la momia desnuda de una mujer. Delante de ella me he quedado muy largo rato, contemplándola. Sus pies, tan chiquitos. Esas manos suyas, juntas, abajo, entre los muslos. Sus pómulos. La cabeza, de forma bellísima. Los dientes, que relucen de blancos, los de abajo, los de arriba, y entre ambas hileras, la lengua. Sus hombros estrechos, la clavícula... No puedo dejar de contemplar el cuerpo de esta mujer que vivió hace veintisiete siglos. Una ternura muy honda me inunda, una absurda ternura. Veintisiete siglos hace vivió esta mujer, y yo ahora siento ante su cuerpo una emoción, una pena, como si me encontrara de pronto en presencia de alguien que acaba de morirse en plena juventud. No es reverencia lo que siento, no es respeto arqueológico, ni temor, ni nada por el estilo: es una ternura insensata que casi me lleva al borde de las lágrimas. (Hablar de un misterioso reencuentro a través de los tiempos sonaría a literatura, bien lo sé. Basta, pues.)

Antes de retirarme, todavía echo una mirada última a la cabeza perfecta, al delgadísimo cuello.

10 de mayo de 1973

AMOR SAGRADO Y AMOR PROFANO

De regreso en casa, tras una jornada laboriosa, sí, pero apacible (pues ¿acaso no estoy ya en posesión feliz de la criatura a quien mi alma se sabía destinada desde el comienzo de los tiempos?), me acomodo a descansar: un vaso de whisky a mi lado, y una revista ilustrada entre las manos. El cuadro de mi confort burgués, reflejado en el pequeño espejo convexo de la sala, suscita una sonrisa en mí: ¿quién adivinaría en este cuadro de interior, bajo la compostura anodina de la escena, el equilibrio tenso, la milagrosa suspensión de una lucha larguísima y atroz con el ángel, súbitamente resuelta en abrazo de amor infinito?

El amor, un león / que come corazón. Recuerdo los versos de alguien que, quizá sin saberlo, decía mucha verdad. Pero ¡claro! no todo lo que se llama amor es semejante fiera, león, águila, toro, sino tan sólo el amor único del ángel que, desde su esquina, plegadas las alas, me atraía siempre, y siempre se me quería hurtar, mientras que yo, aturdido, como los chicos en el juego de las cuatro esquinas, corría y me golpeaba de una en otra, y siempre volvía a encontrarme de nuevo frente a esa sonrisa suya que a la vez me llamaba y huía de mí.

Famosa es en el mundo la sonrisa de aquel otro ángel, tan celebrado, tan fotografiado, en la portada de Reims. No menos ambigua es la de este ángel mío que en su existencia viva prevalece sobre la piedra y sobre los siglos. Leve desdén burlesco riza su boca alzando un poquito la comisura izquierda; y ¿qué falta hace entonces pedir corroboración a su mirada para sentirse expulsado del paraíso? Ni esgrime ella espada de fuego, ni tampoco fulmina con los ojos; sonríe, desdeñosa, y eso basta. Pero detrás de su sonrisa sentía yo cómo sus labios me estaban nombrando secretamente; yo sabía que mi destino pendía de su mano; sabía que debía luchar a vida o muerte: el león del Amor terrible, del grande, del verdadero amor, me devoraba...

No, no todos los que llamamos amores son esa fiera. La palabra podrá ser la misma, pero ¡qué diversos los amores! Hay el manso amor de los corderos, que lastimeros balan; el ronco, venustino amor de la paloma, que rodea y arrulla; y hay también a veces un amor gracioso y terrenal, como el de aquella gentil amiga que en las horas de mi agonía, sin preguntarme nada, solía acudir por momentos a mitigar mi desesperación, hasta que un día, rendido por fin a mis brazos el ángel de mi vida, ella supo despedirse diciendo: «Adiós, juventud; adiós, amores.» «Por una vez —pensé yo entonces— no deja el amor posos de amargura.» Y la vi alejarse. «Un amor —me quedé entonces pensando— sin aguijón ni veneno. Ha sido todo alegría: un amor, bañado todo en su risa hermosa... ¡Adiós, amores!»

Pero ahora, al hojear mientras descanso esta revista ilustrada que tengo entre las manos, se ha detenido mi vista en el anuncio de un ron donde una mujer espléndida alza su copa y brinda, medio entornados los negrísimos ojos chispeantes y bien abierta su boca de dientes muy blancos; y de improviso he oído resonar dentro de mí un eco de aquella risa ya lejana. ¿Por qué? ¿Se parece esta mujer del anuncio a mi amiga gentil de otro tiempo? No, no se parece; no es que se parezca. Y, sin embargo, la postura de su cuerpo lleno, el modo cómo levanta su brazo, cómo gira la cabeza, la espontaneidad de su reír y la negrura de sus ojos, todo ello junto ha concitado su recuerdo con rara intensidad. De pronto (sólo por un instante, es cierto: ya pasó) un sutil estilete se me ha hundido en las carnes. (Ya pasó: ¡Adiós, amores!... También yo, como la mujer del anuncio, levanto mi vaso y bebo un trago.)

TU AUSENCIA

Y ahora que ya todo ha pasado, aquí me tienes: solo; sin ti. En un mundo vacío.

Quiero escribirte —pobre remedio a la ausencia— y lo que te escribo es: «Sin ti, mi amor, el mundo está vacío»: una frase, que también ella sonará a hueco.

Pero ¡qué hacerle! La intensidad del sentimiento tiende a producir frases grandilocuentes, floraciones retóricas que pronto se mustian y —como la vida misma— terminan por convertirse en una burla del sentimiento que las produjo, cuando quizá lo que a uno le llena de tan dolorosa felicidad amenazando saltar las cuerdas del harpa dentro de su pecho, esto que tú y yo llamamos amor, acaso sea algo tan sencillo como el deseo de estar siempre juntos, y la capacidad de estarlo: juntos día y noche, noche y día, sin notar que el tiempo pasa; y en efecto, haber suspendido el tiempo, excluirlo de nuestro círculo, y estarnos mirando el uno en el otro como dos tontos.

Ahora que el círculo se ha roto, y tiendo mi mano sin encontrar la tuya, y mis ojos asustados tropiezan y se golpean en las cosas y no aciertan a dar con esa profundidad de tu mirada donde quisieran hundirse, y siento que estoy solo en un mundo deshabitado, me pregunto cómo ha podido aquel mundo hermoso vaciarse así tan de repente. Tu amor no se ha extinguido; el mío sigue ardiendo con furia, aun cuando lo que era felicidad dolorida se haya tornado a la distancia en dulce sufrimiento. Volveremos a reunirnos —lo sé— y, otra vez el uno en el otro, nuestro abrazo mágico se cerrará de nuevo. Pero entre tanto me pregunto yo: ¿Cómo ha podido de pronto —si ello no es una frase retórica— quedárseme tan vacío el mundo? Creo en ti; tengo el amor, y tengo la esperanza. ¿Qué será, pues, lo que tanto me falta? Y descubro entonces...

No, no es algo que pueda expresarse con palabras grandiosas o solemnes, pues en verdad se trata de meras nimiedades, de tonterías. ¿Sabes qué? Es, por ejemplo, el haber observado que al bajar de nuestro cuarto te miras en el espejo de la escalera, y llamarte presumida, y comprobar que a la vez siguiente evitas con cuidado el espejo. Es el sentir que, dormida sobre mi pecho, me oprime tu mano si, aun con la mayor suavidad, intento moverme. Es el echarnos a andar después de haber repasado minuciosamente la cartelera de espectáculos para decidir a qué cine iremos esa tarde y, una vez fijado nuestro plan, sentarnos acaso en un banco del paseo, o en una confitería, y dejar que la tarde se nos vaya sin hacer nada. Es el estar esperando yo que vengas a tomar el café del desayuno y —con mi impaciencia de siempre— decirte, mientras desprendo la punta de mi croissant, que el café se enfría, y es oír tu voz que me responde: «Ya voy, impaciente; ya voy.» Es contemplarte cuando, con una atención muy concentrada, te pones crema en la cara o trazas una sombra en tus ojos, y llamarte «payasita mía», y ver cómo finges tú enojarte de que te haya espiado a través del espejo. Es adivinarte los pensamientos; es saber que tú estás adivinando los míos; y reírnos a la vez sin habernos dicho nada; es acariciar con la vista y con la mano esa curva de tu espalda cuando te inclinas para vestirte; es buscar juntos en la alfombra el alfiler que se te ha caído; es gozar contigo de tanta paz bajo aquellos árboles del parque, o en el puente del río, o parados ante la vitrina de una bisutería; es...

Sí, eso es lo que me falta; y con faltarme eso, me falta

todo. Tonterías, quién lo duda; pero sin ellas el mundo que alrededor gesticula, discursea, se agita lleno de atentados, de reivindicaciones sociales, de accidentes, de programas, es para mí tan sólo una lejana e incolora fantasmagoría.

LAS GOLONDRINAS DE ANTAÑO

Así son las cosas: cuando el año pasado quisimos volver una vez más —¿te acuerdas?— a ese restaurante que tanto me gustaba a mí, y encontramos que ya no existía, que el local estaba cerrado mostrando todavía en sus muros señales del incendio que lo había destruido, eso entonces significó tan sólo una pequeña contrariedad; buscamos otro sitio para comer aquel día, y ya no pensé yo más en ello.

Pero ahora que no estás conmigo, la imagen de aquel restaurante a donde tú solías llevarme me acude de repente a la memoria, y su pérdida infunde en mi ánimo un sentimiento raro de total desolación. ¡Cuánto me gustaba, y cómo leía yo en tus ojos el gozo de ver que me gustaba tanto a mí! Siempre pedíamos lo mismo: un vermuth seco con hielo, y luego la carne asada que era su especialidad. Habíamos dejado el automóvil al lado, o enfrente, y casi siempre teníamos que esperar un ratito, parados cerca del guardarropa, hasta que se desocupara alguna mesa. Las miradas de los que allí estaban acomodados concurrían sobre ti un momento, y se encontraban conmigo: era un momento. Después, para distraerte durante la espera, te hacía yo acaso observaciones sobre la activa gerenta, si así puede decirse, que —gruesa, cara roja y ojo claro— se parecía mucho —¿verdad?— a no sé qué orondo político alemán del día; y tú decías que sí, que era cierto... Ahora, como las nieves de antaño, como las verduras de las eras, ¿dónde está ese restaurante nuestro? ¿Qué se hizo de él?

Otros habrá; encontraremos otros lugares agradables y —juntos siempre, muy juntos, la mano tuya en mi mano—

volveremos a vivir de nuevo instantes de dulce felicidad. Pero ese restaurante cuyo nombre nunca supe, ni siquiera en qué calle estaba, pues me llevabas tú en el automóvil y no tenía por qué preocuparme, ése, como las golondrinas del verano pasado, ya nunca será testigo, ya nunca más acogerá en su marco nuestra dicha... Tenía tapizadas de rojo las paredes, y el guardarropa hecho de anchas, relucientes tablas barnizadas.

UN SUEÑO

A mi Julieta

Estoy soñando, lo sé. Es un sueño. Esto es un sueño —me digo—. Cuando despierte comprobaré que todo no había sido sino un sueño. Y sin embargo, cada una de las cosas que veo, que oigo, es muy concreta, sólida, es tangible y está al alcance de mi mano. Una gran tranquilidad, una serenidad alegre las envuelve a todas. Me inclino un poco sobre el Portal de Belén y con la vista acaricio las cortezas de corcho que recubren la gruta de papel de estraza, bien arrugado y encolado para simular ásperas rocas desde donde, acá y allá, trozos de musgo llevan hacia el arroyo que, disimulado con arena, finge un espejo. Arriba, en lo alto del Portal, la estrella radiante, y en la explanada, sobre la mesa, esos lindos pastorcillos de barro, cada cual con su regalo: un corderito al hombro, o una yunta de gallinas colgando del brazo, pavos, un costal de harina... Lejos, la caravana de los Reyes Magos que acuden ya trayendo más ricos presentes. Y en el aire, alrededor de la estrella, ángeles con trompetas y violines. Me inclino; miro hacia el interior del Portal, y ahí en la penumbra puedo ver, flanqueando al Niño divino, la mula y el buey. Faltan, parece, San José y la Virgen. ¿Dónde estarán? ¿Es que todavía no los han colocado? ¿Por qué no los habrán puesto todavía? La escena resulta sumamente apacible; es una escena de humilde júbilo, toda paz y bienaventuranza. Los villancicos acuden a mí, quieren ya salir de mis labios. Pero, de pronto, me fijo... Desviado, aparte, sentado junto a un pozo de roldana diminuta y un baldecillo en el brocal, hay otro ángel que se tapa los ojos con la mano; y si uno repara bien descubre que su actitud es (¡cosa extraña!) la de quien está llorando. ¿Estás llo-

rando tú, ahí apartado? En un día como el de hoy, cuando
los cielos se regocijan con la tierra y hasta las aves cantan
aleluya, ¿estás tú llorando? Sólo tú lloras en medio de
tanta fiesta. ¿Qué te aflige, ángel de desolación? ¿Por qué
lloras? —le pregunto, insisto en preguntarle—. Y él, sin moverse, siempre con los ojos tapados (¿y cómo habría de descubrirlos si él también, como todos los demás, es una figuri-
lla de barro?), sin voz y sin palabras, me hace comprender
de alguna manera misteriosa, con el secreto poder de los
sueños, que sólo a él, entre todas las legiones celestiales,
le ha sido asignada la misión de velar, llegado el momento,
junto al sepulcro santo, y que en esta cuna de ahora, con
el niño hermoso y sonriente, está viendo ya ese sepulcro
futuro, y dentro del sepulcro el cuerpo divino cubierto de
llagas, magullado y sangriento. En esta hora feliz nadie
recuerda, nadie desea acordarse de que el niño ha nacido
para padecer y sufrir: azotes, espinas, humillación, escarnio, clavos crueles y la atroz lanzada póstuma esperan a
este capullo de rosa, al inocente que tan confiado sonríe
en el pesebre...

Una vez que he comprendido la respuesta, y aunque
muy bien sé que estoy soñando, que esto es sólo un sueño,
mi corazón se siente anegado de grandísimo pesar. ¡Ángel
aguafiestas! —pienso con despecho—. ¿Acaso, ángel ino-
portuno... —quiero increparlo—, acaso no es humano
regocijarse a la hora del regocijo y penar a la hora del
duelo? Cada día tiene su afán, ¿no es cierto?; hoy, a
cantar aleluya porque ha nacido el Hijo de Dios, y mañana... Pero mañana será otro día.

Así pienso; mas ya no consigo recuperar la alegría
perdida. Los villancicos que en tropel me acudían a la boca
traen ahora un sabor amargo, como impregnados de la
pesadumbre que me agobia; y hasta me suenan transidas
de dolor, empañadas de lágrimas, las voces con que,
juntándose a las canciones terrestres de los pastores,
celebran sin cesar al recién nacido en las alturas los
habitantes del aire. Interpelo, lleno de perplejidad, al ángel
de desolación:

—Entonces —le pregunto—, ángel desventurado, ¿quisieras tú mejor que esa criatura divina no hubiese venido al mundo? —Y el ángel no responde nada. Nada.

Me despierto.

Tras esta larguísima temporada de lluvias y vientos, hoy ha sido por fin un día que bien puede llamarse de primavera: un día hermoso. Ya al abrir los ojos me había saludado desde la ventana esa primavera nueva con el plácido oscilar de una rama tierna; y luego, ni sé cómo, la mañana entera se me fue volando hasta la hora del almuerzo. Tenía que salir a primera hora de la tarde; venciendo la deliberada pereza en que había estado distraído, debí ir al centro, esforzarme por despachar ciertas gestiones fastidiosas inaplazables. Pero, contra lo previsto y temido, todo se me resolvió en seguida con rara facilidad; y ya sin más nada que hacer, me eché a andar por esa Quinta Avenida que durante el interminable invierno apenas si había recorrido alguna vez que otra y siempre a toda prisa. Ahora ¡qué felicidad!, con un sol tan claro, bajo un cielo tan azul, en una atmósfera tan fresca, me parecía estar saliendo no sólo de este invierno último, sino de muchos inviernos acumulados, de muchos años atrás, como si un viento súbito y muy alegre volviera las páginas del calendario de mi vida y, cancelando el tiempo, me asomara otra vez a un mundo recién hecho para ofrecerme promesas infinitas.

Que este retroceso era una sensación engañosa y demasiado fugaz ¿quién hubiera podido ignorarlo? Bien sabía yo que lo vivido no se anula y cuán lejos quedaba aquella juventud mía cuyo eco tardío intentaba ahora animar falazmente la cansada sangre en mis venas. Pero ¿por qué no entregarse siquiera de momento, medio entornados los ojos, a la amortiguada delicia?, ¿por qué no? Era un juego de expectativas mentidas, pero un juego sin riesgo, y a él me entregué.

Pasaban junto a mí, dejándome envuelto en sus oleadas de perfume, mujeres resueltas y sonreídas, muy jovencitas algunas, todas seguras de sí mismas con una especie de insolencia; pasaban a mi lado gentes diversas, enérgicas, llenas de vida. Y esa vida que me envolvía, me embriagaba un poco con su densidad, y hasta me quitaba las fuerzas.

Cerca del parque, me detuve ante la vitrina de una joyería, y recuerdo que, medio fascinado por el esplendor romano de las alhajas, reparé, sólo entonces vine a reparar, en el nombre famoso del joyero: Buccellati. Y en seguida, de un salto, como llevado en volandas, me reencontré a mí mismo parado en la vía Condotti desde cuya acera los ojos de mi imaginación se deslizaron hacia la escalinata de la Piazza di Spagna cubierta de flores y de turistas. Pero esta visión, esta fuga, no había de durar sino un instante: la Quinta Avenida, aquí en Nueva York, tenía hoy una realidad demasiado intensa, y muy pronto volvió a tirar de mí, a recogerme poderosamente.

Otros escaparates iban a engancharme todavía al paso. Andaba despacito, no tenía prisa ninguna, me sobraba el tiempo. Estuve un buen rato frente a una tienda de instrumentos musicales y me divertí en leer las cubiertas de los discos, en comparar sus estilos y colores. Allí figuraban —y no podían faltar, claro está— los grandes nombres, los Bach y Mozart y Beethoven de siempre; y también los modernos más en boga; y algunos clásicos del *jazz* y los *blues*. Pero lo que me entretenía a mí era repasar los títulos de una colección recién lanzada: la serie de *Music for...* «Música para una tarde de lluvia», «Música para hacer gimnasia», «Música para el desayuno», «Música para su corazón abandonado»... «¡Qué absurdo! —pensaba yo, y al pensarlo me inundaba una ironía indulgente—. ¡Qué absurdo! Pero —continuaba luego mi pensamiento—, pero después de todo, ¿por qué, absurdo?, pues —reflexionaba— la música ¿para qué no servirá? ¿A qué no podrá

ayudar la música? De modo que, después de todo, tan
absurdo no es. Música para pasear por la Quinta Avenida,
Música para un día de perfecta primavera, Música para...»

En fin, uno se cansa pronto, y más en un día así, de
primavera perfecta. La mucha felicidad fatiga más a veces
que el trabajo. Me volví para casa y, perezosamente, empleé
el resto de la tarde repasando papeles viejos, tomando algunas notas, leyendo y, también, recordando tal o cual
perfil de tiempos pretéritos que acudía de improviso, fan-
tasma no siempre grato, a insinuarse en mi memoria. Estaba cansado, me sentía cansadísimo, y no tardé mucho
en acostarme. Casi de inmediato caí dormido.

Pero ahora mismo, he aquí que me despierto sobresal-
tado. Miro el reloj: aún no es media noche. ¿O será que
ese reloj no anda? Veo brillar entre las rendijas de la ventana el azul eléctrico de un relámpago, y a poco se oye
descargar el trueno. Algún otro trueno habrá sido, de seguro, lo que a tales horas y con tanto sobresalto me ha
sacado del sueño. ¡Tormenta! Después de un día tan hermoso, la tormenta. Ahora comprendo por qué esta ansiedad que me oprime. Esta angustia. ¡Qué oprimido me
encuentro! Como si tuviera el corazón de plomo.

Para buscar alivio, alargo la mano y pongo a funcionar
a tientas la radio que tengo junto a mi cama. La radio...
(Quizá no lo crean quienes viven en compañía, bien apre-
tados por el abrazo del mundo; pero quienes no somos
ya sino un cabo suelto, el solitario, el anciano, el neuró-
tico, el corazón abandonado, muchas veces, ridículo parecerá, pero es en la radio donde hallamos alguna compañía; ella es nuestro único recurso. Cuando uno se des-
vela durante la noche, y no consigue volverse a dormir,
y los peores pensamientos lo atosigan, y, ¡nada!, no logra
dormirse, y sin embargo, se siente agotado, y se da vueltas
en la cama, y le duelen los ojos, y rebulle entre las sábanas sin saber cómo ponerse, un poquito de música en
la radio, ¡qué duda tiene!, puede apaciguarlo y hasta, por
último, ayudarle a reanudar el sueño. Y aunque no se
duerma, de cualquier modo el escuchar la radio es para

él como entrar en contacto con todos aquellos que, por una razón u otra, están velando a esas horas; es tropezarse con una mano en la oscuridad y agarrarse a ella.) Pongo, pues, a funcionar la radio, y no tarda en dejarse oír una voz suave, muy suave y muy grave, que está hablando de reposo anhelado y de eterna dicha. Un acento varonil, pero dulce, que infunde confianza infinita, y que viene fundido con las notas de un órgano, a la vez también íntimo y solemne. Notas fluidas, aunque densas, que se deslíen dentro de la lentísima corriente sonora. Apenas si alcanzo a percibir el sentido de las palabras que medio sumergidas flotan en la espesa masa musical. Sólo cuando su caudal se remansa y por un momento queda como detenido, la expresión «verdes praderas», o «ríos tranquilos», o «el bien prometido», o «maravillosa esperanza», permanece en mi conciencia un instante antes de desvanecerse en el olvido.

«Las lágrimas de las cosas —me parece que ha dicho esa voz confortadora— ocultan apenas una sonrisa de inviolable serenidad.» Pero ¿qué quiere decir con eso? No ha añadido nada más; y ahora, también la música del órgano se extingue en unas notas de misterioso desmayo.

Tras breve pausa, otra voz muy distinta anuncia con énfasis profesional: «Acaban de escuchar ustedes la nueva grabación *Music for the moment of Death* (Música para la hora de la muerte) como una primicia ofrecida a nuestros radio-oyentes por cortesía de esta emisora. Pertenece el nuevo disco a la popularísima serie *Music for...* que aspira a cubrir las fases más importantes o significativas de la existencia humana, y cuyos éxitos últimos: *Música para tener un baby (preferentemente, varoncito)*, y sobre todo el eficaz *Música para reconciliarse consigo mismo*, son una adquisición de valor permanente para todo hogar moderno. En cuanto a la grabación que ahora se lanza al mercado...»

Ya el libro está compuesto. He reunido piezas diversas, de ayer mismo y de hace quién sabe cuántos años; las he combinado como los trozos de un espejo roto, y ahora debo contemplarlas en conjunto.

Sí; cuando me asomo a ellas, pese a su diversidad me echan en cara una imagen única, donde no puedo dejar de reconocerme: es la mía. ¿Para qué has escrito? —me reprocho—. ¿Para qué tenías que escribir? ¿Acaso no bastaba?... El sarcasmo, la pena negra, la loca esperanza, el amor, esa felicidad cuyo grito de júbilo decae y se extingue en el sollozo de conocerse efímera, el sarcasmo otra vez, el amor siempre, con sus insoportables y deliciosas torturas de que son instrumento el reloj, el teléfono, el calendario, los oscuros silencios y la imaginación insaciable, todo eso, ¿no bastaba acaso con haberlo sufrido? ¿Era sensato preservarlo en un arca de palabras? ¿No es perverso intento el de querer oponerse a la fugacidad de la vida? Ahora, repasando las páginas del libro, vuelve todo ello a encenderse, a vibrar dentro de mí. Se encenderá y vibrará también de alguna manera cada vez que alguien lo lea. Los años correrán, volará el tiempo; y si un día, hacia el final de los tuyos, esas manos que siempre han de seguir siendo bonitas lo abren, y esos ojos que tanto he querido recorren sus líneas, ¿qué sentimientos despertarán entonces en ti? Tiemblo ante la idea de que pudieran perturbar cruelmente tu sosiego. Pero también tiemblo de pensar que, pues tu prudencia es infalible, quizá nunca jamás te atrevas a destapar el arca.

Chicago, 28 de abril de 1971*

---

* Esta nota fue redactada para la edición publicada en 1971, que recogía, con importantes añadidos, los textos aparecidos anteriormente bajo los títulos «Diablo mundo» y «Días felices». En la presente edición el autor ha incorporado nuevos trabajos, son los que figuran con los epígrafes «Una mañana en Sicilia», «Els chalet art nouveau», «El espejo trizado», «Otro pájaro azul», «Lake Michigan», «Sin literatura» y «Un sueño». (N. del E.)

EL TIEMPO Y YO

PROLOGO

Dos rasgos míos bastante lamentables: mi falta de memoria y mi escaso gusto en repasar los viejos escritos de mi mano, han concurrido no hace mucho para depararme una rara sorpresa. Buscando en mis gavetas cierto documento añejo que de pronto me hizo falta, apareció un sobre donde, una vez abierto, encontré varias hojas, amarillentas ya y con la tinta desvanecida, de las que para nada me acordaba, pero que luego hube de reconocer. Eran notas que, hace ya un tiempo demasiado largo, redacté sin intención de publicarlas nunca, y más bien como una actividad secreta, por el mero placer de apuntar observaciones, impresiones, estados de ánimo.

La sorpresa consiste, no en el hallazgo mismo, sino en que tales anotaciones, la mayor parte de las cuales lleva su fecha y son de los años cuarenta y tantos, se parecen muchísimo a otras que he venido escribiendo recientemente, y éstas sí con el propósito de darlas a la imprenta. Se ve que la edad me hace sentir más libre de dar expresión ante los demás a cosas que antes reservaba para mí solo; pues lo que hace un cuarto de siglo consigné a un cuaderno privado y ha reaparecido porque —olvidado sin duda— omití romperlo entonces, ahora no me importa darlo al público.

No es que haya en esas cuantas páginas —ya lo verá el lector— nada capaz de vulnerar una intimidad asustadiza; es que, como texto literario, se encuentran a medio cocinar. Pero precisamente esa relativa crudeza, esa falta de elaboración, es lo que las aproxima al modo en que ahora estoy escribiendo. Estoy escribiendo ahora así, en la expectativa de sorprender la realidad bajo aspectos imprevistos que me permitan ensayar una nueva distancia en su tratamiento literario, en lugar de forzarla y tratar de encajarla y meterla dentro de los esquemas habituales. Se me ocurre pensar que en el abandono de la espontaneidad y de la apresurada improvisación acaso pueda descubrise algún inesperado ángulo de incidencia entre lo casual de la experiencia cotidiana, tan pasajera, y el orden establecido de la cultura tradicional, entre el acontecer a que responden las cuitas del diario vivir y la esfera prestigiosa de la imaginación poética, estableciendo un contacto que, como la chispa eléctrica entre dos polos, produzca un doble efecto purificador, renovador.

Por ejemplo: lo inaudito de una noticia leída en el periódico matutino que nos ha escandalizado por lo pronto como muestra increíble de la locura de nuestros tiempos, puede llevarnos luego hacia un texto clásico donde lo referido en el diario encuentra su parangón. Con esto, la trivialidad del suceso publicado hoy para que mañana esté olvidado adquiere, sobre el fondo del texto latino, la dignidad de una permanencia que lo hace perenne, mientras que a su vez el texto viejo y distante, apergaminado, se nos hace actual al sufrir ante nuestros ojos la invasión de una sangre caliente. O bien, una opinión de Plinio sobre la absurda futilidad del espectáculo deportivo apenas requerirá ser subrayada para que en nuestra imaginación se pinten los estadios contemporáneos proyectándose sobre ellos la sombra ilustre del circo romano, y haciendo que las multitudes vociferantes y excitadas de hoy animen y vivifiquen y presten consistencia humana a las de aquel pasado remoto, tan desdeñadas por el intelectual a quien sólo preocupaban —como a los actuales— sus libros y su fama literaria...

Desde hace ya mucho me ha venido llamando la atención el problema de las relaciones entre la experiencia vivida y la invención literaria. Es tema al que he dedicado meditación, estudio y algunas reflexiones presentadas en forma de ensayo. Y no otro es, en el fondo, el motivo básico que une las piezas agrupadas en este pequeño volumen de apariencia miscelánea. Tanto la notas redactadas años atrás y halladas ahora, como las que he tomado en los más recientes al margen de lecturas, ya de textos antiguos y más modernos, ya a veces del periódico diario, o bien a propósito de algo visto u oído ocasionalmente, establecen una distancia corta entre el fugaz suceso

cotidiano y el orbe mucho menos movedizo de la imaginación
creadora. Mi intención, como dicho queda, ha sido buscar un
punto de observación próximo a la experiencia actual que, co-
nectándola con el ámbito superior de las formas poéticas, no
reduzca, sin embargo, éstas al nivel llano de la cotidianeidad,
pero tampoco las mantenga inaccesibles, respetadas, pero muertas. Por supuesto, estos rasguños no aspiran a ser otra cosa
que tanteos, quizá ociosos, y en todo caso desprovistos de importancia, de pretensiones.

Los he dividido en dos secciones. La primera, bajo el epí-
grafe de El tiempo y yo, contiene un repaso, o especie de
examen de conciencia literario, suscitado por mi confrontación
con la crítica en un acto que organizó la Fundación March,
y continuado a través de otras consideraciones afines. La sección se completa y cierra con lo que pudiéramos llamar un
ejemplo práctico capaz de ilustrar la preocupación central a que
estos trabajos míos obedecen: un relato que escribí durante el
siguiente verano, acompañado de un comentario posterior
donde analizo el proceso de su elaboración artística y la conexión entre su material narrativo y la estructura literaria en
que fue organizado, para destacar en seguida el sentido implícito —y, en verdad, autónomo—, la posible trascendencia
poética de la brevísima composición.

La segunda sección se titula El mundo a la espalda, y en
ella se insertan las notas o notículas de fecha lejana y de fecha
próxima. Espero que el lector atento a mis escritos encuentre
en las de los años cuarenta algún que otro atisbo acerca del
proceso creativo de donde surgieron, junto con indicaciones
varias sobre mis actitudes y estados de conciencia en aquellos
años inciales de mi exilio, tan cercana todavía la catástrofe
española que lo provocó. Para mí ha sido curioso —para decir
lo menos— el refrescar aquellas impresiones.

NOVELISTA Y PROFESOR*

A estas alturas de la vida donde yo ahora me encuentro suele pararse uno a considerarla interrogativamente, viéndola ya un poco como desde fuera. Muy repetida en todos los tiempos fue la comparación con el viajero que, llegado a un punto, se vuelve a mirar el camino hecho; y quizá se pregunta este viajero acerca del sentido que su viaje tuvo. Me pregunto yo ahora, dejando a un lado la trillada metáfora, cuál ha podido ser para mí mismo el sentido de mi larga actividad de escritor; y en la ocasión presente, cuando esa actividad acaba de ser reseñada ante ustedes de manera tan cumplida en su efectivo desenvolvimiento, quisiera intentar yo examinarla por mi parte desde el ángulo de la experiencia íntima.

En primer lugar, ¿qué era, cómo se presentaba a mis ojos la carrera de escritor cuando, apenas concluido el bachillerato, a los dieciséis años de edad, empecé a escribir con ánimo de ver publicados mis escritos? Y ¿por qué me orienté precisamente en esa dirección? De seguro, si me dirigí hacia el campo de las letras fue porque persistía y había quedado fijado en mí ese deslumbramiento poético que es tan común en la niñez y que en la mayoría de los casos, en los casos que debemos tener por normales, pronto se disipa o atenúa para dejar espacio a más útiles ocupaciones y preocupaciones. Mi poetizar secreto de los ocho, nueve, diez años, persistía en la adolescencia, alimentado por lecturas diversas, y pugnaba por tomar forma bajo la incitación de los más heterogéneos modelos.

---
* Texto leído en los coloquios organizados por la Fundación March en Madrid, del 2 al 7 de junio de 1975, sobre novela española actual.

No sé bien si es a esto a lo que se le llama vocación.
De cualquier manera, ello me condujo con toda naturalidad a desear realizarme como adulto en el ejercicio de esa
actividad que constituía lo que se llamó la república de
las letras, a ser un escritor.

Fue así como hubo de operarse en mí inicialmente la
conjunción necesaria entre las propensiones innatas del
individuo y las estructuras que la sociedad le ofrece para
que se ajuste a sus pautas, eligiendo entre una pluralidad
de opciones. Pues aquellas propensiones innatas, sean
cuales fueren, tienen que desplegarse siempre a través de
cauces preestablecidos, a los que se adaptan, modificándolos a su vez aun cuando sea en medida ínfima. Por supuesto, el paso desde la libérrima fantasía infantil a la
condicionada elección de una actividad socialmente viable
puede efectuarse mediante vacilaciones y tanteos. Durante
un cierto período mis inclinaciones artísticas me llevaron
a probar la mano en la pintura, a la vez que pergeñaba
mis invenciones literarias; pero, por fin, éstas prevalecie-
ron, y así pedí y obtuve muy temprano carta de ciudadanía en la república de las letras.

No hará falta recordar lo que era la vida literaria española en la década de 1920, ni ello sería oportuno en
esta ocasión. Bastará señalar —y no es poco— que, en
efecto, existía entonces una vida literaria, articulada, dinámica, con sus instituciones, jerarquías y autoridades.
En ese ambiente fue donde mis publicaciones primeras me
introdujeron. Pero antes de referirme a ellas en concreto
voy a permitirme una digresión acerca de lo que entiendo
por estilo, destinada a explicar por qué, a pesar de todo,
me abstuve de ejercitar plenamente dicha ciudadanía, y
nunca me apliqué con el debido celo a seguir la carrera
literaria que, sin embargo, me atrajo y elegí desde el principio como la más adecuada a mi índole personal.

Son varias las cosas que pueden significarse con la palabra estilo, o mejor quizá, éste puede ser detectado en
niveles diferentes. El más profundo de ellos radica en el
seno del individuo, de cada individuo único, y se revela

como aquella visión del mundo y actitud frente al mundo que le es peculiar; mientras que el nivel más superficial se encuentra, por lo que atañe a los escritores, en el arreglo de las palabras que componen sus textos poéticos. Ahora bien, a partir siempre del nivel básico, que es inmodificable, la expresión personal depende en grados diversos de la voluntad (en cuyo sentido puede hablarse de una «voluntad de estilo»). Por lo pronto, tal expresión tiene que acomodarse a los usos idiomáticos generales que garantizan la comunicación, es decir, la inteligibilidad de lo expresado; y esos usos son dados en un cierto ámbito histórico, temporal y espacialmente delimitado, dentro del cual se encuentran en vigor unas pautas estéticas que constituyen el estilo literario de la época. El escritor nuevo tiene que trabajar con el lenguaje común y asumir las vigencias literarias de su tiempo, a cuya alteración contribuirá eventualmente con su propia obra.

Cuando yo inicié la mía, cuando redacté mis primeros cuentos, mis primeras novelas, estaba empapado de lecturas clásicas, románticas, realistas y modernistas, y ellas constituían para mí el ambiente literario de la época tal como podía captarlo un joven estudiante recién llegado de su provincia a la Capital; dentro de ese ambiente surgieron mis primeras publicaciones. Y ahora, a la vejez, me satisface comprobar que uno de mis críticos, Estelle Irizarry, reconoce ya en aquellas primeras obras mi acento personal, mi estilo en cuanto actitud frente al mundo. Como lo ha reconocido también en los escritos de la fase siguiente, la fase vanguardista, que en la superficie pueden aparecer como excesivamente artificiosos y ceñidos a un programa de estilización, en contraste con los anteriores y, por otro lado, con los que habían de seguirles.

Este cambio en el nivel más deliberado del estilo fue debido en aquellos momentos al encuentro del joven provinciano cuyas primeras novelas le habían dado acceso a los círculos literarios de la Capital, con el nuevo y más actual estilo de la época, y a su comprensión de que éste era el más adecuado para expresarla, es decir, para expresarse en ella. Quizá porque, no obstante su marcada estilización que los asigna a un período bien definido y cerrado, ya dejan oír mi personal acento, esos escritos vanguardistas, vistos hoy a la distancia, no me parecen por completo deleznables. Después de ellos, y tras una pausa silenciosa no tan prolongada como se ha solido decir, pero marcada en todo caso por la experiencia decisiva de la guerra civil, mi actividad de escritor, autor de obras de ficción, no ha procurado ya nunca plegarse a las corrientes del tiempo. Instalado plenamente en la actualidad histórica, he contribuido a promoverlas espontáneamente y por propia iniciativa, siquiera sea en la medida mínima que mis facultades me permiten. Dicho en otras palabras: cuanto he producido en el terreno de la creación imaginativa después de la guerra civil no responde tanto a las incitaciones de un determinado ambiente literario como a un solitario impulso brotado de dentro, a una necesidad interna de esclarecer mis propias circunstancias vitales. Tan desolada libertad se debió en parte, sin duda, a mi carácter personal y probablemente hubiera llegado a alcanzarla de todas maneras; pero en parte fue precipitada también por las condiciones del exilio. Y al hablar de las condiciones del exilio no me refiero a la situación individual del escritor desarraigado (la metáfora del desarraigo, que identifica al ser humano, pensante y semoviente, con un vegetal, siempre me ha molestado un poco), sino a la situación general de que ese exilio es un efecto. ¿Será necesario evocarla? Por lo que en particular nos concierne, la antigua república de las letras había quedado desmantelada, dejando a la intemperie sus ciudadanos. Y la destrucción ocurrida primero en España pronto se extendería, con la segunda guerra mundial, a los demás países. Mi obra entonces, y a partir de entonces, ha respondido a las perplejidades de mi propia estación en el mundo, procurando explicarse éste. Es una especie de meditación solitaria; o mejor dicho, no meditación, sino expectación, contemplación solitaria.

«¿Para quién escribimos nosotros?», me preguntaba yo,

poniendo esta interrogación por título a un ensayo de 1949. La destrucción de la comunidad literaria, la ausencia de un público bien determinado y en directa relación con el escritor coloca a éste en una posición de gran independencia, amarga e ingrata desde luego, pero independencia al fin. Nada lo reclama, ni tiene para él sentido el procurar atenerse a prescripciones de escuela o a estimaciones dictadas por la moda del día, pues todo ello sería ilusorio. Mis narraciones de ese mismo año, 1949, *Los usurpadores* y *La cabeza del cordero*, tienen como fondo —remoto, pero bien reconocible— la guerra civil española, mas no se proponen producir efecto alguno. De antemano estaban privadas de acceso al público español que hubiera sido su inmediato y natural destinatario. Son, pues, como digo, una reflexión solitaria, un reflejo del mundo en el espejo de mi conciencia. Y aquí se impone de nuevo alguna consideración acerca del estilo. Siendo como son esos dos libros rigurosamente coetáneos y arrancando ambos de la misma experiencia histórica, presentan, sin embargo, estilos de superficie muy distinta. Más aún, cada una de las narraciones que los integran tiene, dentro del estilo común al correspondiente libro, una modulación estilística que le es peculiar. La razón de ello está en que la conciencia del escritor ha de manifestar su visión del mundo en imágenes objetivas que aspiran a ser obra de arte, y para conseguirlo debe manejar los recursos técnicos propios de su oficio: el arte de componer un texto con aquellas palabras y frases que mejor puedan expresar las intuiciones profundas a transmitir. Cada proyecto literario constituye un nuevo problema expresivo, ya que la intuición básica de donde arranca es subjetivamente única, y si en alguna medida ha de revelar su originalidad tendrá que crear para ello su particular idioma dentro del campo del idioma general, de modo que resulte comprensible y a la vez elusiva, misteriosa, es decir, poética. Así, a través de técnicas verbales *ad hoc*, de estilos variables, se hará patente la singular visión del mundo que cada escritor incuba en las profundidades donde el estilo es ya el hombre mismo. Las novedades técnicas, siempre relativas novedades, que puedan hallarse en mis escritos de ficción, no serán ya juegos gratuitos de ingenio, ni mucho menos responderán al estímulo de bogas, sino que surgen en función del propósito expresivo y se ajustan a él con todo rigor.

Ésta ha sido y es mi manera de entender el ejercicio literario; y a partir de ella quiero regresar ahora hacia la cuestión de la carrera de escritor, que en mi adolescencia se me aparecía como la profesión a que yo estaba llamado. Pese a esa vocación precoz, y a la facilidad para ingresar en ella que se me dio en mis comienzos, no ha sido ésta, estrictamente hablando, mi profesión y mi carrera. Desde los primeros pasos en ella sentí todavía de un modo vago que quería, sí, ser escritor, pero que no quería vivir del producto de mis escritos. Y no pudiendo contar con recursos económicos que no fueran procedentes de mi trabajo personal encaminé mis esfuerzos lucrativos por varias vías, en circunstancias diversas, y del modo más continuo por la vía de la enseñanza universitaria que me proporciona un terreno de acción próximo al centro de mi interés por la creación poética. Dejando aparte los riesgos de esa concomitancia de la poesía enseñada en cursos académicos con la creación poética, debe reconocérsele la ventaja de liberar al creador de la servidumbre del ganapán; aunque, por otro lado, las urgencias de esta servidumbre no dejen a su vez de ofrecer ciertas ventajas para la creación literaria misma. En fin, sea como quiera, es el caso que, libre de apremios externos, he podido enfrentarme con mis sucesivos proyectos literarios en una disposición desembarazada, sin otra preocupación que la de llevarlos al mejor término posible. Creo que, por lo menos, esta holgura me ha librado de incurrir en la repetición mecánica de recursos que quizá fueron eficaces para desenvolver un cierto proyecto y que aplicados por la necesidad de producir a otro proyecto diferente pudieran convertirse en fórmula, en receta, en mera retórica, trucos de artesanía inevitables cuando se trabaja para hacer frente a las demandas de una profesión. Como catedrático, debo dar mis clases en

los días prefijados, me guste más o menos el tema y me
sienta mejor o peor dispuesto, con lo cual no hay medio
de impedir que alguna resulte mediocre o resueltamente
mala. Como escritor, las deficiencias que pueda haber en
mis obras de ficción sólo serán achacables a incapacidad
mía o a falta de juicio crítico por mi parte.

En suma, he hecho lo mejor que he podido. Pero sería
cuestión de preguntarse ahora ¿qué es lo que me he propuesto hacer escribiendo obras de ficción? ¿Para·qué, en
fin (y ya no para quién), he escrito yo? Que es una manera de volver al tema inicial de mi relación con el mundo
de las letras.

Ciertamente, desde mis intentos literarios más remotos,
el estímulo íntimo de donde mis relatos brotaron fue el
puro placer de narrar, de darle forma a algo que para
mí tenía un sentido, y un sentido susceptible de ser co-
municado a otros. Claro está que muchas veces, por no
decir siempre, ese sentido se me presenta de manera imprecisa, y el esfuerzo por formularlo no es, en definitiva,
otra cosa que el esfuerzo por desvelar su secreto entre-
visto, por descubrirlo, por inventarlo; de modo que el
placer envuelto en la operación de escribir sería, creo, un
placer comparable al del matemático que despeja una in-
cógnita, el placer de levantar la punta del velo de ese misterio en que el mundo consiste, revelándolo un poco, y re-
velándose uno a sí propio al hacerlo. Pero —bien entendido— no se trata de ninguna especie de placer solitario, y por ello infecundo, pues sólo se cumple y sólo puede
cumplirse mediante la comunicación, actual o potencial,
con los demás, en un movimiento de autoentrega, de comunión con el prójimo.

REGRESO A GRANADA*

Hace unos años, con ocasión de haberse planteado el tema de la literatura andaluza como algo sustantivo y distinto, respondía yo a una encuesta en forma dubitativa, observando que en algunas de mis narraciones, en *Los usurpadores* y en *El jardín de las delicias*, el ambiente natal está suscitado con gran intensidad; pero que no debo ser yo, sino los críticos, quienes determinen y dictaminen acerca de lo granadino o lo andaluz manifiesto a través de tales evocaciones.

La verdad es que no sé si mis escritos presentan o no rasgos por los que pueda inferirse mi condición de andaluz o, más específicamente, de granadino; pero desde luego —y esto lo han notado bien algunos de los comentaristas, en particular con relación al último de mis libros citados— hay en ellos como un regreso a la infancia y adolescencia desde la perspectiva de la madurez; son una especie de meditación lírica sobre mi más remoto pasado personal: el que abarca el período inicial de mi vida, desde el nacimiento hasta la edad de dieciséis años, que transcurrió en esta mi ciudad natal. Es un período formativo de muy decisivo carácter e importancia máxima. Durante él se me hizo patente mi vocación por las letras: leí con avidez tremenda y comencé a borronear mis primeros versos, mis primeros relatos, estimulado tanto por las dichas lecturas como por incitaciones difusas del ambiente. Había tenido la fortuna de venir al mundo en una familia donde la literatura estaba incorporada a la vida cotidiana. Teníamos

* Texto leído en la conferencia patronizada por la Fundación Rodríguez Acosta en Granada a principios de 1977.

muchos libros —clásicos, románticos, realistas, modernistas—, y no era raro que se leyera en voz alta. Mejor que
cuanto yo pudiera decir, dará idea de todo ello un párrafo
de los que, en su libro de memorias *Viaje al siglo XX*, dedica a mi familia Melchor Fernández Almagro, quien de
chico había sido vecino nuestro. Dice así: «La suma atracción de nuestra nueva casa estaba constituida para mí por
una señora joven, verdaderamente encantadora, Luz
Duarte, hija y hermana de los médicos de casa, mujer de
Francisco Ayala, hombre correctísimo, de trato muy agradable. De este matrimonio nació a los pocos meses de
nuestra vecindad su primer hijo: el novelista, ensayista
y catedrático de Sociología... Luz Duarte era una mujer
singular por su inteligencia y cultivada sensibilidad... Leía
cuanto le era posible y me prestaba los libros que por
algún motivo pudieran interesarme. Por ejemplo: *La isla
del doctor Moreau*, de Wells, que me causó un efecto tremendo: las *Memorias de un setentón*, de Mesonero Roma-
nos, a las que luego tantas veces he vuelto al dictado de
mi curiosidad casi profesional por el siglo XIX, y una novela folletinesca que me pareció muy original: *Juan Lobo*,
de Emile Richebourg. No tengo *El libro de las selvas vírge-
nes*, de un inglés, Kipling —me dijo Luz—; yo creo que
algo tiene que ver con este *Juan Lobo*, aunque parezca
raro...»

En ese ambiente nací, crecí y me formé. Mi madre tenía,
en efecto, mucha sensibilidad artística, que se expresaba,
no sólo en su gusto apasionado por la literatura, sino
también mediante una actividad pictórica que era deleite
de mis ojos admirativos. A mi vez, yo había de probar
igualmente mi mano en la pintura, pero prevaleció al fin
mi vocación de escritor, y en su inicial despliegue los años
infantiles y adolescentes, es decir, mis años granadinos,
resultan fundamentales. En unas páginas que he empezado
a redactar acerca de mis experiencias vitales más decisi-
vas rememoro aquellos primeros conatos literarios míos
y evoco la Granada doméstica y privada en cuyo seno
surgieron, «una ciudad triste —así la recuerdo y así la des-

cribo—, impregnada de singular melancolía; una ciudad frustrada, como si el testimonio magnífico de su pasada grandeza se mantuviera en pie tan sólo para hacerle rumiar sin tregua la humillación de haber venido a menos». Y concluyo: «Aunque sólo he pasado en Granada mis primeros dieciséis años, siento que soy muy radicalmente granadino en la rara mezcla de despego y nostalgia que compone mi actitud hacia la ciudad donde nací.»

Ni el tiempo de que es razonable disponer ni la paciencia de mis oyentes consentirían que me demorase más en esto. Se me ha sugerido que, afrontando el riesgo de aparecer inmodesto, les hable a ustedes del curso de mi carrera literaria, de mis propias invenciones poéticas; y como esa carrera ha sido ya tan larga, y la bibliografía de mis obras demasiado copiosa, creo que será lo más discreto reducirme a destacar en ellas algunos aspectos relacionados de manera directa con mis tempranas vivencias granadinas. Me referiré, pues, a los dos libros cuyos títulos mencioné al comienzo: *Los usurpadores* y *El jardín de las delicias*.

Los usurpadores es una colección de relatos breves que, pese a esta relativa brevedad, no vacilo en calificar de novelitas. Las escribí en Buenos Aires a raíz de la guerra civil, y el volumen se publicó allí en 1945, seguido inmediatamente por otro: *La cabeza del cordero*. Estos dos libros de aparición casi simultánea, pero muy diferentes en estilo y enfoque, tienen de común el expresar ambos mi reacción frente a la brutal experiencia de aquella guerra, en forma desviada y un poco crítica el primero, y más explícitamente el segundo. Había transcurrido un lapso de varios años sin que escribiera yo obra de imaginación: las circunstancias no eran propicias ni permitían el distanciamiento necesario para que se produzca esa sublimación estética que la creación literaria requiere. Ahora, cerrada la contienda, concluida la guerra, y alejado del país, los hechos terribles por los que había pasado pesaban sobre mi conciencia con su enorme gravedad e hicieron germinar en ella estos frutos imaginativos.

Las historias referidas en *Los usurpadores* pertenecen a épocas remotas de la Historia española; son ejemplos, elaborados sobre episodios que todo lector conoce y que la literatura había tratado ya repetidas veces, a través de los cuales quiere revelarse una realidad idéntica en su esencia a la que tan dolorosamente había experimentado nuestra generación, y de la que se desprende un cuerpo de doctrina cuya cifra sería: que el ejercicio del poder en la sociedad constituye un mal absoluto, pero inevitable, derivado del pecado original, y que por lo tanto debe considerarse en principio como una usurpación todo poder ejercido por el hombre sobre su prójimo. Frente a ese mal impuesto por la caída condición humana se ofrece el solo remedio de la abnegada caridad.

El prólogo del volumen, donde la ficción novelesca se inicia ya, se cuida de formular en forma sumaria esa doctrina. Lleva dicho prólogo la firma de F. de Paula A. G. Duarte, que disimula mi nombre completo tal cual aparece en la partida de bautismo, sustituyendo y ocultando bajo la F. y la A. mayúsculas al Francisco Ayala que el libro ostenta en la portada como autor. Más de un comentarista, al aceptar la existencia del apócrifo archivero portugués, ha sucumbido ante la pequeña superchería.

Las narraciones que integran el libro deben valer como ilustraciones varias de esa posición teórica. Provienen de las lecturas que en mis años infantiles me encendieron la imaginación: una novela de Cánovas cuyo título he usado para mi cuento: «La campana de Huesca»; el romance del duque de Rivas sobre el fratricidio del campo de Montiel y la novela de Fernández y González *Men Rodríguez de Sanabria* (completada luego con la crónica original del canciller) para mi relato «El abrazo»; *El pastelero de Madrigal* para «Los impostores»... Cada una de esas historias ha recibido de mi parte un tratamiento literario diverso. Unas, como la de don Pedro el Cruel, se ajustan estrictamente a los hechos consabidos, mientras que en otras entra en mayor o menor medida la invención del escritor. Alguna, como la que lleva por título «San Juan de Dios», fue en su totalidad forjada por mi fantasía con el solo apoyo de la figura del santo, a quien se le cuelga una historia sacada de los recursos de mi imaginación.

Quiero referirme con algún detalle a esta última novelita, no sólo porque su acción transcurre en Granada, sino, sobre todo, por la conexión particular en que se encuentra con mis recuerdos y primeras emociones. La estructura misma del relato delata en seguida esta circunstancia, pues da comienzo con la descripción de un cuadro que, heredado de antepasados míos, estaba en las paredes de mi casa cuando yo nací y hube de verlo a diario durante mis años de infancia y adolescencia. Dice así: «De rodillas junto al catre, en el rostro las ansias de la muerte, crispadas las manos sobre el mástil de un crucifijo —aún me parece estar viendo, escuálido y verdoso, el perfil del santo. Lo veo todavía: allá en mi casa natal, en el testero de la sala grande. Aunque muy sombrío, era un cuadro hermoso con sus ocres, y sus negros, y sus cárdenos, y aquel ramalazo de luz agria, tan débil que apenas conseguía destacar en medio del lienzo la humillada imagen...» El punto de partida es, pues, un presente desde donde el narrador evoca un pretérito recordado: aquel en que, durante su niñez, contemplaba de continuo el lienzo con la imagen que, pintada en su memoria, sigue viendo todavía. Y de inmediato pasa a concitar en apretada confusión el tropel de todo lo ocurrido desde entonces, lo que el torrente turbio de la vida ha traído a su generación. «Ha pasado tiempo —dice—. Ha pasado mucho tiempo: acontecimientos memorables, imprevistas mutaciones y experiencias horribles. Pero tras la tupida trama del orgullo y honor, miserias, ambiciones, anhelos, tras la ignominia y el odio y el perdón con su olvido, esa imagen inmóvil, esa escena mortal, permanece fija, nítida, en el fondo de la memoria, con el mismo oscuro silencio que tanto asombraba a nuestra niñez cuando apenas sabíamos nada todavía de este bendito Juan de Dios, soldado de nación portuguesa, que —una tarde del mes de junio, hace de esto más de cuatro siglos— llegara como extranjero a las puertas de la ciudad donde ahora se le venera, para convertirse, tras no pocas penalidades, en el santo cuya muerte ejemplar quiso la mano de un artista desconocido perpetuar para renovada edificación de las generaciones, y acerca de cuya vida voy a escribir yo ahora.»

«Yo ahora»: las palabras con que esa especie de introducción termina vuelven a restituirnos al presente absoluto del narrador. Y desde aquí, la historia fingida que constituye el cuerpo de la novelita se proyecta hacia otro pretérito, hacia un tiempo remoto, ajeno a la experiencia viva del narrador y de sus lectores actuales, donde esta experiencia se encontrará reflejada en las figuras y movimientos de un acontecer imaginario que, reproduciendo su esencial contenido, lo remite a un plano simbólico. Mediante transferencia tal se ha procurado lograr la catarsis de las emociones, desarraigadas ya del contexto histórico-práctico, y dar con ello a la obra un valor de ejemplaridad.

La técnica expositiva empleada no tiene, como puede advertirse, nada de nuevo en sí misma. Al contrario, es la que por tradición pertenece al arte del cuento: un narrador, apoyándose en circunstancias personales, formula unas reflexiones de carácter general y anuncia luego el tema de su relato. La trama de éste aparece así encerrada dentro de un marco subjetivo. Pero si no hay novedad en la estructura general de la novela, sí puede hallarse alguna en el modo particular como aquí aparece relacionado el párrafo introductorio con la materia del relato principal. El relato principal es todo acción y pasión, con un dramatismo frenético; pero ese torbellino de violencia surge como desarrollo y puesta en movimiento de un cuadro estático que representa al santo, postrado, en el momento de su muerte. Se da, pues, un contraste significativo entre la quietud suma de la pintura evocada, y el desenfrenado movimiento, tejido con paralelismos y agudos contrastes, de los hechos cuya contemplación suscita. Este movimiento va a conducir, sin embargo, a la descripción de la muerte del santo, con lo cual termina la obrita por regresar al punto de arranque, en una atmósfera de triste serenidad.

Con lo dicho, dejo apuntadas algunas indicaciones a propósito de los recursos técnicos empleados para construir el relato, pero nada he manifestado todavía sobre los factores íntimos que me condujeron a su aplicación, según sugerí que había de hacer. Bien está que, como insistí en subrayar cuando estudié en un ensayo teórico el arte narrativo, el narrador se integre, ficcionalizado él mismo, dentro del texto de la narración; pero, si ello es cierto, no lo es menos que, en el acto de concebirla y de llevarla a términos de realización objetivando en palabras y frases las intuiciones originarias, entran en juego elementos subjetivos del individuo concreto que la escribe. En el presente caso, y para empezar, el lienzo descrito al comienzo de la novelita era tal cual se lo describe, estaba efectivamente en mi casa, y había sido espectáculo de mis ojos desde que éstos se abrieron a la luz del mundo. Por lo demás, la personalidad de San Juan de Dios era tenida en muy especial veneración por mi familia desde tiempos de mi abuelo materno, el doctor don Eduardo García Duarte, a quien no llegué a conocer pues había muerto un año antes de que yo naciera. El doctor Duarte fue una figura muy señera en la Granada de fin de siglo —y remito de nuevo a las memorias de Fernández Almagro, que traza en sus páginas un buen retrato suyo—. Médico ilustre, catedrático de la universidad cuyo rectorado ejerció por mucho tiempo, hombre liberal y librepensador, sentía un respeto admirativo por el espíritu con que los Hermanos de San Juan de Dios asistían caritativamente a los enfermos del Hospital provincial, respeto admirativo heredado por mi madre a quien muchas veces había visto yo dar limosna para esos humildes Hermanos. Así, cuando quise contraponer en mi novelita el ejemplo de una caridad acendrada y gloriosa a la furiosa violencia fratricida que habíamos presenciado y padecido con la guerra civil de nuestro tiempo, ¿a qué patrono acudir, a qué santo invocar sino a este maravilloso Juan de Dios de mi natal Granada?

Ya sé —lo sé demasiado bien— que cuantos elementos personales y anecdóticos entran en la composición de una obra literaria añaden poco o nada a la apreciación de su significado y posible valor artístico. Pero establecido aquél y dando por supuesto éste, todavía pueden suministrar algún atisbo útil para su interpretación crítica. Ahí ofrezco esos datos a quien tenga curiosidad por ellos.

La narración comentada, «San Juan de Dios», se publicó en 1947. Y no deja de tener interés el hecho de que, un cuarto de siglo más tarde, escribiera yo otro relato, muy breve y de estilo bien diferente, pero que arranca también del recuerdo de un cuadro en las paredes de mi casa, y también remite ahora, de manera explícita, a mis antepasados. El cuadro en cuestión —esta vez una pintura clara y luminosa, al aire libre, de estética impresionista, que representa el jardín de mi abuelo— es obra de mi propia madre, y se encuentra reproducido en mi libro *El jardín de las delicias*, donde el relato a que me refiero, «Nuestro jardín», vino a integrarse. Se había publicado por vez primera ese relato en *La Nación* de Buenos Aires el 13 de junio de 1971, y por cierto que el ilustrador, sin conocer la pintura ni su reproducción fotográfica, acertó a reconstruirla bastante aceptablemente en un dibujo, a base de mi descripción que, como en el caso de «San Juan de Dios», inicia el cuento. Dice así: «En el centro, bajo la balaustrada de macetas floridas, la fuente redonda, casi a nivel del suelo, con su surtidor; y junto a ella, tendido en el suelo también, el aro de juguete, azul y rojo, que una niña ha dejado caer... Dos círculos, el aro y la fuente, uno más pequeño y el otro bien grande, tendidos ambos sobre la arena. Los veo como círculos, pero al mismo tiempo me doy cuenta de que en realidad su forma es oblonga; la mano que los trazó en el lienzo supo —cuestión de perspectiva— invitar así a la ilusión del círculo.» A partir de aquí se desenvuelve el relato, que es de tono lírico y se encuentra impregnado todo él por el sentimiento de la nostalgia. Este sentimiento se anuncia ya en el título: Nuestro jardín. Es el jardín de mi abuelo, que yo nunca llegué a ver; pero es también, al mismo tiempo, el jardín anhelado por el género humano. Los «nosotros»

sujeto del posesivo «nuestro» somos todos los hijos de Eva,
y nuestro jardín es el Paraíso perdido. Se encuentra colocado en un tiempo mítico, anterior a nuestro nacimiento.
Nunca lo hemos visto, nunca lo hemos pisado, pero deseamos con ardiente vehemencia asomarnos a él. Nuestro
jardín es el espejismo que nos hace vivir como seres humanos en el anhelo de una felicidad plena que, sin embargo, sabemos inalcanzable, y que proyectamos hacia un
futuro mítico también. De ahí la forma circular que el relato asume, preludiada en la descripción del cuadro que
lo inicia con los círculos engañosos de la fuente y el aro.
El breve texto muestra una recurrencia infinita: la historia se repite una y otra vez, en cadena. Está sembrado de
casi imperceptibles alusiones destinadas a suscitar la nostalgia de un pasado dichoso, alimento de vanas pero ina-
gotables esperanzas. Esperanza se llama una de las muchachas que habitan el jardín; la otra, Laura. Pero estas
figuras —se dice— no son retratos: son... cualquiera. «No
pasa el tiempo por ese jardín», «nuestro jardín inmortal».
En él, la madre se ha pintado —se ha creado— a sí misma.
Lo deseamos, pero no es inaccesible, pues «volvemos cansados del paseo. Es demasiado tarde ya. Otro día será»...

Ciertamente, no es «Nuestro jardín» la única pieza,
entre las que componen *El jardín de las delicias*, donde la
nostalgia convoque hacia el presente imágenes de un pretérito remoto: desde muchas de sus páginas, clama este
libro por el Paraíso perdido, y en algunas deja entrever
la ilusión de haberlo recuperado por momentos fugaces.
El jardín de las delicias ha tenido especial fortuna con la
crítica: ha obtenido estudios cuya generosidad hacía pers-
picaces en grado sumo. Valga como ejemplo mayor el que
tuvo a bien dedicarle Emilio Orozco hace no mucho tiempo.
Y el mérito de esos estudios es tanto más grande cuanto
que se trata de un libro singular desde varios puntos de
vista. Quienes no lo hayan leído podrán darse cuenta
a través tan sólo de lo que va dicho de que en él se ensaya
una relación con la realidad viva distinta de la usual en
obras de creación imaginaria; desde luego, distinta de

aquella a que antes, en mis previas invenciones poéticas, me había atenido yo. Lo normal era construir la obra literaria poniendo a contribución cuantos materiales de experiencia le parecieran a uno adecuados, transformándolos y modificándolos a propósito, y combinándolos con elementos nacidos de la pura fantasía, para —una vez concluido el proyecto y acabada la obra literaria— ofrecérsela al lector con entera separación del mundo práctico donde el autor alienta y con cuyos materiales construye. Según eso, ha podido verse cómo en «San Juan de Dios» la historia tiene una autonomía completa, y que si quien la escribió se aviene a proporcionar alguna información sobre los factores íntimos que concurrieron a producirla, pudo muy bien no haberlo hecho; y una vez que lo hizo, en poco o nada altera su conocimiento la interpretación de la obra, que se mantiene y subsiste separada de su creador. Hay, pues, una distancia bien marcada entre la subjetividad de éste y la entidad objetiva de su obra. Y eso es así, aun en el caso perfectamente posible de que dicha obra transporte al terreno imaginario con muy escasa alteración hechos o situaciones que fueron vividos por él o de los que tuvo puntual noticia. Dos de mis cuentos en el volumen titulado *Historia de macacos*, «Un cuento de Maupassant» y «El colega desconocido», están calcados en efecto de situaciones y hechos reales, sin apenas modificación sustancial alguna. El primero de ellos comienza declarando en boca del narrador: «Hay situaciones reales que vienen ya hechas como *argumento*, que se nos presentan armadas dentro de su forma literaria correspondiente»... Pero el calco (es decir, la transposición artística, en palabras insustituibles) existe por sí mismo y queda alejado del modelo práctico a una distancia que veda cualquier contaminación. Pues bien, esa distancia ha sido abreviada en *El jardín de las delicias*, al menos para aquellas partes del libro donde prevalece el tono lírico que Ildefonso Manuel Gil señaló, no sin sorpresa, al analizarlas. Aquí, al contrario, se ha perseguido la meta de acortar la distancia y casi borrar las fronteras entre lo imaginario y lo experimentado en las urgencias del vivir práctico. Y se da el caso, por ejemplo, de que un argumento enteramente inventado dé la impresión al lector de algo vivido en la realidad por quien lo escribe, de ser transcripción, palabra por palabra, de una escena que hubiera sucedido en circunstancias concretas. Es lo que ocurre, por cierto, con «Nuestro jardín». Ahí el único elemento extraído de la realidad es —como en «San Juan de Dios»— la pintura al óleo de donde toma ocasión el cuento. Pero todo lo que en él se relata es por completo una invención del escritor; nada, nada en absoluto, de lo referido había tenido lugar antes fuera del ámbito de la obra escrita. Y sin embargo, ésta, al reducir y casi anular la distancia, provoca una ilusión de inmediata y palpitante actualidad, de una subjetividad desnuda e ingenua que se expresa líricamente. Es como una fusión última de la poesía con la práctica cotidiana.

Al llegar a este punto debo preguntarme: ¿qué significa un tal movimiento en la etapa postrera de mi trayectoria vital como hombre y como escritor? ¿Será quizá un regreso al espíritu abierto e impaciente de los primeros años, cuando no parecía haber límites para nada, desbordaba el corazón cargado de emociones, y el ímpetu juvenil quería atropellar y romper las cortapisas que el mundo opone? ¿Será un retorno, el eterno retorno? ¿Será que se está cerrando el círculo? Porque los movimientos que determinan la creación literaria (quiero decir, los movimientos profundos y más decisivos) no son deliberados ni dependen del arbitrio. A veces viene a descubrirlos, estupefacto, el mismo que los ha efectuado cuando los encuentra cumplidos ya en la hoja de papel, quizá en la página impresa. Por eso me hago ahora tales preguntas.

He alcanzado ya esa edad en la que resulta inevitable, incluso preceptivo, detenerse a recapitular la propia existencia, echar cuentas y reflexionar acerca del personal destino y de lo que uno mismo ha hecho con la vida que le fue dada. Hora de suprema perplejidad —una perplejidad que yo vengo a confesar aquí, en la tierra donde nací, usando para ello de la oportunidad que tan gentilmente me habéis concedido—. Se esperaba de mí que diera en este acto razón de mi obra literaria, y yo he procurado cumplir con la demanda, como lo he hecho, en manera más bien simbólica, por no gravar a mis oyentes con el fardo demasiado pesado de un repaso puntual de los jalones que marcan mi progreso de escritor. Entiendo que dar razón de mi obra literaria equivale a dar razón de mi vida, pues desde muy temprano sentí que, siendo mi vocación las letras, si había de escucharla y seguirla todo lo demás tendría que supeditarse a su cultivo. Pero cultivar la literatura no podía ser —según lo entendía yo— convertirla en profesión, dedicarse a ella como actividad profesional. Por respeto a la literatura, evité el depender de sus magros gajes; y así, no he sido jamás, en rigor, un escritor profesional, no he vivido de la pluma, sino de otros oficios y menesteres, concomitantes sin duda en la mayoría de los casos, que me libraban de someter la invención poética a las servidumbres de la dura necesidad. Entre esos oficios, el más constante y el más afín a mi vocación ha sido el de profesor universitario: profesor de ciencias políticas y profesor de literatura. Más de una vez me he complacido en traer a colación una frase de Pedro Salinas, quien jocosamente se maravillaba de que le pagasen a uno por hablar de aquello de que le gusta hablar y hablaría aunque no le pagasen. Por supuesto que el trato académico con la literatura presenta riesgos graves para el escritor que aspira a darle a su obra el vuelo de la libertad creadora; pero también tiene sus ventajas la disciplina escolar. Sobre esto no he de extenderme. Sólo apuntaré que, por un lado, acrecienta su sentido de las medidas y proporciones infundiéndole a la vez conciencia precisa de la tradición y de las técnicas que en el mejor sentido de la palabra podemos llamar Retórica; y, por el otro lado, los prefesores-poetas, o los poetas profesores, como con malignidad caracterizaba Juan Ramón Jiménez al mismo Salinas, a Guillén, a Gerardo Diego y otros, acaso sean más capaces de detectar en las obras literarias del pasado, bajo el clásico monumento de mármol o bronce, venerado e intachable, aquel temblor del momento de su germinación, lo azaroso de la novedad que en su día comportaron, la vacilación de su avance hacia la perfección por fin alcanzada. Como *in status nascendi* intenté yo sorprender e interpretar el *Lazarillo* con un estudio que ha resultado controversial, pero en el que algunos han visto ciertas iluminaciones obtenidas desde el punto de mira de un escritor experimentado.

Con ejercicios tales, indispensables o convenientes en el orden de la práctica —el ejercicio docente y la especulación discursiva— se conecta, pues, otra faceta de mi actividad de escritor, perteneciente a una esfera distinta de la creación de fábulas: mi producción de tipo teórico, tratados y ensayos de contenido crítico o sociológico; aspecto desde luego secundario, pero no impertinente ni perturbador con respecto a mi obra de imaginación. Todo en mí se dirigió siempre, primordialmente, hacia esta última, como el terreno donde podía realizarme de modo cabal siguiendo una vocación que me parecía inequívoca.

Pues de eso se trata en definitiva: del movimiento hacia la autorrealización que constituye deber fundamental de todo ser humano, según los enigmáticos preceptos que desde el fondo de la Antigüedad ordenan: *Conócete a ti mismo* y *Sé quien eres*.

Puedo así responder a la cuestión acerca de lo que he hecho con la vida que me fue dada: dedicarla a elaborar unas cuantas ficciones poéticas. Con esto, sin embargo, no está dicho todo. Falta por aclarar el sentido que para mí ha tenido y tiene esa dedicación. Hubiera sido legítimo que me consagrase a escribir novelas y otras fabulaciones con el propósito de brindar al consumo de las gentes un entretenimiento más o menos divertido o —acaso, si tan buena era mi suerte— un objeto de deleite estético; pero la verdad es que jamás escribí con tan altruista intención (en cuyo caso, ¿por qué no hubiera debido profesionalizar sin reparo mi artesanía?), sino más bien con la de esforzarme por formular en imágenes mi visión del mundo y proponer al juicio de los demás esta cifra de su realidad, justificando así de alguna manera mi presencia en él. Ello explica, creo, el modo de mi relación con el arte literario, mi respeto quizá excesivo hacia las letras, la vinculación estrechísima entre la narración y el narrador, separados por una distancia cada vez más pequeña conforme éste avanzaba en edad...

Ahora, para terminar, quisiera añadir todavía unas cuantas palabras acerca del tema de la justificación de mi propia existencia en el mundo, no ya desde la perspectiva de mi autorrealización, sino desde la perspectiva del mundo mismo. Por lo que afecta a la creación literaria, poco he de añadir, pues creo basta con lo indicado. Los aciertos o errores en que haya incurrido son imputables de manera exclusiva a mis personales capacidades. He querido siempre hacer lo mejor que pudiera y, en tal sentido, cuantos aciertos o despropósitos ostentan mi firma son resultado de mis capacidades, y no de ninguna circunstancia externa. Nunca, en mi obra escrita, me he plegado a consideraciones pragmáticas, que pueden valer como muy respetables e incluso —¿por qué no?— más importantes que el impulso a proclamar uno su verdad, pero que nunca han sido suficientes conmigo para falsear lo que pienso y opino, o para confeccionar la obra de ficción con la vista puesta en efectos ajenos a su íntima exigencia. Ya sin eso, bastante grave es la carga de equívocos y malentendidos que, por razón de su esencial ambigüedad, conlleva en sí la obra literaria. Quizá el principal problema del escritor, en todos los tiempos y de un modo especial en el nuestro, reside en la naturaleza ambivalente de su tarea, que presenta siempre una doble faz —interna— hacia él mismo y hacia aquellos que aceptan con simpatía la desesperante elusividad y complejo carácter de la obra imaginativa; y externa, hacia los que no ven en la actividad literaria sino el ejercicio de una profesión como cualquiera otra, y por cierto profesión de menor alcance en la competencia de las ambiciones que se disputan en el terreno social.

Si ello es así respecto de la producción del escritor que

publica narraciones, ensayos y tratados, y de su actuación correspondiente frente a la sociedad, no lo es menos respecto del estudioso, del profesor. Han caído las tapias del jardín de Academos al empujar hacia dentro las masas y, pisoteados muchos de sus arriates y planteles, yacen en lamentable destrozo. Habiendo culminado en los decenios recientes a favor del desarrollo económico aquella mística de la educación que se inició en el siglo XVIII, son multitudes las que se acercan hoy a los centros docentes en demanda de un grado académico y la correspondiente habilitación profesional. De esa enorme cantidad de nuevos estudiantes una parte no pequeña acude a los estudios humanísticos engañada en cierta medida, me lo temo, por la supuesta y aparente accesibilidad de tales materias, y sin sospechar que esconden las dificultades más arduas. Por su parte, aquellos otros estudiantes a quienes en verdad atrae una auténtica vocación y se encuentran dotados de la capacidad intelectual idónea, entablarán con el profesor la relación fecunda en que siempre ha consistido el proceso educativo, aunque entorpecidos y con frecuencia anegados por la turbamulta de los que sólo buscan y sólo desean obtener, cuanto antes y al menor costo, un diploma que oficialmente los habilite. No seamos injustos para con éstos: también ellos tienen derecho a lo que pretenden, y no habría razón para negárselo. Pero deberemos afrontar el problema de la escisión entre una actividad docente ejercida en colaboración casi secreta con los pocos genuinamente interesados en el saber, y una actividad docente más bien sumaria dirigida a quienes sólo desean cumplir los requisitos mínimos para graduarse.

Pues bien, de igual manera que en mi obra escrita he procurado mantenerme en el eje de la doble vertiente defendiéndome tanto de lo esotérico y cerrado como de la vulgarización desvirtuadora, también en mi carrera de profesor me he esforzado por mantener un equilibrio que evite el riesgo de caer hacia uno u otro lado. Hasta qué punto lo haya logrado, no soy yo, son los demás quienes deben decidirlo.

LA DISPUTA DE LAS ESCUELAS CRÍTICAS

York College, uno de los colegios de la City University de Nueva York, ha organizado este año de 1975 un coloquio sobre los métodos contemporáneos de análisis literario (crítica según arquetipos, formalista, lingüística, marxista, sicoanalítica, estructuralista...), en el que he sido invitado a participar.

La mera enumeración de esos enfoques críticos declara ya cuál es el estado actual de tal actividad: una pluralidad de criterios diversos se contraponen dogmáticamente entre sí, criterios fundados en exigentes y exclusivas teorías, y muchas veces aplicados con pedantesca suficiencia, no sólo por quienes los establecen y dominan, sino también por el estudiante primerizo o el periodista ligero, que no quieren ser menos ni parecer ajenos a las modas del día.

Sin embargo, la historia de la crítica literaria es ya lo suficientemente larga para avisarnos de la transitoriedad de los sistemas, sustituidos unos por otros en su vigencia en el tiempo, sin perjuicio por lo demás de que puedan estar justificados y cumplan en su momento cada cual una función indispensable en el desarrollo histórico de la cultura literaria, de igual manera que, en términos amplios, las sucesivas concepciones filosóficas, con su respectiva pretensión absoluta a la verdad, integran la historia de la filosofía encontrando en sus momentos correspondientes razón de ser y cabal sentido en su conjunto, por más que su pluralidad y diversidad desmientan aquellas pretensiones de exclusiva validez. La filosofía, en vista de ello, ha procurado alguna vez asumir en su seno la disputa de las escuelas y de este modo convalidarlas todas en un terreno más profundo donde todas encuentran su raíz.

Y quizá sea éste el momento para la crítica literaria de superar también la estrechez de sistemas inconciliables cuya radical aplicación arroja con frecuencia resultados bastante insatisfactorios, situándola en un plano a la vez más profundo y menos acotado.

La creación literaria se produce con tal variedad y da lugar a obras de arte tan heterogéneas que cada método particular puede mostrarse fecundo frente a unas, y desesperadamente inadecuado en presencia de otras. Por supuesto que el crítico, con deliberada o subconsciente astucia, suele elegir aquellas obras que mejor se prestan a su método para ejercitar sobre ellas las habilidades con que el instrumental operatorio de que dispone le permita lucirse; y hasta puede ocurrir que esas habilidades consientan una exhibición más brillante aun cuando se las aplica a productos literarios, a textos, que de ningún modo merecen o reclaman la consideración de obras de arte. Tal ocurre con los criterios sociológicos, o en el extremo opuesto, con los puramente formalistas, que funcionan con sorprendente éxito en la explicación de textos de subliteratura e incluso de textos carentes de la más remota relación con cualesquiera intenciones estéticas. Andrés Amorós que, sabiendo muy bien lo que hacía, se ha divertido en examinar desde varios ángulos la subliteratura en España (*Subliteraturas*, Barcelona, 1974), señala que «El problema fundamental, sobre todo, consiste en que un superficial sociologismo deje al margen por completo la cuestión del valor, de la calidad, que hace única e irrepetible la obra literaria». Y está en lo cierto. El éxito con que pueden acaso usarse el método marxista para explicar el sentido de las fotonovelas, o un método formalista para analizar la estructura de un prospecto farmacéutico suscita la aprensión de que, aplicados a una obra de arte, puedan tal vez dejar que se escape aquello que específicamente la califica.

Cuando esto acontece, casi llega uno a sentir la nostalgia de la vieja y desacreditada crítica «impresionista» que consistía en expresar con énfasis admirativo o deprecatorio la reacción personal del comentarista frente a una obra literaria que le había gustado o le desagradaba. De vuelta de esa supuesta crítica, reducida en el mejor de los casos a ser un eco subjetivo del objeto artístico considerado, y sin perjuicio de que se pongan a contribución todos los métodos «científicos» a que el dicho objeto se preste, será siempre necesario valerse de la intuición estética para orientar el trabajo interpretativo, evitando así que éste se convierta en un ejercicio de laboriosa futilidad.

Por lo pronto, la elección de la obra a estudiar es ya un acto positivo mediante el cual se afirma la dignidad de ese texto particular, la legitimidad de su pretensión a ser tenido por obra de arte; en otras palabras: la elección de la obra a estudiar implica un juicio de valor *a priori*, pues este acto estimativo del crítico es previo a cualquier determinación metodológica, debe serlo, y lo será, a menos que, según quedó apuntado, por un prejuicio no infrecuente incurra en la aberración de seleccionar para su trabajo una determinada obra precisamente porque en ella cree que podrá desplegar con lucimiento los recursos técnicos del sistema a que se inclina o está adscrito, y no porque en sí misma la considere digna de su atención y esfuerzo.

Sin la capacidad de establecer ese juicio personal previo el crítico estará abocado a los errores más grotescos, sobre todo si se ocupa de obras contemporáneas, pues para el examen de las que pertenecen a la literatura pretérita cuenta al menos con una tradición establecida sobre qué basar sus trabajos; pero entre la multitud de libros que actualmente salen de las prensas, la falta de una atinada percepción de valores puede llevarle a desplegar el aparato de su sabiduría estructuralista, o lingüística, o sicoanalítica sobre el cuerpo de textos insignificantes e indignos. Quiere ello decir que la actividad crítica no se satisface con una mera destreza de esas que con mayor o menor esfuerzo se adquieren a través de la adecuada preparación académica, sino que requiere de quien la ejerza aptitudes innatas muy particulares. A su manera,

el crítico es también un espíritu dirigido hacia la esfera
estética, un hombre capaz de percibir intuitivamente la
calidad de lo bello y de reconocer la excelencia tanto como
las deficiencias en la obra de arte literaria.

Dado, pues, el primer paso de elegirla para su estudio,
esto es, singularizado por decisión intuitiva un texto literario como objeto de atención crítica con vistas a fijar la
medida de su valor, el crítico deberá proceder a su examen
cuidadoso en busca de los procedimientos más apropiados
para alcanzar dicho valor estético. La casi inagotable variedad de la creación literaria hace que los diversos caminos abiertos para aproximarse al núcleo significativo de
una obra poética se revelen más o menos —o quizá nada—
conducentes según los casos. No olvidemos que, en cada
caso concreto, la tarea del crítico consiste en ayudar y
guiar a los lectores en el empeño de entender la obra po-
niéndolos en condiciones de que alcancen a captar su significado y valor poético, cosa esta que, bien entendido,
han de lograr en definitiva por sí mismos en un acto de
intuición estética. El papel del crítico no es, pues, otro que
el de mediador para, ilustrando a sus lectores, facilitarles
el acceso a aquella intuición que él mismo tuvo en un
principio y luego depuró mediante el análisis. Por eso creo
que, lejos de la soberbia dogmática de quien piensa hallarse en posesión del único método válido, le conviene
al crítico asumir frente a la obra de arte —en servicio de
sus lectores— la actitud humilde de quien trata de averiguar cuáles son los que mejor pueden explicarla.

Así, por ejemplo, ante un texto anónimo perteneciente
a un período remoto es evidente que el esclarecimiento
de su contexto histórico y cultural será el comienzo inex-
cusable de la operación crítica, mientras que tal trámite
puede resultar perfectamente prescindible y aun impertinente cuando se trate del texto debido a la pluma de
un escritor contemporáneo cuya personalidad y obras anteriores se suponen conocidas de los lectores, inmersos
ellos también en el mismo ambiente histórico-cultural.

Será en todo caso la obra quien deba sugerir al crítico

el enfoque —o mejor, los enfoques— más adecuados para
facilitar a su lector el acercamiento al significado esencial
alojado en ella. Tras la intuición inicial de su valor estético, un estudio demorado de sus peculiares características
irá revelándole cuáles sean las mejores posibilidades ofrecidas a su análisis. Y dado que la obra de arte literaria
constituye, aun en los especímenes de más aparente simplicidad, una estructura verbal sumamente compleja, no
me parece discreto desdeñar, por fidelidad a una determinada escuela crítica o por preferencia de un determinado método, las eventuales ventajas de cualesquiera
otras aproximaciones. Pensemos que, desde luego, la obra
es un producto de cultura dado en un cierto momento
histórico y, por lo tanto, el esclarecimiento de su marco
histórico-cultural y cuantas vinculaciones sociológicas con
la realidad donde aparece inserta podamos establecer, ayu-
darán a su mejor entendimiento: la consideración de tales
factores, haciéndolos presentes en la mente del lector, le
ayudará a penetrar en el sentido de la obra. Pensemos
que el elemento ideológico, que no puede faltar nunca en
alguna medida cuando se trata de un edificio construido
con palabras, en ocasiones llega incluso a impregnar hasta
el fondo la creación artística como ingrediente de su valor
estético; y sea como quiera, su fijación precisa será siempre
tarea ineludible para averiguar lo que el texto dice o no
dice en el plano intelectual, evitando así ridículas equi-
vocaciones que por desgracia son demasiado frecuentes.
Pensemos que las circunstancias biográficas y, dentro de
éstas, la personalidad del autor servirán en gran medida
para aclarar sus intenciones conscientes y también sus
impulsos inconscientes en la redacción de la obra (para
este último aspecto, tan importante, el sicoanálisis cum-
plirá acaso función decisiva), y que el cotejo de tales intenciones e impulsos con los rasgos objetivos que la obra
ostenta permitirá orientarse acerca del logro artístico alcanzado a partir de tales estímulos síquicos. Pensemos
que, sean éstos los que fueren, el autor trabaja dentro de
una densa tradición literaria y cuando se pone a escribir

tiene ante sí paradigmas, modelos que imitar —o que eludir— en la producción de su propia obra: la referencia a ellos resulta indispensable, si hemos de comprender y valorar esa obra. Pensemos, en fin, que siendo la obra de arte literaria una estructura verbal, un edificio construido con palabras, los análisis de todas clases que hayan de practicarse en el terreno de la gramática y del lenguaje son de importancia primaria para la interpretación del poema, conduciendo hacia el centro mismo de la creación artística, ya que ésta se opera ahí mediante la organización de palabras y frases en un texto: descubrir la técnica con que este material ha sido manipulado es acercarse al secreto último de dicha creación poética.

Insisto en subrayar que todos los métodos a la disposición del crítico pueden, según los casos, rendir mayor o menor utilidad en la tarea de conducir al lector hacia una apreciación cabal del esencial valor que la obra contemplada encierra; pero que ninguno de ellos, por sí mismo, es capaz de suplir el acto de la comunión estética mediante el cuál ese valor es percibido. Se trata de un acto absolutamente individual, de una experiencia radical e intransferible, ante la que el oficiante crítico que la ha propiciado facilitando un adecuado entendimiento de la estructura artística en cuestión, tiene ya que echarse a un lado para que el lector se las entienda directamente con el poema.

Todo esto no es sino muy obvio. Y a pesar de ello suele perderse de vista en la disputa de las escuelas críticas, empeñadas en defender cada una su respectivo método como el único provisto de legitimidad y eficacia. Por lo general, tras este empeño se oculta una grave distorsión: la obra de arte deja de ser considerada como lo que en esencia es, objeto estético, para tomarla y usarla —o abusar de ella— en cuanto documento sociológico, dato sicobiográfico, ejemplo lingüístico-estructural, etc., cosas que, en efecto, será también, no hay duda, pero sólo de modo secundario o accesorio.

PROFESOR DEFIENDE A NOVELISTA

Viene ocurriendo desde hace años ya que, con ocasión de mis conferencias sobre literatura en una u otra universidad de países diversos, y a la hora de las preguntas postreras con que tales actos suelen rematar, alguna oyente que ha leído novelas mías inquiera con intención, cuando no en tono acusatorio, por qué muestro en ellas a los personajes de su sexo bajo una luz tan desfavorable; si es que acaso detesto yo a las mujeres.

Las primeras veces que escuché esa insinuación, esa acusación, hube de quedar bastante estupefacto. Ni he detestado a las mujeres jamás —¡todo lo contrario!—, ni creía haber sometido mis mujeres ficticias a un tratamiento distinto del que reciben las figuras masculinas con quienes han de convivir en las páginas de mis libros. Después de mucho pensarlo, llegué a la conclusión de que mis interpelantes estarían equivocadas quién sabe por qué defecto de interpretación, pues de hecho el carácter y conducta de cada ser humano —hombre o mujer— imaginado por mí para componer una trama novelesca responde por entero a su propia y peculiar individualidad, sin que quepa atribuirles el calificativo de buenos o malos de la partición simplista usada en la literatura popular. La verdad es que he procurado dotarlos siempre de aquellas ambigüedades cuyo efecto sobre el lector tiende a imitar la impresión que nos dejan en la realidad las personas vivas con quienes tropezamos por los caminos del mundo.

Pero al repetírseme con insistencia el mismo reproche a lo largo del tiempo, y no sin acentos de agravio muchas veces, llegó a preocuparme en serio. Revisé mis escritos, analicé de nuevo mis personajes ficticios y, no hallando base objetiva para recriminaciones tales, vine a pensar que lo que ofende a esas lectoras mías es precisamente eso: que la mujer aparezca en la obra literaria vista como un individuo concreto, de compleja y contradictoria humanidad, en vez de incurrir frente a ella en las tradicionales idealizaciones. De ser así, ello conduciría a consecuencias irónicas, cuando como en estos momentos se encuentra sobre el tapete y tanto se debate el tema de la liberación femenina, que resuena sin duda en las objeciones de esas interpelantes tan celosas.

Y aquí entra el profesor en defensa del novelista. No hay duda, señoras mías, lectoras muy amadas, de que, como resultado del reparto de papeles sociales en el curso de la historia, la literatura de imaginación ha sido escrita en su mayor parte por hombres; en lo principal, y salvo excepciones, ha sido tarea masculina. Ahora bien, la creación poética arranca de las emociones, son las emociones quienes alimentan a la imaginación creadora; y siendo esto cierto, la tensión entre los sexos en cuanto tales sexos, ha debido contribuir muy poderosamente a configurar los caracteres reflejados en ella, es decir, de los hombres y mujeres suscitados mediante recursos retóricos. Parece evidente que en la obra poética se vierten las emociones nacidas de la relación sexual: deseo, ansiedad, esperanza, temor, frustración, felicidad... Por otra parte, y sin necesidad de incidir en los lugares comunes del freudismo, también debe reconocerse la importancia de las emociones derivadas de la relación materno-filial en el acervo de que la actividad poética se nutre. Si ésta ha sido en efecto ocupación del hombre más que de la mujer, nada de extraño tiene que las fuentes profundas de donde brota hayan arrojado una imagen abstracta de esta última que, a la manera de dechado, se impone sobre las concretas figuras femeninas que el escritor diseña, cuando, como es el caso más frecuente aun entre artistas considerables, carece de la madurez necesaria para superar el inveterado prejuicio.

Éste, como todas las ideas preconcebidas, adolece de una

simplicidad confortable, pero engañosa. El conjunto de las emociones diversas originadas en la tensión entre los sexos, que da lugar al cliché corriente —y vacío— de que «todas las mujeres son iguales» (así como al correspondiente en labios femeninos, de que «todos los hombres son iguales»), tiende a polarizarse por cuanto a aquéllas se refiere en dos modelos extremos que, de modo inevitable, se reflejan en el campo de la creación literaria dominada por el sexo opuesto: la mujer como abismo de maldades, la engañadora hija de Eva, la corruptora, falaz, vampiresa, demoniaca, y por otro lado la mujer como pureza suprema, inocencia y bondad inerme, la Madre, la Virgen María consuelo del afligido y refugio del pecador.

En la historia de la literatura esta manera de idealización ha tenido un cultivo tradicional tan ilustre y sostenido, tan coherente, como es la poesía del amor cortés y cuanto de ella deriva hasta el día de hoy; mientras que de la otra parte hay una línea ininterrumpida y no menos tradicional, apoyada a su vez en actitudes de raíz religiosa, que pudiera colocarse bajo la rúbrica «denostación de la Mujer»; y esto, sin contar con el género de las disputaciones, donde variamente puede hallarse tanto el elogio como el escarnio de las mujeres —con todo lo cual encontramos la lucha de los sexos transferida al terreno literario.

En verdad, no habría necesidad de invocar tan específicas muestras. Siendo las relaciones entre hombre y mujer tema predominante en la imaginación poética tanto como en la vida práctica, y dado que su elaboración literaria fue casi siempre ocupación masculina, no es sorprendente que la literatura toda aparezca impregnada de aquellas actitudes básicas que, según lo apuntado, polarizan en el macho humano las emociones suscitadas por la tensión erótica, y que este tratamiento se haya establecido como pauta de general validez. Así, incluso las mujeres que, en épocas diversas, se han ejercitado y destacado en las letras aceptaron con frecuencia los modelos derivados de la visión masculina de su sexo; y sólo en casos de excepcional madurez y penetración poética quedó superado el común cliché. Cuando estas cualidades faltan, prevalece el concepto idealizador —en sentido positivo o en sentido negativo— que la tradición sostiene, y eso tanto si la obra en cuestión se debe a una mujer como si se debe a un hombre. Toda la literatura popular obedece a ese concepto; toda la narrativa popular está informada por la idealización masculina de la mujer, a pesar de que, para ciertos períodos y países, mujeres han sido en abundancia y con éxito las autoras de novelas populares. (Y no quiere esto decir que la invención de héroes literarios masculinos carezca a su vez de patrones idealizadores, que son obvios; pero a las figuras de varón se les suele conceder por razones no menos evidentes el beneficio de la mediocridad, dotándolas de cierto lastre «realista».)

En suma, la rutina literaria nos tiene acostumbrados a unos prototipos que pugnan por imponérsele al escritor cuando ejercita su pluma, y que dominan también las expectativas del lector corriente. Así, aquellas lectoras mías que me llaman a capítulo o me increpan son probablemente de las que esperan hallar en las heroínas literarias, o bien la suma de maldades y perfidias que adorna con el prestigio de un halo infernal a la hembra perversa atribuyéndole poderes invencibles, o la suma de bondades, inocencia y virtud sacrificada que tampoco pertenece a este mundo cotidiano en que nos movemos, pero que, desde las páginas de un libro, despierta simpatías y convoca lágrimas de piedad en las almas sensibles. En cierta medida, las figuras femeninas de mis narraciones primeras, obras de juventud, se inclinan a uno u otro modelo convencional. Ahí podrían hallar quizá lo que esperan. No encuentran en cambio y acaso echan de menos en mis invenciones de la edad madura esa idealización positiva o negativa con que, en abstracto y en el terreno exento de la ficción literaria, gustan de contemplar a la Mujer (así, con mayúscula), y probablemente de fantasearse a sí propias en su imaginación, aunque en el terreno práctico y en los términos concretos de la vida diaria donde prevalece la

prosa cotidiana apliquen a sus particulares amigas y conocidas las caracterizaciones que les sugiera la más pe-
netrante mirada crítica. Piensen, sin embargo, que en mis
novelas más conocidas los personajes, tanto del uno como
del otro sexo, están vistos precisamente a través de los
ojos de los demás personajes con quienes conviven en el
ámbito ficticio —no presentados y juzgados desde fuera
por el autor—, de modo que la acción se da como un tejido de relaciones interhumanas del que (esto es, al menos,
a lo que aspiro) no escapa tampoco el lector. Mi intención
es en efecto implicarlo en la trama, hacer que se sienta
él mismo atrapado en la tela de araña de dichas relaciones
y, de esa manera, identificado con el mundo de las criaturas imaginarias que el escritor por su parte pretende
compartir. Alguna vez me he esforzado por explicar este
efecto de perspectiva. Que ese resultado de identificación
le hace al lector sentirse incómodo, ya lo sé; lo sé demasiado bien. Porque no sólo sienten algunas mujeres que
trato a los personajes de su sexo con despiadada crudeza, sino que también se me ha reprochado (y a veces por
escrito, en críticas muy sesudas) el que presente a los
hombres, al Hombre en general, con crueldad excesiva;
y yo me permito pensar que si lo hubiera hecho con iguales
rasgos, pero permitiendo al lector la distancia suficiente
para que se indignara o se riera —la distancia satírica—,
en lugar de asociarlo emocionalmente, y asociarme a mí
mismo, en el juego, no sentiría el embarazo, la especie de
malestar que en él provoca semejantes reacciones.

Pero es esto lo que me he propuesto al urdir mis relatos;
ése es el aspecto «moralista» en mis proyectos literarios.
Y ¡que las señoras me perdonen mi falta de galantería!

Nueva York, 1976

PLINIO CORTEJA A LA FAMA

¿Habrá sido siempre lo mismo en todas partes? Repasando las cartas de Plinio el Joven encuentro repetidos testimonios de su preocupación por el renombre. En una a su amigo Máximo se expresa así: «Puedo sentirme contento, y confieso que lo estoy, de que mi nombre sea bien conocido. Pues no temo aparecer demasiado ufano cuando puedo citar la opinión de otros y no sólo la mía, en especial dirigiéndome a ti que nunca has sido envidioso de la reputación ajena y estás siempre dispuesto a fomentar la de tu amigo.» Al historiador Tácito, de quien también lo era, lo halaga para pedirle que se ocupe de él: «No fallará mi augurio: tus historias han de ser inmortales. Por eso deseo figurar en ellas: ingenuamente lo reconozco. Solemos tener cuidado de que sólo los mejores artistas retraten nuestras facciones; ¿por qué no habríamos de desear que nuestros hechos sean celebrados por un escritor como tú? Así, voy a contarte algo que no puede haber escapado a tu diligencia, puesto que aparece en las actas públicas, pero te lo refiero para que sepas cuánto me alegrará que esa acción mía... sea ordenada con tu ingenioso relato.»

Si, como repetía Unamuno refiriéndose al catecismo, Dios creó el mundo para hacerse célebre, ¿no será disculpable que un escritor y hombre público, Plinio, corteje de esa manera a la fama? Evidentemente, él aspiraba a un renombre perdurable («tus historias han de ser inmortales»); aspiraba a pervivir en la memoria de las gentes más allá de la muerte. Vanidad será esto, pero es una vanidad noble y, según el pensamiento de Unamuno, radicada en lo más profundo de la condición humana.

Menos disculpable resultará, en cambio, prestar el propio nombre como con demasiada frecuencia lo prestamos los escritores actuales, no a la pluma de un Tácito, sino al manoseo de apresurados y distraídos periodistas que han de estamparlo en hojas efímeras. Pues las trompetas de la fama han sido sustituidas en nuestro tiempo por una algarabía de mal concertados pitos de feria donde todo se mezcla y se confunde.

Me reconozco culpable, no de solicitar la publicidad, pero sí de ceder —¿por debilidad de carácter?, ¿por negligencia?, ¿por escéptica indiferencia?— a sus demandas a veces insistentes. Cuando vuelvo a España no falta nunca quien quiera preguntarme tales o cuales cosas para transmitir mis respuestas al público, y yo cedo, y me someto a la inspección fotográfica y a las implacables máquinas grabadoras, mecanismos estos que, pese a su precisión (y espero que no a causa de ella, sino del modo como son manipulados), devuelven luego en la página impresa una imagen en ocasiones imprecisa y no raramente grotesca del personaje entrevistado que sería yo.

Recientes experiencias me mueven a explayarme sobre los rasgos que se observan en la feria de vanidades constituida hoy por los medios masivos de comunicación pública.

ETERNA FAMA Y NOTORIEDAD EFÍMERA

Si Plinio buscaba y apreciaba la fama, esa fama que él perseguía era resonancia de su nombre en un tono grave de profundidad y duración; era perpetuación de su memoria más allá de la muerte en los ámbitos de la eternidad, mejor que la notoriedad amplia en un presente efímero. Por parecidos que en muchos aspectos sean los tiempos que vivimos hoy a aquellos en que vivió Plinio, los medios de comunicación pública han llegado a hacer tan rápida e invasora la difusión en el seno de nuestra sociedad que todo cuanto entra en los mecanismos de prensa, radio y televisión alcanza presencia inmediata bajo forma de noticia hasta en los más recónditos rincones, sin que nadie pueda prácticamente sustraerse a su conocimiento.

Importa subrayarlo: bajo forma de noticia. Hora tras hora y minuto tras minuto, la población del mundo actual se encuentra sometida a un bombardeo noticioso que no consiente respiro. El aparato informativo ha crecido monstruosamente. Vierte sobre el público un continuo torrente de noticias, y para cumplir esa función de su poderoso organismo ha desarrollado, por su parte, un apetito insaciable de novedades, que le lleva a buscar su pasto aun en los más depauperados terrenos. Incluso en el yermo quiere cosecharlas. Y así, quienes lo sirven tienen que ingeniarse para dar forma de noticia a lo que apenas puede considerarse tal; en caso de desesperación, tampoco retrocederán ante el recurso de inventarlas de arriba a abajo, con la ventaja en este caso de que su rectificación acaso constituya la noticia del día siguiente. ¡Qué partido no hubiera podido sacar la entonces inexistente prensa, radio y televisión del Imperio romano entrevistando a Plinio sobre la erupción del Vesubio que sepultó Pompeya, y de la que por una casualidad afortunada para nosotros le tocó ser testigo presencial!

Pero no todos los días se producen catástrofes semejantes; y aun éstas, por terribles que sean, pierden su novedad demasiado pronto, con lo cual se hace necesario buscar en seguida otras sensaciones. Ahí están para proporcionarlas y nutrir con ellos la imaginación ociosa del público, los chismes de las estrellas fugaces, muy mentadas un día y olvidadas por completo al siguiente; las intimidades de alcoba de gente más o menos conocida, y hasta —en mostración a la vista— el destape de partes de su anatomía que, habitualmente cubiertas por obra de las artes sartorias, solían denominarse pudendas, pues, en efecto, ciertas zonas del cutis antes recatadas pueden de pronto pasar a ser noticia gráfica.

Dentro de este contexto, noticia son también las palabras malsonantes que, con objeto de chocar, se profieren en público o se estampan con destino a la publicidad; pero

noticia que, como las otras, muy pronto se gasta y pierde
su punta para, una vez generalizado su uso, impregnar
un nivel de lenguaje que debiera mantenerse decoroso con
la vulgaridad de la jerga cuartelaria. Y con esto volvemos
otra vez desde la imagen física al retrato de la personalidad
moral.

LA IMAGEN PÚBLICA

Cuando Plinio decía que todos tenemos cuidado de que
sólo los mejores artistas retraten nuestras facciones no hay
duda de que pensaba en hacer buena figura ante la pos-
teridad. Falta saber lo que entendía por buena figura. Es de
suponer que no aspiraba al retrato favorecido como algunas damas frívolas, sino más bien al que reflejara con fidelidad su verdadera fisonomía. No creemos, sin embargo,
que con lo dicho queda resuelta la cuestión. La dama que
desea verse más joven y más bella en pintura o fotografía
y pide al artista que disimule sus posibles defectos, sus
supuestas tachas, no hace sino exagerar burdamente
aquello que todos hacemos frente al espejo: proyectar
nuestro físico hacia un modelo ideal que nosotros mismos
nos hemos fraguado en la mente. No es frecuente que nadie
se sienta satisfecho con la reproducción de su semblante,
y ello no ya a causa de la diferencia entre dicho ideal
subjetivo y la realidad, sino también porque nadie puede
verse nunca a sí propio a través de la mirada ajena, con
lo cual la apariencia propia captada por los ojos de otro
tiene que parecerle extraña, quizá inaceptable, quizá ofensiva. El artista interpreta siempre; hasta la cámara fotográfica, que al comienzo se consideró capaz de impasi-
ble reproducción del objeto, es —¿quién lo ignora?— un
mero instrumento en manos del que con mayor o menor destreza y en ocasiones con malignidad satírica lo
maneja.

Pese a todo, el lado gráfico de la exposición a que la
persona pública de uno u otro sexo está sujeta hoy es, en

general, plausible. Los recursos técnicos se encuentran casi sin excepción servidos por profesionales muy diestros, y aunque lo más corriente sea que el escritor o el político desmerezcan bastante frente al «glamour» de toreros, cantantes y «playboys» o de esas mujeres cuya desnudez ilustra las páginas de las mismas revistas donde aquéllos vierten sus opiniones, lo cierto es que por este lado no hay mucho de qué quejarse.

Pero cuando Plinio se refiere al retrato pintado lo hace por comparación. Solicitaba de su amigo Tácito, no una imagen física, sino moral, y era su personalidad de hombre público la que, a través del historiador, quería que el mundo futuro conociera. También en las entrevistas de prensa, radio y televisión, que, para llenar —o rellenar— sus espacios informativos, se requieren de políticos, escritores o científicos, son los contenidos (digámoslo así) intelectuales lo que constituye la fisonomía moral que uno aspira a ofrecerle al público.

Ahora bien, en cuanto atañe al contenido «intelectual» de unas declaraciones públicas, es claro que también políticos, escritores, hombres de ciencia, etc., tenemos derecho a emitir cada cual las necedades, boberías y disparates que se le ocurran; pero a ellas, cuando surgen, y aun sin que surjan, hay que agregar muchas veces las que generosamente le atribuye el entrevistador de su propio acervo. No es raro que quien acaso se ha esmerado en formular con exactitud su pensamiento sienta una contrariedad, que, según temperamentos, puede ir desde el mero fastidio hasta la más furiosa rabieta, cuando lo encuentra falseado, deturpado o romo en la versión ofrecida a general conocimiento. El retrato moral será así para él todo lo contrario de halagüeño, y este resultado puede haberse debido a diversas causas: a la intención por parte del entrevistador de autorizar opiniones o convicciones suyas poniéndolas en labios del personaje más conocido o reputado; al deliberado propósito de denigrarlo presentándolo a una luz desfavorable, o a simple torpeza, ligereza y desatención.

Si este último caso merece, desde el punto de vista ético, ser contemplado con alguna benevolencia, pues al fin el daño se ha producido de buena fe, quizá sea, en resumidas cuentas, el más lamentable de todos.

LA «INTERVIEW» COMO EXTORSIÓN Y COMO AGRESIÓN

El arte de entrevistar para el público es un arte complejo; exige del que lo practica condiciones de sutileza, de tacto, de cultura, que no muchas personas poseen. Yo debo reconocer que, como objeto de «interviews», he sido especialmente afortunado, tanto que he podido complacerme recogiendo en libro algunas de las mejores que se me han hecho. Sin embargo, a lo largo de mi larga vida no le han faltado a mis palabras ocasiones de sufrir alguna deplorable deformación entre la boca y la página impresa. El primero, y quizá el más serio de esos accidentes, se produjo cuando en mayo de 1936 viajé por vez primera a Sudamérica para dar allí unas conferencias. La sola mención de esa fecha basta a evocar la atmósfera de delicada tensión política que por entonces envolvía al mundo y particularmente a España misma. Al tocar el barco en Montevideo vino a pedirme unas declaraciones cierto redactor del vespertino *Crítica*, de Buenos Aires, y yo contesté a sus preguntas con respuestas muy medidas y calculadas, con opiniones de suma cautela, con juicios moderadísimos acerca de las figuras políticas que en aquella sazón dominaban nuestro escenario público. Luego, al desembarcar en la capital argentina, compré el periódico que los vendedores voceaban, y me encontré, estupefacto, con que se me hacía decir todo lo opuesto a lo que realmente había dicho, y aparecer así como un desaforado energúmeno. Los amigos a quienes consulté en mi consternación me disuadieron de rectificar nada, pues de hacerlo correría el riesgo de que se sacara ahora partido de mi rectificación tergiversándola a su vez maliciosamente. Por lo demás, me consolaron asegurando que nadie hace mucho caso ni toma muy en serio lo que se lee en el diario sensacionalista de la tarde.

Es éste un ejemplo, y ejemplo clamoroso, de cómo la mala fe y la desaprensión de un periodista puede, para arrimar el ascua a su sardina política, abusar a mansalva de un sujeto desprevenido: el joven profesor que llegaba de España.

En cuanto al segundo de los motivos señalados para falsear las declaraciones de un entrevistado o de provocarle a hacer las que no quisiera (a saber, el propósito de denigrarlo haciéndole aparecer a una luz turbia), es algo que en esta época de publicidad sin escrúpulos ha llegado a convertirse en todo un estilo, del que es maestra en el campo internacional cierta periodista italiana, cuyo nombre falaz recuerda a la vez el *Amadís* y *A la recherche du temps perdu*. Se trata de crear un clima dramático mediante preguntas impertinentes y osadas, hostilizando al interrogado con una técnica policial encaminada a desconcertarlo, sacarle de sus casillas y hacerle perder pie, hasta haber logrado una sensación —hasta haber producido un suceso— en presencia del público. Hará como un año pude ver en la televisión neoyorquina una entrevista «en vivo», donde el conocido escritor Gore Vidal recibió del conservador William Buckley (si no recuerdo mal, éste era el entrevistado) respuestas adecuadas tan vivaces que todo terminó en un intercambio de improperios, con insultos inauditos. Por suerte, yo nunca he sido víctima de este «new style». Sólo recuerdo que, durante una entrevista radial en la ciudad de León, el joven periodista me «agredió» inquiriendo cómo yo, español, me atrevía a hablar con un deje argentino. Hubiera preferido sin duda el muchacho oírme un acento leonés o, si esto no era posible, al menos catalán. Pero ello no tuvo más alcance que el de una ingenuidad de aprendiz.

En cambio, sí he padecido a veces los descuidos e inexactitudes que son tercera causa, la más frecuente, de esas deformaciones a que me vengo refiriendo.

LA «INTERVIEW» COMO CHAPUCERÍA

Siendo, pues, éticamente el más disculpable, resulta quizá el más dañino ese deterioro de la imagen de un hombre público producido por negligencia, torpeza o desatención de quien la presenta a través de una «interview», y ello, entre otras causas, por su mayor frecuencia.

En la actual sociedad de consumo, con unos medios de comunicación en masa de eficacia técnica tan fascinante, el aparato de la publicidad se esfuerza, en una situación competitiva, por ofrecer a la curiosidad general siempre nuevos materiales que mantengan despierta la expectación de la gente. Los diarios y revistas ilustradas proliferan, la radio y la televisión multiplican sus programas y canales extendiendo su actividad en el tiempo hasta colmarlo, hasta emitir sin interrupción durante las veinticuatro horas del día; y esto conduce a un crecimiento desmesurado. Incesante, frenéticamente, se hace necesario suministrar a la voracidad pública, estimulada de manera artificial, alimentos siempre nuevos (aunque sea sólo nuevos en apariencia), noticias, sensaciones. Y para lograrlo, se echa mano de todo: hay que llenar el tiempo y el espacio. A falta de algo mejor, ahí estamos, por ejemplo, los escritores, deseosos de exhibirnos y hacernos valer.

En trance de «interview», la vanidad del escritor puede sufrir castigos que en cambio no ha de padecer la de otras celebridades, efímeras pero rutilantes, pues acaso descubra que quien, armado de máquina grabadora, acude a recoger sus tal vez sibilinas palabras trae acerca de su persona tan sólo una idea muy vaga, de segunda o tercera mano, y ni siquiera ha tenido holgura o paciencia para informarse, no ya del contenido, del título mismo de sus libros. Aprendiendo humildad de ese escarmiento, acaso opte por brindarle sus opiniones, no al descuidado y perezoso entrevistador, sino a la máquina de que es custodio, y procure forzar las anodinas preguntas que aquél le hace. («¿Cuáles son sus posiciones políticas?», a quien se ha pasado la vida expresándolas por escrito. «¿Cómo cree usted que debe ser una novela?», a quien se dedica a componerlas), para apoyar en ellas algunas apreciaciones que considera precisas o peculiares, y aun luminosas. La máquina, claro está, recoge fielmente el dictado del oráculo; pero el intermediario no va a poner después más atención para escuchar la cinta grabada que la que prestó a los labios de la esfinge, y así al transcribirlas y adobarlas las transformará en simplezas tan anodinas como la pregunta misma. Peor aún: extraerá de su texto, para destacarla en caracteres gruesos, alguna frase que, desquiciada y fuera de contexto, resulta llamativa o chocante —es decir, en cierta manera sensacional—, pudiendo valer como noticia.

EL ARTE DE LA «INTERVIEW»

¡Qué diferente es todo cuando el entrevistador sabe por dónde se anda y conoce el terreno que pisa! Bien practicado, el arte de la «interview» supone una colaboración en la que la iniciativa corresponde por entero al que interroga. Su actividad puede, en verdad, compararse a la del retratista, quien, para interpretar a su modelo, tiene que haberlo estudiado antes cuidadosamente y dirigir luego sobre él una mirada crítica, pero comprensiva, como la crítica ha de serlo, pues un crítico lo es también el entrevistador. De esta manera conseguirá sacar a luz las realidades profundas, poner de relieve los matices significativos que escapan a la observación superficial, haciendo que su obra, importante como es para revelar la esencial personalidad del modelo, invista a la vez validez propia e independiente.

Muy bien sabía Plinio lo que le convenía a su fama al solicitar su retrato moral de la pluma de Tácito. Tácito y Plinio no tienen muchos equivalentes en nuestro tiempo ni en tiempo alguno; pero dentro de las circunstancias que a cada cual le han sido dadas, es suerte envidiable la del escritor que ve su figura abordada con destino a la publicidad por alguien —periodista profesional u ocasional— dotado de sentido hondo y percepción aguda, creador literario él mismo, suerte que a mí me ha tocado más de una y más de dos veces. Pues, aun dentro de la confusa y mediocre abundancia de nuestra sociedad de consumo, la calidad subsiste pese a todo, y tiene lugar.

Madrid, 1977

UN TEXTO Y SU INTERPRETACIÓN

INCIDENTE

La plácida monotonía de estas vacaciones veraniegas, en las que cada día es tan parecido al anterior como cada ola a la que la ha precedido o la sigue hasta nuestros pies, no da mucho que contar. Todas las mañanas y todas las tardes nos regalan con la misma infalible hermosura. Y esta hermosura quieta nos invade, penetra dulcemente en nuestros miembros, y nos hace olvidarnos de nosotros mismos: la pereza es un suavísimo, delicioso veneno.

Y puesto que algo debo contarte, puesto que me has conminado a no limitarme y cumplir una vez más con la socorrida postal de siempre, te referiré un pequeño incidente del que casi fuimos testigos ayer en la playa: toda una sensación, en medio de tanto sosiego.

Aquí, en estas playas del sur —es sabido— nada llama la atención hoy en día. Nadie se vuelve a contemplar el cuerpo maravilloso de Venus surgiendo, en versiones diversas, del *mare nostrum*, ni desvía la vista ante los cuerpos grotescos de obesidad o parálisis que con igual impudor se ostentan sobre el oro molido de las arenas. Así, apenas si nosotros habíamos reparado en un extraño ser que, cerca de la nuestra, vino a echarse en una de las colchonetas tendidas en fila frente al borde del agua. Ni siquiera la curiosidad de averiguar si era hombre o mujer ocupó mucho nuestra vaga imaginación. Con demasiada frecuencia suele presentarse ahora duda semejante, y no sólo por razón de la vestimenta unisex o de la licencia en arreglos capilares, sino aun por la indeterminación misma de las formas corpóreas exhibidas al desnudo. En este caso, la duda provenía más de lo encubierto que de lo visto. Una cabeza rasurada a navaja, unas facciones oscuras

sobre las que relampagueaba una dentadura muy blanca
y una mirada muy negra, era todo cuanto sobresalía de la
túnica color turquí que envolvía hasta los pies a la figura
yacente. ¿Hombre o mujer? Poco importaba. Y ¿de dónde
habría venido? Las playas estaban pobladas de extranjeros: escandinavos, británicos, holandeses, alemanes,
mostraban en grados diferentes el proceso bronceador operado por el sol mediterráneo sobre la láctea blancura o el
rosado de jamón de York que su cutis traía del invierno
nórdico. Esa cabeza rapada, ahí al lado nuestro, y esa cara
renegrida, ¿de dónde habría venido? Pero ¿qué podía im-
portarnos ello? Bajo su toldo parecía reír extrañamente
en la penumbra como un curioso animal encuevado,
mientras que enfrente, a todo lo largo de la playa, rebri-
llaba la arena, refulgía el agua, saltaban sus espumas en
oleadas sucesivas, y alrededor de las corolas enormes de las
sombrillas rojas, verdes, azules, amarillas, floreadas, fes-
toneadas, se agrupaban los bañistas y jugaban, afanados
con sus cubitos y palas, multitud de niños que sólo acaso
levantaban la cabeza al oír el pregón del heladero vestido
de blanco o de la vendedora de fruta con su canasta llena
de cerezas, ciruelas y priscos, o bien acudían a recoger
y coleccionar tapas de botella junto al bar de la caseta
redonda donde bebían su cerveza, su whisky o su coca-
cola algunos adultos oyendo sin escuchar la infatigable
radio que tan pronto tocaba pasodobles y boleros como
las quejumbres arábigas emitidas desde la próxima costa
marroquí. ¿Provendría de Marruecos esa rara persona
tendida cerca de nosotros con su cabeza mocha y la chi-
laba azul? ¡Quién sabe! Las horas muertas llevaba ahí,
hablando entre dientes y riéndose (pero ¿qué otra cosa
hacíamos nosotros mismos sino holgazanear también de
la mañana a la noche?) cuando una preciosa niñita rubia
se nos acercó y nos distrajo por un rato al mostrarnos
las conchas y diminutas caracolas que había encontrado
en la playa. No podíamos hablar con ella, no conocíamos
su idioma, no entendíamos sus palabras; pero sí comuni-
cábamos mediante la mímica del gesto, admirando con

énfasis cada uno de los pequeños objetos que, entre sus deditos, presentaba a nuestra vista. Tenía unos ojos azules muy vivaces, y rizoso el pelo en menudos caracolillos dorados —hija probablemente de alguna de aquellas nórdicas bañistas que se tostaban al sol.

De pronto nos sacó de nuestra distracción un cierto revuelo; oímos voces, gente que corría. Algo había ocurrido, sin duda, un poco más allá, junto a otro de los merenderos que, con sus banderolas y musiquillas, se sucedían a lo largo de la playa. Levantamos la vista, medio incorporados ya. El extraño sujeto de la colchoneta vecina había desaparecido, pero al pronto no se nos pasó por la mente relacionar con su ausencia este revuelo producido más allá en el balneario. Pensamos en uno de tantos incidentes: siempre hay algún nadador inexperto a punto de ahogarse, alguna disputa sin consecuencias. O a lo mejor, nada de eso: quizá el gitano que, con un mono trepado al hombro o un cachorro de pantera en los brazos, solía recorrer los puestos invitando a los turistas a que se fotografiaran con sus animales, había aparecido trayendo algo nuevo que causaba expectación. Pero de pronto se oyó la sirena de una ambulancia y volvimos a nuestra primera conjetura: un nadador imprudente, un accidentado, o acaso un enfermo repentino.

En fin, también nosotros nos levantamos y fuimos hacia el lugar donde se aglomeraba la gente. No era lejos, pero sobre la arena se anda despacio. Cuando llegamos, ya el motivo de la general excitación había desaparecido. En tanto nos acercábamos, otra vez había vuelto a oírse la sirena de la ambulancia, y sólo encontramos al llegar los grupos que quedaban comentando el suceso. Inquirimos. Lo ocurrido era: que un hombre y una mujer —se nos dijo— habían reñido, hiriendo a un niño pequeño que se metió por enmedio; que la pelea —se nos dijo— se había ocasionado cuando un veraneante intentó raptar a una criatura, arrancándola casi de los brazos maternos; que la niña (pues había sido una niña) herida (según otros, muerta) en la refriega era hija de una de las contendien-

tes (ya que, al parecer, la riña fue entre dos mujeres);
que la agresora (y, por los detalles con que nos la describían, pronto caímos en la cuenta de que lo había sido
nuestra vecina de colchoneta, aquella estantigua) había
pedido prestado un cuchillo en el mostrador del restaurante, apuñalando con él a una niñita de pocos años; que
la madre de la víctima, al ver cómo esa figura estrafalaria se apoderaba de la aterrorizada criatura, salió en persecución suya enseguida, aunque no pudo impedir que le
clavara el cuchillo en el pecho...

En el periódico local hemos podido enterarnos hoy de
más detalles quizá un poco menos imprecisos; entre otros,
que la agresora —una demente, con toda seguridad, y tal
vez drogada— había declarado a la policía mediante in-
térprete que, debiendo matar a alguien ese día, creyó
—y se reía al decirlo— que en un niño le sería más fácil
ejecutar su tarea. ¿Qué te parece? Este incidente da materia desde ayer a todas las ociosas conversaciones del
balneario. Mientras saborean sus helados o beben sus re-
frescos, chicos y grandes lo comentan interminable y repetidamente. En cuanto a la pequeña víctima, una encantadora nenita de cuatro años que estaba acompañada de
sus padres y hermanos, continúa hospitalizada en estado
comatoso, según la información del diario.

LA INVENCIÓN LITERARIA (A propósito de *Incidente*)

Últimamente me han preguntado varias veces —para
«interviews» de prensa o en conversación privada—, y sobre
todo me he preguntado a mí mismo, acerca del proceso
de la creación poética. Esta noche, desvelado, me acude a
las mientes algo que, en un caso concreto, puede iluminarlo
hasta cierto punto de la manera como a ratos lo hacen
los ejemplos. Se refiere ese algo a mi más reciente prosa.

El verano pasado, entre junio y julio, estando con mi
familia en la playa de Fuengirola, tuvo lugar allí, muy

cerca de nosotros, un hecho de sangre que produjo conmoción entre los veraneantes. Me impresionó, como a todo el mundo; y pasados algunos días sentí deseos de darle al episodio forma literaria. Redacté el trabajo, y le puse como título el de *Incidente*. Todos los detalles recogidos en esa página son reales. Quiero decir que para componerla no tuve necesidad de usar otros materiales sino los ofrecidos por el acontecimiento mismo. Me bastaba con seleccionar aquellos que me parecían significativos y organizarlos dentro de una estructura coherente.

Puesto a ello, ¿cuál sería, ante todo, la mejor manera de presentarlo? Quizá porque la índole misma de lo ocurrido lo sugería así, quizá también porque en varias ocasiones había empleado ya antes el estilo de la información periodística para configurar invenciones literarias, mi primera intención fue darle la forma de noticia destinada al público. Pero pronto caí en la cuenta de que esa forma lleva consigo implícito un elemento de sensacionalismo que subrayaría lo dramático del suceso referido; y esto contrariaba mi propósito de anegar en la trivialidad cotidiana un hecho que era en sí profundamente conmovedor y que, en efecto, me había conmovido mucho, a mí como a todos: de repente, inesperadamente, sin causa ni motivo, en medio de un ambiente apacible, alguien viene y hunde un cuchillo en el pecho de una criaturita descuidada y feliz. La atroz absurdidad de este hecho requería que se lo colocara sobre un fondo de frívola distensión. Un relato de tipo periodístico hubiera aislado el suceso destacándolo hacia el primer plano. Para diluirlo en cambio dentro del ambiente despreocupado y festivo de un balneario apelé entonces a la forma epistolar. Él debía estar a cargo de un veraneante que, teniendo poco que contar, lo usa para rellenar un pliego en carta dirigida a quien se le había quejado de la parvedad perezosa de sus previas tarjetas postales. Convertido así en incidente, el terrible acontecimiento servirá de pretexto para salir del paso y cumplir una obligación social.

Una vez decidido esto, era ya cuestión de crear esa at-

mósfera distendida y hasta si se quiere un tanto tediosa
de las vacaciones. La acumulación y ordenación de par-
ticularidades conducentes a ello sería obra del arte o ar-
tificio del escritor, en que estoy bastante ejercitado. No he
de señalar aquí los recursos estilísticos de que eché mano:
están a la vista, y pueden detectarse en una primera o
acaso una segunda ojeada al texto. Sólo declararé una dificultad, y cómo procuré vencerla.

Consistía esa dificultad en que la víctima del atentado
insensato era y debía ser una niña cualquiera de entre
aquella chiquillería bulliciosa. El narrador no había de
haberla visto, ni presenciado el «incidente» que relata.
De otro modo, es decir, individualizándola ante los ojos
del lector, ya dejaba de ser una niña cualquiera; quedaba aislada del conjunto, sacada de la indeterminación;
y con ello, el hecho perdía algo de esa condición casual,
de esa absurdidez que lo hace más terrible. Para salvar,
pues, el anonimato y la indeterminación de la criatura
agredida, y al mismo tiempo dotarla, aunque fuera vica-
riamente, de la concreta existencia, de la corporeidad plástica que, por otro lado, es indispensable para lograr el
pleno efecto literario, hice que entrara antes en escena
otra niña cualquiera, dándole una presencia intensa ante
nosotros (esto es, ante el lector) y revistiéndola con una
aura de ternura que, de antemano, concita una carga
emocional destinada a recaer en seguida sobre la descono-
cida víctima de la agresión.

En fin, el relato quedó redactado lo mejor que pude,
y listo para publicarse.

Pero, como antes decía, en los ociosos devaneos del
desvelo me he dado cuenta esta noche de que hay en él
algo que quizá a un crítico pueda parecerle obvio, pero
que yo, el autor, he introducido ahí sin advertirlo; algo
que alcancé por vía inconsciente o, si se prefiere, subconsciente; y es esto: que la figura de la agresora cumple, ni
más ni menos, una personificación de la Muerte. Para empezar, resulta ser una mujer (en español, la Muerte pertenece al género femenino); pero ello no se descubre a

primera vista, pues, en medio de tanto cuerpo desnudo, su carnalidad, ya que no ausente como en el tradicional esqueleto, está oculta bajo una túnica; y su cabeza, monda de cabellos como una calavera. Tiene una risa siniestra; y se mueve entre nosotros misteriosa, sinuosa y tácita, ignorada, sin que pueda predecirse por dónde va a atacar. Estamos descuidados, distraídos, felices; su amenazadora vecindad no nos espanta; cuando, de pronto...

Todo esto, que constituye sin duda el sentido profundo de mi «poema», es por demás evidente. Yo lo percibo ahora con entera claridad; es diáfano. ¿Cómo habrá sido posible que se me escapara antes de este instante?, ¿que lo haya expresado, y tan cabalmente, sin proponérmelo?

A vueltas con mi perplejidad, recapacito. Todos los hechos aducidos en el relato fueron tomados de la realidad, tal cual la experiencia me los había ofrecido, sin más alteración que la impuesta sobre ellos por su ingreso dentro de una estructura artística. Y esa mujer extraña que en dicha estructura asumirá la personificación de la Muerte fue descrita por mí según apareció cierto día sobre la playa de Fuengirola, según pudimos en efecto verla moverse entre nosotros. Al caracterizarla no pensaba yo, no sabía que estaba pintando una imagen de la Muerte, y que la pintaba con rasgos no muy distintos de los convencionales; que estaba escribiendo una alegoría —o parábola— del destino mortal de la Humanidad.

Intuitivamente capté, pues, el sentido trascendental del episodio, y le di forma —una forma que (ahora lo descubro) preserva y acaso es capaz de transmitir aquella oscura intuición mía de la que hasta hoy no tuve conciencia.

Nueva York, 3 de octubre de 1975

EL MUNDO A LA ESPALDA

ENTRE PALOMAS Y RATAS

Sobre Buenos Aires, una densa población de palomas exorna las cornisas y decora la Plaza de Mayo. (¡Ay, cómo inquieta la sospecha de que los campanarios de San Francisco, ahí al lado, pudieran ser cazadero de incautos pichones!) Niños y funcionarios jubilados fraternizan en el césped con las solemnes, lentas, pomposas y pesadas aves, a quienes el Estado confía, amén de algunos servicios auxiliares en el ramo de Guerra, la misión de simbolizar la patriótica emoción de cada aniversario.

No menos prolíficas ni peor nutridas, las ratas, cuya población habita de ordinario los sótanos, vertederos y cloacas de la ciudad, pero que a veces asoma, impávida, a la superficie, son, en cambio, combatidas con intermitencia por el propio Estado (Secretaría de Sanidad); pero el país, opimo, las alimenta, y prosperan.

Entre cielo y subsuelo, mientras tanto, una espesa humanidad —nosotros— se aglomera, se afana, se desvive.

Otoño de 1948

LA CIUDAD Y EL CAMPO

En el tono de las noticias pintorescas referían hace poco los diarios el caso de un viejo militar portugués que, emigrado en París desde hace quién sabe cuánto tiempo, había sido detenido por la policía cuando, en una plaza pública, abatía descuidados gorriones con una honda de goma. Dos pájaros yacían ya, parece, sepultados en el fondo de sus bolsillos.

A mí, esta regresión selvática en plena urbe —me imagino al pobre general *faminto*, con su barbita cana y el cuello planchado, acechando a su presa tras de un árbol municipal— me ha traído a la boca un sabor amargo, y al oído un eco de... *Votre récépissé, monsieur!*

Invierno de 1948

LA LUCHA CONTRA EL FASCISMO

Hoy la Editorial Losada ofrecía un banquete a Juan Ramón Jiménez. Alrededor de su barba se congregó el surtido habitual: unas cincuenta personas, cuyo contacto tenía que producir a la postre un precipitado miserable. Pero estábamos en el comienzo, y aún imponía el poeta su triste dignidad a la mesa, cuando, por encima de ella, me alargó Saint-Jean una foto, explicándome sin soltarla todavía que cierto marino conocido suyo, a la hora de la liberación presente en París, había podido registrar ahí el vejamen infligido a la amante de Otto Abetz (Corina Luchaire, creo; una artista) por una multitud que, no satisfecha con raparle la cabeza, la desnudó en mitad de la calle, y hasta la hubiera linchado sin la intervención de los soldados norteamericanos. Dos de ellos, en efecto, aparecían en la foto, descompuestos y gritones, llenos de risa, sosteniendo por las axilas a una mujer en cueros vivos cuyo único adorno capilar era el que negreaba con abundancia en el bajo vientre; su cabeza pelona se vuelve, airada, contra el barullo de mujeres y chiquillería aglomerados a sus espaldas.

«¿Eh?, ¿qué le parece?», me pregunta el señor Saint-Jean con los ojillos relucientes en medio de su cara abotargada. (Este bueno de Saint-Jean es un liquidador de averías marítimas, y síndico de la Editorial Losada, S. A.; comilón y bebedor, *gourmand*, *gourmet* y *bon-vivant*.) La foto pasó luego de mano en mano en ese rincón de la mesa. Y yo, como no dije entonces lo que me parecía, y contesté con preguntas, quiero reseñar ahora mi impresión. Por lo pronto, suscitó en mi memoria los noticiarios del final de la guerra, donde se exhibía con regocijo la operación de trasquilar

a las «colaboracionistas» francesas (¡qué putas!) al tiempo
que, con no menor complacencia y para edificante contraste, se mostraba el recibimiento que las patriotas, abra-
zándose a los soldados americanos, tributaban a las fuerzas
libertadoras. Después acudieron al recuerdo otros muchos
noticiarios de guerra, que proponían a la indignación las
atrocidades del adversario, y alardeaban de las propias...
Nunca olvidaré aquél donde se veía quemar vivo a un
gordo japonés, perseguido por el chorro implacable de un
lanzallamas. Mi hija, a quien yo había convidado al cine
—era esto una hermosa tarde diáfana de 1945 en Río de
Janeiro— dio un grito de espanto y rompió a llorar, ta-
pándose los ojos con una mano, a la vez que con la otra
me oprimía el brazo.

17 de septiembre de 1948

VISITA AL MUSEO DE HISTORIA NATURAL

Oída la misa, resuelvo —apenas son las once menos cuarto— pasar el resto de esta mañana de domingo en las desiertas salas del museo. El museo de Historia Natural está enfrente de la iglesia: atravesando la soleada plaza, en un momento me traslado desde la penumbra del templo, llena de incienso y músicas, a la penumbra helada del museo.

Ya estoy aquí; ya discurro por entre las vitrinas que exhiben clasificados esqueletos: las especies animales, a partir de lo más simple, se ordenan y escalonan para ofrecer al fin, con un par de osamentas humanas —macho y hembra—, la evidencia de que la Naturaleza es una. La Biblia y la Ciencia nos lo habían asegurado; ahora nos entra por los ojos; lo veo: nosotros, yo, pertenecemos a esta serie, somos una variante del mismo barro, y estamos emparentados con todos los otros mamíferos, con todos los demás vertebrados, con el ave, con el reptil. ...Mi cuerpo se sostiene en una estructura ósea análoga a ésa, parecida a esas otras; no son distintas mis manos, que miro y remiro, mi caja torácica, que siento dilatarse a compás, el cráneo que encierra mi pensamiento incesante...

Alineada al extremo de esta larga serie, la calavera —símbolo respetable de muerte y de eternidad— produce un raro efecto cómico. Solíamos asociarla con el crucifijo, con un libro santo, con la mano elocuente de un San Jerónimo, y ahora se nos muestra sórdidamente ligada, como última etapa, a las formas de la evolución animal. Y también la variedad de las especies vivas, que, aun aprisionada en un parque zoológico, nos azora con la riqueza

de su misterio, resulta aquí risible, reducida al esquema
de sus huesos. Pero ¡ay! ¡tácita risa de espanto! La evidencia irrecusable de mi parentesco, de la afinidad del esqueleto que llevo dentro de mí con todos esos esqueletos
ya descarnados que se escalonan en las vitrinas del museo,
me asusta y me asombra y me subleva, y —al forzarme
por la razón— me hace sentir mi estada en la tierra, este
mi pertenecer a la naturaleza, como una prisión en la que
estoy sin saber por qué culpa o —como Segismundo
clama— por el solo delito de haber nacido.

ADÁN Y EL CRISTO

Ese esqueleto humano que, inmediato al del antropoide, ahí en la vitrina del museo, una vez y otra y siempre de nuevo atrae mi atención (pues no puedo dejar de ver en el incógnito individuo a quien perteneció, en ese hombre concretísimo y único, con su vida intransferible, el punto por donde yo mismo, con mi propio ser, estoy inserto en la escala zoológica), este esqueleto que fue el de alguien, pero que ahí se nos da como una muestra genérica, a fuerza de estarlo mirando, con su clavícula sumaria, las costillas ligadas al esternón y sus escuetas rótulas y tibias, me sugiere la imagen flaquísima del Cristo que, poco antes, presidía sobre el altar la misa, entre oleadas de incienso. Aquella corporeidad realista, de huesos y tendones y desollones y magulladuras, me hace pensar, con estupor primero y luego con la más tranquila convicción, que también Jesucristo Nuestro Señor entra en las clasificaciones de la Historia natural, no menos que yo mismo, y que el incógnito individuo a quien perteneció este esqueleto. Pues, incomprensible como es, el misterio de la humana encarnación del Cristo es el misterio de toda encarnación humana, patente en cada uno de nosotros, sin que sepamos dar razón de él —tan cierto es que todos somos hijos de Dios.

Se propende hoy demasiado, aun por los que se dicen fieles creyentes, a tomar el misterio en un sentido meramente simbólico, diluyéndolo así en trivialidad por miedo a encararse con él. Si la encarnación del Cristo no fuera más que expresión singularizada y absoluta de un hecho plural y muy cotidiano para cuyo sentido esencial, aunque tremendo, nos embota la repetida experiencia, una fe religiosa revestida de rituales rutinas podría anegarlo, hundirlo en el anonimato de la costumbre. Mas no: la encarnación del Cristo se produjo efectivamente una vez en el tiempo, en la historia; Dios se hizo hombre *hic et nunc;* nació de una madre, María, en un lugar, Belén, como judío bajo el Imperio romano, en determinada fecha, con una personalísima apariencia corporal, una fisonomía por la que era identificado de sus conocidos, una voz que sus familiares y amigos tenían por suya, por *la* suya, y un carácter propio, y unos ademanes y gestos peculiares. Más bien que simbolizar cualquier encarnación humana, las encarnaciones innumerables de los hombres son las que pueden en algún modo —pues están junto a nuestra personal experiencia— aproximarnos a la divina encarnación de Jesús.

EL MILLÓN DE IVANES

En estos días he visto asomar a las letras dos nuevos Francisco Ayala: uno en Méjico, Francisco Ayala C., que figura entre los editores de un cuaderno titulado *La espiga y el laurel*; el otro, Francisco Javier de Ayala, en España, prologando un libro cuya traducción se anuncia. Esto me ha hecho recordar que cuando —en 1925— apareció mi firma en Madrid como autor de una novela, supe no sin asombro que el entonces tan prestigioso don Ramón Pérez se sentía molesto de que otro Ayala viniera a disputar la gloria literaria cifrada en el rótulo de la calle Ayala que, ambiguamente, cubría ya al viejo canciller don Pedro López, a don Abelardo, y a él mismo, y que, en verdad, no sabía yo a quién estaba referido —tal vez a ninguno de ellos, sino acaso a algún concejal meritorio de finales de siglo—, pues la forzada popularidad del nombre de una calle se sobrepone en seguida a la de su originario titular...

La desazón de Pérez de Ayala me pareció entonces cosa rara, y me lo sigue pareciendo. Más se justifica, a mi ver, la irritación que experimenta actualmente ese incógnito Francisco Ayala que figura detrás de mí en la guía telefónica de Buenos Aires: Seoane, el pintor, que lo llamó por equivocación —y sin duda no era el primero en cometerla— obtuvo una iracunda respuesta: «Sí, señor, sí, Francisco Ayala; pero ni soy escritor ni nada.» Yo mismo hube de sentir semejante aniquilamiento cuando, licenciado del ejército, en 1928, al solicitar permiso de la Capitanía General para salir al extranjero, supe que varios «Ayala, Francisco» tenían en trámite igual solicitud. ¡No somos nadie!, pensé, abrumado; y me sentí por vez primera tan anónimo en mi nombre propio como cualquier

José Pérez o Manuel Rodríguez... Curado de espantos, me resultó en cambio divertido, hará como cinco años, el episodio de Concordia, Entre Ríos, a donde había ido para dar una conferencia. El entusiasta Sampay, que me invitara, trajo ante mí a un criado suyo, un mocito avergonzado, que ansiaba conocerme porque —explicó— también él se llamaba Francisco Ayala. ¿Cuántos seremos? ¡Multitud! *El millón de Ivanes*, ¡qué angustioso, este título de novela rusa; pensar: también yo soy un Iván; *yo no soy más que una de tantas unidades en el millón de Ivanes!*... Si el Día del Juicio un ángel-sargento vocifera: «Aquí, a formar de diez en fondo, todos los que se llamen Francisco Ayala» —¡quién sabe cuántos nos reuniríamos, procedentes de España, de América, de 1218, de 1524, de 1936, de 2021 (a menos que no haya sido antes de esta fecha el Día del Juicio)!— Entre toda esa multitud de homónimos, yo sólo conocería —aparte el indiecito de Concordia, cuya cara he olvidado— a mi padre, Francisco Ayala. (Después de la guerra civil publicaron en España los fascistas un libro en honor de las víctimas asesinadas por los rojos. En las listas —con terror pude verlo— figuraba un *Francisco Ayala, abogado:* exactamente como hubiera figurado el nombre de mi padre si, triunfador el bando republicano, se hubiera hecho —y es inevitable que esas cosas se hagan— un libro análogo en honor de las víctimas asesinadas por el fascismo.)

Septiembre de 1948

DESDOBLAMIENTO

En estos días en que brotan como hongos los Francisco Ayala en el campo literario, yo me he desdoblado en dos: he firmado el prólogo a *Los usurpadores* con el nombre F. de Paula A. García Duarte, fingiendo ser el de un periodista y archivero de Coimbra. José Luis Romero que lo ha leído, me gasta una broma: «Se ve que al prologuista le gustan muchísimo tus cuentos», dice; y ¡si supiera él la ansiedad que me produce publicarlos! ¡La inseguridad que siento! Sin embargo, sé que esas novelas están por encima de la opinión común y que —desde luego— pertenecen a un plano literario muy alto. Precisamente he escrito ese prólogo con el designio de decirle a la gente que el libro es bueno, que se fijen en esto, y en lo otro, y en lo demás allá; en fin, con ánimo de orientar al lector, para emplear una fórmula decente. Como no existe crítica, y la vida literaria es paupérrima, uno tiene que suplir a todo.

Primavera de 1948

LOS GORRIONES

Estoy escribiendo en la oficina de la revista *Realidad* mientras espero que me llamen por teléfono en una cuestión *de panen lucrando*, un negocio del que me prometo muy buena ganancia. Sentado frente al balcón, suspendo el apunte a que me aplicaba para mirar un pájaro que ha entrado y picotea. Lo observo; en esta mañana de primavera, el pecho se me oprime con una angustia rara, que llega al dolor. Como otras veces, el gracioso salto mecánico del gorrión ha hecho que salte dentro de mí uno de los más precoces recuerdos de mi vida. Tres años tendría yo no más, pues mi hermano José Luis era niño de pocos meses, cuando volvió mi padre de un viaje a Nueva York que —según luego, de mayor, supe— había sido muy azaroso: cuántas veces no oiría yo referir el temporal en que todos los pasajeros recibieron la absolución del capellán del barco, abandonado ya de su capitán a punto de naufragio... Mi padre, perfecto caballero, pésimo negociante, había llevado a vender en Norteamérica un saldo de muebles «estilo árabe», y antes del casi-naufragio estuvo preso allá, en la aduana, ignorando el motivo tanto como la lengua inglesa, para regresar a la postre derrotado... Estos detalles los conocí ¡claro está! mucho más tarde, por mi pobre madre. De aquel regreso recuerdo yo: el gabinete, calle San Agustín, donde, como en un sueño, mi padre deshacía el equipaje mostrándonos maravillas cuyo gozoso asombro contrastaba con la pesadumbre de que ambos —pero más ella que él— parecían abrumados. Ahí salió de sus maletas, entre otras cosas que no recuerdo, lo que jamás olvidaré: aquel gorrión mecánico que, después de recorrer a saltitos la pieza, hasta hizo un conato de vuelo. ¡Qué alegría, qué deslumbramiento, qué afán de posesión, qué inquietud, qué tristeza al verlo volver a su caja, qué desolación al saber que no sería para mí! Ya no volví a verlo, fue todo un instante; pero el dolor de su renuncia aún se renueva cuando, por acaso, algún gorrión salta delante de mí. Creo que nunca después he deseado nada con tanto deseo.

El pensar que mi padre había traído ese juguete, carísimo sin duda, para cumplir con algún compromiso de orden superior, me hizo que con el tiempo aceptara su privación; así interpreté el caso; tal fue la versión que, en definitiva, le di ante mí mismo. Ahora, aquí sentado, mientras escribo (me he puesto en seguida a anotar esto, dejando de lado lo que traía entre manos), ahora, con mis cuarenta y dos años, acaba de ocurrírseme de pronto otra más verosímil: que el pájaro lo había comprado mi padre en Nueva York para mí, como regalo de viaje; pero que necesitó venderlo, pudo vender a buen precio tan rara curiosidad, nunca vista en Granada, con harto dolor de su corazón.

Primavera de 1948

CERVANTES, ABYECTO

Ocurre con Cervantes que cuantos problemas le conciernen son llevados por la devoción a un paroxismo de estupidez. Las discusiones, por ejemplo, en torno a su carácter, con tesis extremas y simplistas, me asombran; porque leer a un escritor es conocerlo más que se conoce al común de los conocidos, es ser íntimo suyo; y quien carece de penetración para las almas, vano será que discuta; pero quien la tiene, tampoco necesita discutir, pues sabe con evidencia. Juzgar del carácter por actos inciertos, poseyendo tal evidencia, es disparate; antes será ella quien ilumine la conducta, si no se quiere reducirla a las normas impersonales de un código. No veo yo incongruencia alguna entre la ternura de alma, honestidad, decoro y nobleza que trasunta cada palabra de Cervantes, y las «irregularidades» o aun la abyección que algunos le reprochan y en cuyo borde es seguro que estuvo, aunque es también seguro que no se despeñó en ellas: el tono de su voz nos lo declara. La templada blandura de su corazón, una astucia incansable en la lucha contra la miseria, contra el mal, lo preservaban de lo tenebroso. Nadie está libre de caer en un lodazal; pero hay quien, una vez caído, se encenaga hasta por soberbia (la soberbia satánica), y hay quien, sintiéndose limpio por dentro, procura no enfangarse sino lo indispensable, y jamás pierde la esperanza de nueva pureza. Cervantes hubiera sido hoy de los que consiguen a menos costo salir de un campo de concentración, como salió del cautiverio argelino. Pero el mundo entero es campo de concentración, y acaso le tocó soportar también esas otras ignominias de que se habla.

Primavera de 1948

SOBRE EL OFICIO DE ESCRITOR

Disparate es hablar de progresos en el oficio de escritor. El instrumental de ese oficio es, en su base, el idioma mismo que empleamos para la vida diaria, y si el escritor efectúa en él una selección y hasta introduce modificaciones que lo estilizan —cosa que, en cierta medida, hace también todo el que lo emplea para cualquier uso—, tales adaptaciones del instrumento de su oficio responden a necesidades o propósitos expresivos originados dentro. De haber progreso, será un progreso interior del espíritu abocado a la creación poética. Ahí ·pueden acendrarse los temas hacia lo esencial y significativo; ahí, apretarse las formas para eliminar toda trivialidad. Pero tampoco está excluido el retroceso: que la maduración de la edad actúe nocivamente sobre la obra literaria, desecándola de una u otra manera. El toque poético se da en conjunciones muy raras; y muy variados son los espíritus. Escritores hay cuya disposición espiritual los consagra a lo juvenil, simple y alegre en tema y forma; pasada la edad, callan, o —como esas viejas pintarrajeadas— imitan su propio pasado lamentablemente, poniendo un amanerado empeño en repetirse. Otros, en cambio, darán sus frutos o en la plenitud de la edad, o aun en la vejez. Nada excluye, sin embargo, que mane de continuo a lo largo de toda la vida del poeta una producción literaria armónica, reflejo y pulso fiel de sus edades sucesivas. ¿Podrá hablarse en ella de un progreso?

Estas reflexiones, que pudieran servir como apunte para un ensayo bien repleto de ejemplos (que si Cervantes, que si Goethe), se me ocurren a partir de mi personal experiencia de escritor. No me gusta releerme, y hasta diré que no puedo: es algo que se me resiste con verdadera repugnancia. Pero días pasados abrí por en medio un ejemplar de *Cazador en el alba* y me puse a leer con displicencia. ¡Aquello era mejor de lo que yo hubiera esperado! Yo sólo conservaba la sensación de sus limitaciones, de mi falta de dominio al escribirlo, de la composición a retazos mal zurcidos, del no saber adónde iba a parar; pero no tenía noción de aquella alegría pletórica de sensaciones en una prosa juguetona y brillante. ¿Acaso escribo *mejor* ahora?

De entonces acá hubo un paréntesis en mi producción literaria. Son años llenos de urgencias prácticas: casamiento, trabajo, oposiciones, república y guerra civil, exilio; durante ellos manejé la pluma, pero para redactar cosas ajenas a la creación de sentido poético: traducciones, disertaciones académicas, editoriales de periódico, piezas de filosofía política y hasta informes burocráticos. Todo ese fárrago discursivo tiene su propio arte, mas hay que librarse de él cuando se hace literatura de invención. Cierta persona amiga descubrió en una pequeña composición mía de tono lírico un «en efecto», o un «es decir», o algo por el orden, y, pinzándolo con dos dedos como si cogiera una pulga, me dijo graciosamente: «Esto, fuera de aquí: pertenece al Ayala sociólogo.»

Cada contenido pide su adecuado estilo, y esto que vale para los grandes apartados de los géneros literarios puede también decirse del concretísimo contenido de cada obra, de cada párrafo.

Verano de 1948

DÁMASO ALONSO EN BUENOS AIRES

Dámaso Alonso ha venido a casa. Es la tercera o cuarta vez que con él me reúno desde que está en Buenos Aires. Aunque yo nunca lo había tratado con mucha intimidad, me ha chocado extrañamente, al encontrarlo ahora de nuevo, el efecto que estos ya casi diez años de régimen franquista han producido sobre él. Poco antes, reunidos varios escritores por el editor Losada, había leído León Felipe su poema *El hacha*, que Dámaso no conocía, y éste abrazó al poeta, ilorando sobre sus barbas a aquella España nuestra que —decía— ya nunca volveremos a ver. Luego la emprendió con Alberti: le llamó —impresionado quizá por la holgada comodidad de su casa— «burgués», le manifestó que Stalin se la meneaba a él, «¡que os zurzan a los comunistas!», etc.

Antes de eso, me había confiado Alonso su resquemor para con Alberti, de quien tan amigo fuera: durante la guerra le había vuelto la espalda, desamparándolo en el peligro. Esto, yo lo creo sin dificultad, conociendo a Rafael: sin duda se desentendió del compañero cuando otros intereses lo solicitaban y lo atraían a su vórtice. Dámaso, por su parte, defraudado en su ternura, burlado en su cordialidad, y ajeno en absoluto a los motivos emocionales que en la guerra actuaban —de ella sólo percibía el horror, y no la grandeza—, nada podía comprender ni disculpar en la actitud del colega. «¡Qué sé yo si las actuales manifestaciones de afecto no obedecen también a una consigna!», dice.

En fin, desahogado —y en esto Alberti ha sabido conducirse con generosidad, gracias en parte, sin duda, a su despreocupación un tanto cínica— los dos amigos han vuelto a serlo, y Dámaso, a quien lo único que en verdad importa es la poesía, ha mencionado en sus conferencias a los poetas de la emigración, exponiéndose al disgusto y eventuales represalias de los omisos Pemanes.

Pues, como iba diciendo, en estos días lo he traído a casa; concurrieron, además de él y Rafael Alberti, el poeta inglés Patrick Dudgeon y Lorenzo Luzuriaga. Este último, con su incesante verbosidad, y ese preguntar angurrioso que no aguarda respuestas, fue acumulando en la conversación recuerdos y más recuerdos de Madrid hasta crear una densa atmósfera de evocación encomiástica. Dámaso, recién llegado de allí, proclamó con madrileño desgarro que Madrid es la más desgraciada porquería del mundo. Y Dudgeon, que había estado callado hasta el momento, rompió entonces a decir apasionadamente: «Luzuriaga (bien pronunciada la zeta): todo eso es un romanticismo. Yo abomino de Europa con sus viejas piedras y sus paisajes vividos.» Varias cosas más dijo, para terminar afirmando la virtud potencial de América, la virginidad de la tierra, de la pampa —cosa que, le hice yo observar, sería también «romanticismo»—. Terció Alberti en un arrebato de confuso entusiasmo por España, donde se agitaba una realidad «tremenda», que no había tenido expresión literaria adecuada, «expresión dramática», y que iba a desaparecer sin que la registrara nadie.

Con esto, desembocamos en el tema que a los intelectuales emigrados viene rondándonos desde hace ya algún tiempo, y sobre el que yo quisiera publicar algo con el título *Para quién escribimos nosotros:* el de la necesidad de contacto con España. Hemos salido del país ya hechos, y por efecto de una ruptura brusca; estamos cortados de nuestras naturales referencias. Pero, entre tanto, el país mismo se ha transformado de manera todo lo antipática y dolorosa que se quiera, pero no menos efectiva; y así, en la medida en que operamos a base de recuerdos y vagas expectativas de futuro, nos estamos agitando en el vacío. Esa ansia de reintegración a la patria no deja de ser un espejismo, en el que —según puede advertirse claramente en el caso de hombres ingenuos y simplistas por el estilo de Luzuriaga— lo que se persigue es, no una realidad lejana, sino la proyección imaginativa y nostálgica del pasado personal, junto con el dolor de aquella ruptura en que nosotros rompimos con España y España consigo misma.

Precisamente estoy componiendo ahora un nuevo relato o novela con este título: *El regreso*, donde me propongo desarrollar el tema de una tal nostalgia: su protagonista es un gallego emigrado a Buenos Aires por causa de la guerra española; quiero vincular así los anhelos permanentes del desarraigado con las circunstancias concretas de esta emigración política. Claro está que mi personaje no es un intelectual, aunque sí más leído que el promedio de los emigrantes coterráneos suyos (lo haremos antiguo seminarista); un tipo de vigorosa vitalidad, quizá de una vitalidad bestial, no incompatible, sin embargo, con la astucia... Veremos cómo sale. Es el primer intento que hago de transformar en invención literaria mi experiencia de Buenos Aires, pues hasta ahora todas las ficciones que aquí llevo escritas elaboran su respectiva idea con materiales históricos —así, las narraciones agrupadas en el volumen *Los usurpadores*, que se publicará, espero, este año— o bien con materiales del recuerdo y de una imaginación muy libre, como en *El mensaje* y *La cabeza del cordero*. Si ahora consigo desarrollar esta novela en forma que me satisfaga, me consideraré en franquía por lo que se refiere al problema de la creación literaria para un español desconectado de su ambiente originario.

En verdad, pienso, ese problema no es tan grave para el escritor que vive en países de su propio idioma, ni insuperable para el que vive en un medio idiomático extraño, con tal de que tenga verdadero talento. Cuando Rafael Dieste me quería explicar la otra noche, justificando su insinuada resolución de volver a España, cuánta esterilidad, cegadas sus fuentes de inspiración, supone para él vivir tanto tiempo fuera de la natal Galicia, y cómo necesitaba oír el reloj de la catedral de Santiago y visitar las ferias aldeanas, debí compadecerlo. Artistas de segunda mano, sin verdadera originalidad, aunque tengan gusto y gracia, son estos que dependen así de un ambiente cultural, limitándose a reflejar —y ¡claro está! a reflejar débilmente— sus formas características. ¡Qué razón tiene el inglés Dudgeon cuando abomina de las viejas piedras y de los parajes cargados de historia!

No, el verdadero problema para los escritores españoles emigrados no es el de la creación literaria, sino otro, éste: el del destino y posible recepción de nuestros escritos. ¿Para quién escribimos? ¿Sobre qué supuestos hemos de hacerlo? ¿Con qué sobreentendidos? No tanto por habernos segregado nosotros de España, como por haber caído el país en una especie de secuestro, ha habido durante estos años una incomunicación casi total; ni nuestros escritos llegaban apenas allí, ni lo que allí se producía, poco o mucho, bueno o malo, nos llegaba a nosotros. Precisamente en estos días he leído con mucho interés dos libros que un escritor nuevo, Pedro Laín Entralgo, ha publicado sobre el tema de las generaciones, concepto este que yo, por mi parte, he elaborado y llevado adelante en el *Tratado de Sociología*. He sabido, de otra parte, que mi *Sociología* está vendiéndose, y bien, en España; y un muchacho que ha venido a verme me cuenta que los opositores a plazas de la carrera diplomática emplean como texto para uno de sus temas el ensayo mío sobre Saavedra Fajardo en la colección de *El pensamiento vivo*. Hay síntomas de que la incomunicación, al menos en lo que depende de trabas materiales, económicas o burocráticas, va a cesar. Pero éste no es sino el más superficial aspecto de la cuestión: en España no se difundirán sino aquellos escritos que el régimen considere inocuos, y malo sería que nos pusiéramos a escribir teniendo en cuenta la eventualidad de su introducción.

Cuando en una de las pasadas ocasiones, racionalizando sobre la base de su propia situación, sostenía Dámaso Alonso la conveniencia de que nos reintegrásemos a España —«por el bien del país», alegaba—, pensaba yo al escucharlo: ¡Sí, sí!; para verme como te ves tú, sometido a tantos miramientos y temores; para aludir como gran atrevimiento a las persecuciones de Fray Luis, y escrutar luego con ojos de susto al auditorio...

15 de julio de 1948

EL GATO EN LA CONFERENCIA

Hay en Buenos Aires un verdadero culto a la cultura. Paraíso de los conferencistas, apoteosis de los Pemanes y los García-Sanchices cuya pasmosa fluencia verbal enmudece al porteño definitivamente y convoca lágrimas de orgullo en los ojos del nostálgico almacenero y de su digna esposa (ya los progresos de la democracia parecen haber superado aquellos tiempos de ominoso coloniaje intelectual en que las damas de la sociedad evocaban su París regodeándose al apreciar la pronunciación impecable con que algún conferenciante francés emitía ante ellas la lengua de Corneille), nuestra ciudad —tan grande es— tiene también pequeños núcleos de entendidos que conocen y aprecian y prestan oído al especialista-viajero, ilustre en cada materia.

Pero el culto a la cultura está sostenido entre nosotros de la manera más genuina y permanente por un público de admirable fe —si ésta es buena, que venga Dios y lo vea—, cuyos miembros se interesan, indiferentemente, ya por el arte polinesio, ya por la física de los quanta, ya por la nueva constitución yugoslava, ya por la filosofía y la práctica yogui, ya por la legislación ecuatoriana sobre control de cambios. En templos sórdidos, que por sus fondos recuerdan el «club de los negocios raros» de Chesterton, repiten, infatigables, el acto de devoción, primero ante un altar, luego ante otro, y en seguida... tres conferencias llegan a escuchar a veces en un solo día, antes de volver a su casa y meterse en la cama con un suspiro.

Ese admirable tipo de oyentes —a su alrededor se aglutinan los simples adventicios— hay que esperar cuando le proponen a uno que, mediante módico estipendio, oficie

ante el altar de la Cultura, sea en alguna de las iglesias
que esta diosa posee en el centro, sea acaso en tal o cual
capilla de Boedo, Chiclana o la Boca del Riachuelo. Allá
el pobre cura de misa y olla se toma el tranvía y va,
después de haberse complacido en leer su nombre y tema
en la lista de conferencias anunciadas por *La Nación* y
La Prensa; y encaramándose a una tarima, ante la mesita
deleznable y el vaso de agua sacramental, depone, perora.

Poco importa lo que diga, y no mucho el cómo; importa que lo haga con el debido empaque. Es aquello un
rito, y pide solemnidad. Si tal vez el cansado piano de un
conservatorio vecino le invita al tartamudeo, deberá vencer
esa invitación y sobreponerse; si —porque ya sea un poco
tarde y el calor obligue a tener abierta la ventana— el
olorcillo de un guisote sube de la portería a excitar sus
secreciones salivares y gástricas, deberá ignorar altiva-
mente la humillación que el automatismo fisiológico le
impone: sus oyentes la están ignorando también; y todos
han de mantenerse confabulados para que por nada del
mundo se deslice entre los resquicios del rito ningún elemento imprevisto...

Así pues, me sentí perdido cuando —cierto día en que
dictaba una conferencia sobre no recuerdo qué en un
instituto cultural de Liniers— se deslizó por entre mis
piernas un gatazo gris, y tomó asiento luego al borde de
la tarima, cara al público. Me sentí perdido, porque de
antemano sabía cuán vano es cualquier alarde de pres-
cindencia frente a las seducciones sutiles de un felino doméstico. A mi memoria acudieron escenas tan impertinentes como triviales, que me distraían del tema: recordé cómo,
en mi época de Madrid, solíamos ir algún que otro día
de entre semana al cine Goya, próximo a casa, y cuyo ta-
quillero tenía que interrumpir a veces su charla con el
acomodador para cobrarnos la entrada a la desierta sala
donde un par de gatos campaban por sus respetos, reci-
bían caricias de los espectadores durante el entreacto,
y se perseguían, maullando, bajo las butacas mientras
duraba la proyección. Este de ahora, en mi conferencia,

quizá por estar solo se mantenía silencioso en la tarima;
y todos pudimos creer al comienzo que su presencia re-
sultaría comportable. De mi parte, procuré someterlo por
lo pronto al vejatorio trato del «caso omiso»: seguí hablando, como si no se hubiera inmiscuido en mi discurso
para enredarme el ovillo. Pero ¡ay! ¡trabajo inútil! ¿Cómo
ignorar el brillo de simpatía que animaba ahora los ojos
de muchos espectadores? Algo estaba maquinando el animalito fuera de mi vista, que atraía la atención de los
oyentes; y ello, al parecer, con tanta fuerza y en modo
tan plausible que una señora anciana se consideró autorizada a dirigirme sonrisas desde su asiento en solicitud
de indulgencia, de participación, de complicidad. Las que
yo esbocé como respuesta fueron mínimas, sumarias, meros
esquemas de sonrisa; pero bastaron con todo para que
—libres de coacción— en otras caras se desencadenase lo
que yo pretendía atajar. Ya no había más disimulo: el gato
había ganado la partida; todos se reían francamente, y
a mí no me quedaba otro recurso que compartir el alborozo, interponiendo una pausa en mi conferencia. Me incliné un poco, eché una mirada al sesgo, me faltó el aplomo
necesario para hacer algún comentario con que rescatar
al público, crucé las manos lleno de infelicidad, consulté
el reloj con discreción —¡sólo 35 minutos había hablado,
Dios mío!— y yo mismo sentí que mi forzado gesto de hilaridad había sido una especie de mueca triste. Si al menos
se me ocurriera —pensé— algo oportuno, ingenioso...

Pero no se me ocurrió nada; y la conferencia concluyó con unas cuantas palabras chapuceras.

Julio de 1948

DESTINO FILOSÓFICO DE LA TORTUGA

Siempre que hay oportunidad, lo cuento: Solana, el pintor, llegó una noche al café de Pombo, y expuso esta sorprendente generalización, inducida de una experiencia inmediata: «No se puede pasar debajo de los andamios, porque caen galápagos.» ¡Cuánto camino había hecho en filosofía la tortuga del eléata, hasta precipitarse desde un andamio a los pies de Solana!

Verano de 1948/9

SOBRE EL LLAMADO «ESTILO FUERTE», Y UNA BLASFEMIA EMPLEADA POR MÍ

Hace algún tiempo le di, juntos, a Rafael Dieste, para consultar su juicio, el *San Juan de Dios* y *El mensaje*. Farragosamente, me explicó que, deslumbrado primero por el esplendor de su estilo, había creído superior aquella novela; pero que luego había reparado en la técnica de *El mensaje* bajo su grisura polvorienta, en esa especie de juego velazqueño de espejos, y que le había interesado más. Eso fue, en sustancia, lo que me dijo; los adjetivos y demás ponderaciones los paso a la cuenta de la cortesía.

También recogí de él esta observación, relativa al *San Juan de Dios:* que le chocó no haberle chocado la blasfemia proferida por el muchacho (quien, interjectivamente, larga un ¡Me cago en Dios! que, por lo demás, he suprimido, o disimulado, en el texto impreso); y que, a su entender, el fácil descuido con que tragó en la lectura tal brutalidad, pese a su disgusto por el empleo de palabrotas que es hoy uno de los más comunes amaneramientos literarios, se debió sin duda a la perfecta inocencia de su enunciación.

La verdad es que la frase responde, en mi concepto, a una necesidad estricta. El muchacho representa en la novela la fuerza bruta de la naturaleza: no tiene ni la cultura del sentimiento de los dos caballeros, ni la cultura moral de la dama, ni la cultura espiritual del santo. En su boca inocente, la blasfemia gratuita es una expresión de lo demoniaco-natural, que viene a contrapesar la frecuentísima invocación del nombre de Dios a lo largo de toda la narración, y hasta en su título.

Primavera de 1948

LO VIVO Y LO PINTADO

Hace ya algún tiempo que quería escribir esto: En gestiones para un negocio de venta de tierras conocí a don Manuel Heras, cuya estampa era la misma de un cierto retrato, óleo bastante malo, que había en mi casa: un togado, que decían antepasado nuestro, y en cuya mano un sobre rezaba: *Exmo. Señor Don Vicente de Leyva y Caspe, de la Real Chancillería de Granada.* Pues este don Manuel no sólo tiene la misma cara amarilla de aquel don Vicente, no sólo iguales gafas de montura negra, sino —exactamente— las mismas facciones y expresión. Pronto supe que también él es granadino, emigrado desde jovenzuelo a la Argentina. Me complazco en suponer, pues, idéntico asimismo al suyo el carácter del vetusto magistrado: lo veo animarse con el gesto fachendoso del señor Heras, emitir sus contenidas expresiones que rebosan seguridad, dignidad, y, de pronto, tropezar al comienzo de una frase con leve tartamudeo.

Verano de 1948/9

EL RATÓN Y EL GATO; LA PALOMA
Y EL GAVILÁN

Ayer estaba yo con Baudizzone —¡qué buen hombre, este Baudizzone!—, estábamos los dos, a la mañana, en el café Boston, y el mozo, mientras esperaba nuestra orden, tenía clavada la vista sobre el suelo, a dos metros de nosotros: bajo una silla, un gato se distraía, displicente, con un ratón... Quien nunca haya visto semejante escena, difícil es que se la imagine. Yo la había visto cuando tenía unos doce años, o trece, todavía en Granada, y nunca la olvidaré. Ésta era la segunda vez. Eran, ahora, del mismo color gris de pelo ambos, el gato y el ratón. Estaban juntos y, por momentos, parecían ignorarse, desentendidos el uno del otro. «¡Cómo le palpitará el corazón a ese pobre animalucho!», le dije a Baudizzone. Habíamos estado comentando el carácter de estos nuestros tiempos de interrogatorios y torturas, de policía omnipotente y omnipresente. Él me contestó, pálido: «¡Dios nos libre de vernos en una cosa así!»

Mientras escribo esto, estoy oyendo por la radio un «carnavalito», y su música es la misma, casi, de otro que vi bailar no hace mucho, en casa de unos alemanes, a un grupo de estudiantes aficionados al folklore indígena. Era una danza del altiplano que mimaba —con qué emocionante eficacia— la persecución de un pájaro por un ave de presa. El hombre, con su gran poncho; la mujer, con su ponchito, imitaban en los movimientos del baile —cualquiera sabe hasta qué punto totémico— los de uno y otro pájaros, cerniéndose en el aire, hasta que las alas del gavilán cubrían a la paloma y ésta, una chiquilla encantadora, doblaba la cabeza graciosamente, y cesaba el tambor, y cesaba la quena.

30 de septiembre de 1949

BALLO IN MASCHERA O EL TANGO DEL AYER

Anoche fui invitado a casa de Oliverio Girondo: Norah Lange celebraba cumpleaños. Era una de esas fiestas medio atorrantes (bohemia de estancieros, fruto porteño de la alianza Lange-Girondo), con mucho whisky, sandwiches y disparates a todo trapo, en la que volví a encontrarme a toda aquella gente que hace ocho o nueve años, cuando llegó a Buenos Aires el golpe de exiliados de la guerra de España, nos acogió en su dorada sociedad. Frescos y vivos entonces los afectos suscitados por la gran tragedia, la aureola casi siempre adventicia de haberla vivido y la simpatía de quienes nos acompañaron desde aquí en su angustioso desarrollo, integraron a nuestro alrededor un círculo «intelectual» muy simpático, que yo nunca quise frecuentar demasiado, en el que se practicaba una camaradería de *tutum revolutum* no por completo libre de miserias y depravaciones, pero, en conjunto, animada por un sentimiento ingenuo y algo superficial de fijación al momento álgido recién vivido. La casa de Oliverio, junto con algunas otras menos ricas y con los cafés de la Avenida de Mayo, constituían la cambiante sede de sociedad tan heterogénea como la que el sentimiento «republicano español» había reunido en el Buenos Aires de aquel momento. Verdura de las eras, ese grupo se fue agostando, diluyendo, enrareciendo, desde entonces acá, hasta disolverse.

Pero anoche, concitado por los whiskies de Girondo, resurgió. Y así, en este Buenos Aires tan deteriorado, volvimos a vernos las caras. ¡Cuánto estrago hacen ocho años no más a cierta altura de la vida, cuando la gente, razonablemente, ha renunciado a la juventud, aunque no a sus actitudes! Allí estábamos todos de nuevo. Norah Lange se ha encaramado como siempre a una silla para leer el mismo humorístico discurso que, por supuesto, hemos aplaudido con risotadas; y luego se ha puesto a bailar con Oliverio, todo barba y quiebros, caballero en el busto, malevo en las piernas, un **tango** compadrón con muchos cortes, como siempre.

24 de octubre de 1948

NIÑO PRODIGIO

Encuentro en un libro del sicólogo David Katz, especialista en animales, una noticia sobre el niño prodigio Christian Heinrich Heineken, quien a los dos años hablaba ya alto y bajo alemán, y latín, dominando ampliamente varios campos del conocimiento. Murió a la edad de cuatro años.

Hay un típico grabado del XVIII donde aparece el prodigio rodeado de libros e instrumentos científicos, con la siguiente inscripción laudatoria:

Kind, dessen gleichen nie vorhin ein Tag gebahr!
Die Nach Welt wird Dich zwar mit ewigem Schmuck umlauben;
doch auch nur kleinen Theils dein grosses Wissen glauben,
Das dem der Dich gekannt selbst umbegreiflich war.

Puerto Rico, noviembre de 1951

INQUISIDOR Y RABINO

Al lado mismo de mi casa, aquí en Nueva York, está la iglesia de San Xavier, con su colegio de jesuitas adjunto; y un poco más allá, en la acera de enfrente, una entidad llamada Young Israel con su correspondiente sinagoga. Innecesario es decir que a mi paso me cruzo cada día con ejemplares de frailes más o menos *aggiornati*, y de muy tradicionales rabinos. Cada cual sigue su camino; pero, como es sabido, la hostilidad entre el Antiguo y el Nuevo Testamento ha disminuido hoy considerablemente, al menos por parte de este último. Los tiempo cambian.

Pero no hace mucho he tenido un sobresalto, casi un sueño (sólo que no era sueño, sino realidad muy tangible); pues viniendo de la Quinta Avenida vi salir de mi calle en la esquina de Young Israel al Inquisidor general don Fernando Niño de Guevara, no con la vestimenta cardenalicia en que lo conozco, sino vestido de rabino. Sí, vestido de rabino. Bajo el negro sombrero redondo, las facciones, la palidez, la mirada, hasta las gafas mismas de don Fernando. Diríase que se había escapado del cuadro en que El Greco lo retrató hará pronto cuatro siglos y, quién sabe por qué broma azorante, se había disfrazado así. No hay duda de que era él: lo conozco demasiado bien. Jamás dejo de echar una mirada al cuadro cuando voy al Metropolitan Museum, y muchas veces me demoro largamente en su contemplación: todo en él me es muy familiar. Y ahora mi vista se había cruzado en la calle con la de un furtivo don Fernando, en traje de rabino. Al verme, sus ojos brillaron tras de los vidrios con el malicioso chispazo de siempre...

Sí, estoy muy familiarizado, encariñado pudiera decir,

con la figura del cardenal Niño de Guevara. Comentando mi novela corta *El Inquisidor*, H. Rodríguez Alcalá conjetura que puedo haberla tomado de modelo para diseñar la de mi ficticio personaje. En el cuadro de El Greco, la mano derecha del arzobispo es abierta, y noble, pero la izquierda se prende al brazo del sillón como la garra de un ave; y hay desde luego algo siniestro, de pájaro nocturno, en su esponjado bulto y agudo rostro. Sin embargo, uno sabe que este Príncipe de la Iglesia era un espíritu abierto, un gustador de las buenas letras. Para él había preparado su secretario Porras de la Cámara un mamotreto donde estaban copiadas a mano varias novelas inéditas, entre ellas, dos de Cervantes: el *Rinconete y Cortadillo*, de ambiente sevillano, y *El celoso extremeño*, también situada en la archidiócesis de nuestro don Fernando, y que en esa primera versión se extendía a dilatadas descripciones de la mala vida sevillana, suprimidas luego en la versión definitiva que fue a la imprenta. La que poseía el Inquisidor para su personal recreo era, además, muy desenfadada: el apicarado Loaysa llega ahí a su meta y la alcanza para placer de la juvenil adúltera.

¿Cómo era, en verdad, don Fernando Niño de Guevara? El Greco lo pinta de una manera, y sus gustos literarios nos sugieren de él otra imagen muy distinta. Aquélla, la que entra por los ojos y yo suelo demorarme a admirar en el Metropolitan Museum, es la misma que, animada, se ha cruzado conmigo hace poco en la esquina de la calle 16 y Quinta Avenida.

Nueva York, diciembre de 1971

TODO EL AÑO (LITERALMENTE) CARNAVAL

Hace ya más de un cuarto de siglo, cuando me ocupaba en redactar mi *Tratado de Sociología*, dediqué en él tiempo y espacio considerables a estudiar un fenómeno generalmente tenido por mera expresión de la frivolidad humana: el de la moda, que sin embargo mostraba constituir un sistema bastante riguroso de normas, sujetas en su dinámica a regulaciones muy estrictas. De hecho, la moda aparecía como un orden compulsivo que nadie se atrevía a conculcar, pues el hacerlo comportaba sanciones sociales muy serias; era una tiranía tan eficaz que, sin policías ni cárceles, obtenía más rendida obediencia que los preceptos de la moral o aun las prescripciones del código. ¿Quién hubiera tenido el valor necesario para echarse a la calle con un traje pasado de moda, con un peinado que ya no se llevaba?

Por eso, también en el aspecto vestimentario, el carnaval, una fiesta que se supone proveniente de las saturnales antiguas, acudía todos los años a aliviar con su relajo durante unos pocos días la opresión de pautas sociales que a la larga podían sentirse como insufribles. Era un respiro; durante un breve lapso había licencia para abandonar la formalidad y entregarse a la francachela, y cada uno, más o menos oculto tras de su antifaz, estaba autorizado a desvergonzarse impunemente. En esos días se permitía incurrir en los caprichos de la fantasía y ser por un momento soldado romano, diablo, odalisca, gran visir, pirata, fraile, gitana. A los hombres se les consentía disfrazarse de mujer, y a las mujeres de hombre, fingir la voz, incurrir en familiaridades vedadas durante el resto del tiempo.

Así, recuerdo los carnavales de mi infancia y juventud como una celebración que ya se veía periclitar, que no tenía mucho sentido ya, decayendo de año en año, pero que, de cualquier modo, establecía una agradable pausa y daba ocasión legítima al despliegue de la insensatez, tan vituperada por lo demás en la normalidad de la vida burguesa.

La vida burguesa, en cuanto a vestimenta se refiere, estaba como digo gobernada por los exigentes dictados de la moda, que era su manifestación más ostensible; y cuando, acaso, un grupo de escritores nuevos y disconformes, como lo habían sido en España los de la generación del 98, deseaba alardear de su espíritu protestatario, apelaba a evidenciar su inconformismo en detalles indumentarios tales como el arreglo personal de Unamuno, osado hasta el punto de suprimir la corbata y salir a la calle sin sombrero, o el paraguas de seda roja que Azorín exhibía, o la facha estrafalaria que se compuso Valle-Inclán, «primer premio de máscaras a pie por la calle de Alcalá», según lo caracterizó Gómez de la Serna en su biografía... Pues, en efecto, esos gestos externos de rebeldía significaban un verdadero desafío a los criterios de la decencia, eran actos escandalosos llamados a provocar la rechifla general del buen burgués.

Hoy, en Nueva York donde actualmente vivo, o en cualquier otra ciudad del mundo, se advierte en cambio un fenómeno de signo opuesto, cuya importancia indicativa en el cuadro de la sintomatología social no pudiera ser mayor: la moda ha desaparecido. Basta con pararse en cualquier esquina y mirar a la gente que pasa para comprobarlo: cada cual viste como le da la gana, y nadie se sorprende de nada. No es sólo que la patente concedida al homosexualismo haya cohonestado el *travesti*; es que, sin necesidad de que operen secretos y turbios estímulos de esa especie, se está borrando, casi se ha borrado ya por completo, la diferenciación entre el traje masculino y el femenino, según lo subrayan las tiendas de ropa «uni-sex»; y todavía, dentro de esta homologación, se

admiten y triunfan los atuendos más disparatados. Uno
puede cruzarse por las calles con un coronel de la Guerra
de Secesión en uniforme de confederado, con un monje
budista de cabeza rapada y túnica color azafrán, con una
dama de la baja Edad media, o —como no hace muchos
días me crucé yo en la Quinta Avenida— con un joven de
barba rubia y largas trenzas, enorme sombrero redondo
cubierto de flores y una capa igualmente florida hasta
los pies. No hay quien siquiera vuelva la cara si a su
lado pasa un cristo desnudo con su cruz a cuestas, o una
nueva lady Godiva a la que apenas mira algún raro
Peeping Tom; o un presidiario vestido de cebra, un increíble gaucho, un mandarín chino de caídos bigotes...
Podría repetirse hoy en un sentido literal la observación
de Larra: Todo el año es carnaval...

Tal libertad indumentaria implica, por lo que se refiere
a ese específico fenómeno social que es la moda, sencillamente su desaparición; sencillamente, la moda ha desaparecido, si moda es aquel fenómeno que describía yo en
mi *Tratado de Sociología*.

Ahora bien, al ceder el paso, no a los uniformes —como
podía tenerse por aquellas fechas— sino a la presente
anarquía, ello es señal clara de una desintegración social
llevada al último extremo.

CAZA DE BRUJAS

No es que falte, sin embargo, algún vestigio del carnaval antiguo. Cuando se acerca la fecha de primero de noviembre comienzan a aparecer en los escaparates caretas y disfraces —de bruja, de muerte, de ave nocturna— para los niños que en la víspera de ese día celebran la fiesta de Halloween, cuya palabra es contracción de *All Hallow een* (*een*=*evening*) noche de Todos los Santos. Y, puesto que empecé evocando el tiempo de mi infancia en España, recordaré a propósito una costumbre popular que entonces existía allí y no sé si aún subsiste: la fiesta infantil de «cierra la vieja», análoga al Halloween. Si aquí los niños, disfrazados, hacen en la noche de Todos los Santos un simulacro de la caza de brujas amenazando a los mayores con una alternativa de *treat or trick*, es decir, regalo o, si no, una mala pasada, en mi tierra natal, coincidiendo, si mal no recuerdo, con la Cruz de Mayo, salíamos armados de espada de madera e improvisados arreos militares para acorralar a cuanta vieja —esto es, bruja— hallábamos en la calle y exigirle el rescate de una moneda. (Ignorantes, por supuesto, de la arcaica acepción del verbo cerrar como acometer —ya Sancho Panza no entendía el grito de «¡Santiago, y cierra España!»— corregíamos a veces el nombre de esta diversión transformándolo en «encierra a la vieja».) La costumbre de Halloween, que se mantiene viva en Estados Unidos, es un pequeño carnaval infantil; pero —y esto es lo notable, por contraste con la libertad indumentaria que ha extendido el carnaval de los adultos al año entero— la fiesta de los niños se encuentra rigurosamente formalizada; en cuanto a los disfraces, ellos han de ser gatos, brujas, calaveras, búhos y demás parafernalia de una siniestra noche de aquelarre.

«Poco más o menos para ese tiempo apareció un libro que causó una sensación prodigiosa en el público y más destrozos en muchas cabezas que las pinturas más lascivas o las producciones más obscenas; un libro que colocó al autor entre el vituperio y el elogio, el desprecio y la estima; entre los escritores distinguidos y los que han hecho un uso funesto del talento de escribir; entre los grandes pintores de algunos vicios y los corruptores de toda virtud; un libro al que su autor no temió atribuir un fin moral, cuando era un ultraje universal a la moral de toda la nación; un libro, en fin, que todas las mujeres han confesado haber leído, cuando todos los hombres hubieran debido reprobarlo, y que merecía ser entregado a las llamas por mano del verdugo, por más que sea digno, en su género, de ocupar un lugar clásico en las mejores bibliotecas. Creo haber nombrado *Les Liaisons dangereuses*.» Así se lee en las *Mémoires du Comte Alexandre de Tilly, pour servir à l'histoire des moeurs du dix-huitième siècle* (París, 1828).

En efecto, *Les Liaisons dangereuses* se había publicado el año 1782. Y ese mismo año escribía envidiosamente a su autor, un comandante del ejército, hombre entonces en los 37 de su edad, la ya anciana novelista Madame Riccoboni: «Todo París se afana por leerlo, todo París habla de usted. Si es una dicha ocupar a los habitantes de esta inmensa capital, goce de ese placer. Nadie ha podido saborearlo tanto como usted.» Esa correspondencia constituye una verdadera polémica literaria. La vieja señora la había iniciado para reprochar al joven Chordelos de Laclos el haber dado con su libro a los extranjeros «una idea tan repulsiva de las costumbres de su nación y del gusto de sus compatriotas»; y las cartas cruzadas son una deliciosa muestra de la galantería dieciochesca. Laclos sugiere a su destinataria que es ella quien debe cortar, si quiere, la correspondencia, pues él no podría hacerlo. «De tiempo atrás he aprendido a soportar privaciones, pero no a imponérmelas.» Y ella le replica: «¡Un militar poner en la categoría de sus *privaciones* la negligencia de una mujer de la que ha podido oír hablar a su abuela! ¿No es para reírse?» Pero todas estas finuras, lejos de ocultarla, agudizan y hacen más hiriente la hostilidad de la discusión. Con pérfida ironía, Laclos ha dicho a Madame Riccoboni que cuando sus lectores, fatigados de los cuadros que él pintó en *Les Liaisons dangereuses*, quieran reposar sobre sentimientos más dulces, buscar la naturaleza embellecida, cuando quieran conocer todos los encantos que el ingenio y las gracias pueden añadir a la ternura, a la virtud, les invitará a leer *Ernestine*, *Fanny*, *Catesby*, etc. (es decir, las novelas de su corresponsal; y conviene saber que cinco años antes había fracasado el ahora triunfante escritor con el estreno de una ópera cuyo argumento se basaba en la primera de ellas). «Y si a la vista de cuadros tan encantadores —añade— dudaran de la existencia de los modelos, les diría con confianza: están todos en el corazón del pintor. Quizá entonces convendrán en que sólo a las mujeres pertenece esta sensibilidad preciosa, esta imaginación fácil y riente que embellece cuanto toca, y crea los objetos tal cual debieran ser, pero que los hombres condenados a un trabajo más severo han hecho siempre lo bastante bien al rendir la naturaleza con exactitud y fidelidad.» Madame Riccoboni le da un palmetazo a propósito de un error sobre Molière; y al cerrar la discusión, vuelve no sin resentimiento a mencionar la acogida clamorosa de *Les Liaisons*. «El brillante éxito de su libro —dice— debe hacerle olvidar mi ligera censura. Entre tantos sufragios ¿de qué le serviría el de una cenobita ignorada? Nada añadiría a su gloria.»

Volviendo a Tilly, quien escribe sus memorias durante

la Restauración en un esfuerzo por atribuir a la atmósfera
moral del antiguo Régimen el desencadenamiento de la
Revolución francesa, «Hablo hoy de esta obra —dice—
como no pensaba de ella entonces, pues tengo que re-
procharme el haber sido admirador apasionado suyo y
sobre todo haberla prestado en su novedad a dos o tres
mujeres, que se ocultaban entonces para leerla más de
lo que se han ocultado para cumplir todo lo que enseña».
Enseguida se extiende a especular sobre sus efectos: los
no informados tomaron sus cuadros por un retrato elocuente de las costumbres generales de una cierta clase
y, en este aspecto, *Les Liaisons dangereuses* es una de las
ondas en el océano que ha sumergido a la corte. Incluso
llega a considerar el libro como parte de una gran con-
juración extendida por doquier, «uno de esos meteoros
desastrosos que aparecieron en un cielo inflamado a finales
del siglo XVIII».

Pero esto no le impide seguir admirando su valor literario. «En el nuevo orden de cosas, este libro ha perdido
su interés y, sin embargo, durará tanto como la lengua.»

Confiesa Tilly que en su tiempo había deseado «desme-
suradamente» conocer a su autor, sin lograrlo. Y sólo
años después tuvo la ocasión de encontrarse y hablar con
él acerca de su demasiado célebre novela. Este encuentro
tuvo lugar en Inglaterra y dentro de circunstancias típicas.
Debió de ser en el año de 1789, esperando para asistir al
lever del príncipe de Gales. Mientras éste llegaba, Laclos
«prefirió charlar a sacar el reloj y agitarse interiormente»;
y así, se franqueó por fin con su interlocutor acerca de las
fuentes reales y los elementos imaginarios de su novela:
estupendo documento que, en su caso, ilumina muy bien
la mecánica de la creación poética. Tilly refiere en estos
términos (que traduzco) las palabras del autor: «Estaba
yo —dice Laclos— de guarnición en la isla de Ré, y después
de haber escrito esas pocas elegías de muertos que nada
oirán, algunas epístolas en verso la mayor parte de las
cuales no se imprimirán nunca, felizmente para el público
y para mí, estudiado un oficio que no debía traerme ni

gran provecho ni gran honra, resolví hacer una obra que se saliera de lo ordinario, que armara ruido, *y que siguiera resonando todavía cuando yo ya no esté sobre la tierra.*» «Estas expresiones un poco oratorias —anota el conde—, y de las que me acuerdo como si fuera ayer, me chocaron tanto más cuanto que su conversación fría y metódica no era en modo alguno de tal color.»

El libro, pues, produjo un efecto combinado de fascinación y escándalo, como pueden producirlo esos espejos que por arte de magia —o los rayos X por magia de la ciencia— devuelven la figura descarnada, el horrible esqueleto bajo la apariencia bella. La reacción vengativa, casi siempre inconsciente, del espectador consiste en proyectar el horror de la visión sobre quien nos la muestra, acusándolo de monstruo. (Se cuenta —lo cuenta el propio Tilly— que cierta marquesa comparable en conducta a la malvada heroína de *Les Liaisons*, ordenó a su portero vedarle al autor, después de publicado el libro, la entrada a su casa, que antes había frecuentado: «No lo recibo más; si me viera a solas con él tendría **miedo**.») Laclos era, sin embargo, un honesto padre de familia.

Otro monstruo de su especie, Baudelaire, cuyas *Fleurs du mal* habían sido objeto de denuncia pública e interdicción judicial por las mismas razones de moralidad que condenaron a *Les Liaisons*, se propuso estudiar esta obra que, «si quema, sólo puede quemar a la manera del hielo». Apollinaire supone que fue en ella donde Baudelaire descubrió sus primeros elementos; en todo caso, se han conservado las notas que destinaba a su estudio: prometen una riqueza e irradian una belleza exasperante. Anota Baudelaire: «La détestable humanité se fait un enfer préparatoire»; anota: «Ma mauvaise reputation»; anota: «Tous les livres sont inmoraux»...

SOBRE EL TRONO

... *princes, qui pour despecher les plus
importants affaires, font leur throsne
de leur chaire percée...*
MONTAIGNE, *Essais*, liv. V, chap. III

In illo tempore, en el tiempo en que yo era estudiante,
y catedrático de Derecho político, y todavía joven, los que
se sentían de algún modo oprimidos solían clamar por justicia, luchaban por establecer un orden más justo o —si
tan utópico era su pensamiento— el orden justo; en fin,
se rebelaban y hacían sus revoluciones bajo la invocación
decente de principios generales, aunque ya por aquel entonces hubieran causado su poco de estrago las *Reflexiones*
de Sorel *sobre la violencia*, y pronto un jerarca nazi quisiera
sacar la pistola con sólo oír hablar de cultura. Todo ello
sonaba a escandalosa *boutade*, era increíble, porque la gente
consideraba todavía el poder como un mal (mal necesario
quizá, o mal menor, pero mal al fin) que sólo podía coho-
nestarse mediante su aplicación al mantenimiento de la
convivencia dentro de normas bien establecidas. Aunque
la lucha alrededor de los sistemas normativos, es decir:
la lucha por la justicia, comportara en el fondo una competencia por el poder, el postularlo así hubiera sido cínico;
el nombre mismo del poder sonaba a palabra deshonesta.
Pues sin duda el poder —el poder crudo, desnudo— era
—lo es— una obscenidad.

Hoy las cosas son muy diferentes. Hoy, por ejemplo, los
grupos que se consideran oprimidos no reclaman justicia,
sino «poder», y en este país donde estoy viviendo se oye
y se lee a cada momento exigir *black power*, poder para

los negros, *chicano power*, *student power*, y hasta *gay power*, pues incluso los homosexuales, en cuanto grupo, aspiran no ya a que se los tolere, o aun se los respete, sino a detentar su porción de poder en la sociedad. La adoración del poder —otro aspecto de la cual sería esa ola de violencia verbal y física que cubre y anega al mundo actual— encuentra a veces manifestaciones pintorescas o humorísticas, bastante reveladoras en su trivialidad. Así, el acto de la proclamación del candidato republicano a la presidencia de los Estados Unidos ha sido caracterizado como la *coronation of Richard Nixon*, el actual presidente, a quien se moteja también de *Big Dick*. («Dick» es no sólo la forma familiar del nombre Richard, sino metáfora vulgar por «policía», «garrote» y «falo», un órgano este al que también se designa vulgarmente en todas partes como «cetro».) Muestra ello, me parece a mí, una especie de regodeo en la obscenidad del poder crudo que está muy a tono con la aceptación pasiva por parte del cuerpo social de tantos actos de violencia (secuestros de aviones, bombas enviadas por correo, violaciones, atracos y asesinatos a la vuelta de cada esquina, para no hablar de las atrocidades perpetradas por los gobiernos y sus agentes) que en otro tiempo hubieran sido inconcebibles y, desde luego, intolerables, y que hoy parecen, en cambio, aceptables y hasta dignas de admiración. El poder será inevitable dada la condición humana; pero no requiere ésta que se haga presente tan sin paliativos, ni que exhiba sin pudor su capacidad de envilecimiento. Quizá todo el esfuerzo de la cultura (y que nadie saque la pistola) ha consistido en el intento de cubrirlo, proveyéndolo de razonable justificación.

A bastantes lectores de mi novela *Muertes de perro* les resulta muy significativa, y a algunos demasiado *shocking*, la escena en que el dictador Bocanegra recibe a sus dignatarios sentado sobre el inodoro. Esta escena se relaciona en seguida con la ceremonia del *lever* de los príncipes en el Antiguo Régimen, a la que era un gran honor ser invitado. Así, por ejemplo, cuando en sus Memorias refiere Tilly la ocasión en que el autor de *Les Liaisons dangereuses* le hizo ciertas aclaraciones a propósito de su obra, escribe (y yo traduzco): «Estábamos en el *lever* del señor Príncipe de Gales, quien, siguiendo su costumbre de príncipe y su *toilette* de uno de los hombres mejor parecidos de Europa, se hacía esperar demasiado; el señor de Laclos, que no tenía mucha táctica de cortesano, sino toda la impaciencia sombría de un filósofo o de un conspirador pese a su aparente flema, prefirió charlar mejor que sacar el reloj y agitarse interiormente.» A lo que se ve, estos nobles franceses no tenían acceso al *sancta sanctorum* o círculo más íntimo de Su Alteza Real. Pero no hay que remontarse tanto en el tiempo y en la jerarquía para encontrar semejante práctica con el valor de una muestra de confianza suma. (Quizá lo era, en efecto. Basta pensar en la indefensión con que se ofrece así a la vista de los demás, el grande, el respetado; y por eso mi novela recuerda también a este propósito la suerte de Sancho de Castilla, alanceado por el traidor Bellido Dolfos cuando su rey estaba evacuando el vientre ante los muros de Zamora.) En fin, aun en los años de mi infancia todavía las instalaciones sanitarias no eran lo que suelen ser a la fecha; de modo que aquellos privilegiados cuyos medios de fortuna les permitían sustraerse a la intemperie del corral, usaban —con la asistencia y comodidades que sus recursos les brindaban— de una silla perforada bajo cuyo asiento (todavía se emplean a veces tales sillas para adiestrar a los niños) se colocaba un recipiente, acaso de metal precioso y bien labrado, mientras en la habitación se quemaban pastillas aromáticas. El marqués de Villaurrutia cuenta en sus Memorias, divertido, que cuando fue a tomar posesión de su primer empleo diplomático como secretario de la Embajada en París su jefe, el embajador, lo recibió graciosamente instalado en el bacín. Y esto ocurría en los últimos años del siglo pasado; ayer, como quien dice... Pero ayer mismo, en el número de agosto de este año de 1972, publica la revista norteamericana *Esquire* una semblanza de Lyndon B. Johnson donde se nos cuenta que, sintiendo

cómo su rudeza de tejano lo ponía en evidencia a los ojos
de sus más refinados colaboradores, la acentuaba, y llegaba a pedirles que lo acompañaran al cuarto de baño
«para conversar con él mientras satisfacía las más personales necesidades físicas».

No siempre esta deferencia —que por lo común debía
valer como una gran distinción— era, sin embargo, apre-
ciada debidamente, ni a veces bien recibida por aquel a
quien se quería agraciar. El conde Saint-Simon, en su de-
nigratorio retrato del duque de Vendôme, se explaya re-
latando sus feas costumbres, y entre otras cosas cuenta
en sus Memorias: «Se levantaba bastante tarde en el ejército, se sentaba en su *chaise percée;* ahí dictaba sus cartas
y daba sus órdenes de la mañana. Quien tenía asuntos
con él, esto es, los oficiales generales y las gentes distin-
guidas, ésa era la hora de hablarle. Había acostumbrado
al ejército a esta infamia. Ahí almorzaba a fondo, y fre-
cuentemente con dos o tres personas familiares, y lo mismo
evacuaba, sea comiendo, sea escuchando, o dando órdenes, y todo con muchos espectadores en pie (hay que per-
donar estos detalles vergonzosos para conocerlo bien).
Evacuaba mucho; cuando el bacín estaba lleno hasta rebosar, lo sacaban pasándoselo por la nariz a toda la compañía para ir a vaciarlo, y con frecuencia más de una vez...»
Añade Saint-Simon, empeñado en cargar las tintas de su
retrato, que Vendôme no hubiera perdonado la menor
censura a nadie. El soldado y el oficial inferior lo adoraban
por su familiaridad con ellos y la licencia que toleraba para
ganarse sus corazones, de lo cual se resarcía él mediante
una altivez sin medida con todo lo que era elevado en
grado o nacimiento. Trataba casi lo mismo a lo más grande
de Italia. «Esto —explica— es lo que hizo la fortuna del
famoso Alberoni. El duque de Parma necesitó negociar con
el señor de Vendôme; le envió al obispo de Parma, quien
se sorprendió mucho de que el señor de Vendôme lo re-
cibiera en su silla perforada, y más aún de verlo levantarse en medio de la conferencia y limpiarse el culo ante él.
Se indignó tanto que, sin decir palabra, se volvió para

Parma dejando sin concluir lo que allí le llevaba, y declaró a su amo que, después de lo que le había ocurrido, no volvería en su vida. Alberoni era hijo de un hortelano; y sintiéndose con ingenio había tomado el hábito de abate para, bajo la figura de clérigo, entrar allí donde su blusón de tela no hubiera tenido acceso. Era bufón, agradó al señor de Parma como un criado inferior con quien uno se divierte; y, divirtiéndose, encontró que tenía gracia y podía no ser incapaz de manejar asuntos. No creyó que la silla perforada del señor de Vendôme fuera digna de otro emisario, lo encargó de ir a continuar y terminar lo que el obispo de Parma había dejado sin concluir. Alberoni, que no tenía una dignidad que guardar y que sabía muy bien cómo era Vendôme, resolvió caerle en gracia al precio que fuese, para sacar adelante su comisión a gusto de su amo y hacerse valer así cerca de él. Trató, pues, con el señor de Vendôme sobre su silla perforada, animó su asunto con chistes que hicieran reír al general, tanto más cuanto que ya le había preparado con muchas lisonjas y homenajes. Vendôme hizo con él lo que había hecho con el obispo: se limpió en su presencia. A la vista de ello, Alberoni exclamó: *O culo di angelo*, y corrió a besárselo. Nada hizo progresar su misión tanto como esta infame bufonada. El señor de Parma, quien, dada su posición, tenía más de un asunto a tratar con el señor de Vendôme, viendo cuán felizmente había comenzado Alberoni, se sirvió de él siempre; y él se dedicó a agradar a los principales criados, a familiarizarse con todos, a prolongar sus viajes. Al señor de Vendôme, que era aficionado a los platos extraordinarios, le hizo sopas de queso y otros guisos extraños, que encontró excelentes. Quiso que Alberoni comiera con él, y de esta manera llegó a verse en tan buenos términos que, esperando más fortuna en una casa de *bohemia* y de fantasías que en la corte de su amo donde todavía se encontraba demasiado, se las arregló para desengancharse de éste y hacerle creer al señor de Vendôme que la admiración y la adhesión que por él había concebido le hacía sacrificar toda la fortuna que podía esperar en Parma. Así, cambió de amo...»

A la muerte del duque de Vendôme, que había adelantado mucho su carrera, volvió a entrar Alberoni en la casa del duque de Parma, quien, ahora, lo haría conde y encargado de negocios en Madrid. Entre los negocios a que aplicó su habilidad diplomática, el principal fue concertar las bodas del rey Felipe V con Isabel Farnesio, la sobrina del duque, bajo cuya influencia gobernaría luego a España el ya cardenal Alberoni como ministro de Estado de Su Majestad Católica, llevándola a empresas insensatas que agitarían a Europa para terminar en desastre. Era la historia consabida. Pero el malévolo y despectivo relato que un gran señor tan altivo, tan desdeñoso y tan reaccionario como Saint-Simon ofrece del ascenso inicial del abate Alberoni, y que pudiera pasar como receta sardónica para hacer fortuna en el terreno político, consiente, sin embargo, otra explicación, más aterradora, en el fondo, que la del mero cinismo, para la conducta del que ahí nos presenta como un arribista desvergonzado. ¿Por qué no pudo haber sido la exclamación de Alberoni un movimiento de sincero entusiasmo, y su beso un beso de verdadera devoción en homenaje abnegado al poderoso? Pues tanto es el prestigio del trono (aunque sea un trono inmundo), tan grande es la seducción del poder, y más, cuanto más al desnudo se exhibe. Si ante él huye, ofendido, el obispo, el abate se inclina reverente y obsequioso.

¿CUÁL ES EL SEXO DE LOS ÁNGELES?

Tras de las guerras y revoluciones, tras de las grandes y mortíferas epidemias, tras de todas las calamidades públicas, suele venir, con la alegría de encontrarse vivos y sanos los que han escapado de ellas, un alegre relajamiento. Hacia 1523 asoló a Roma una terrible peste; y cuando la plaga hubo pasado se formó una especie de camaradería festiva entre los mejores pintores, escultores y orífices de la ciudad: así lo relata Benvenuto Cellini en el libro de su *Vita.* Figuraban también con él en esa compañía Julio Romano y Gian Francesco, discípulos de Rafael; iniciador y promotor de sus reuniones era el escultor Michelangelo da Bernardino de Michele, siénes. Y cuenta Benvenuto que cierto día, habiéndose encontrado ya muchísimas veces los amigos, aquél propuso que al domingo siguiente fueran a cenar en su casa, cada cual con su corneja («que es el nombre que el dicho Michelagniolo les había puesto»), y el que no la llevase consigo tendría que pagar una cena a todo el grupo. Así, los que no tenían práctica de tales mujeres de partido se las hubieron de procurar con no poco gasto y molestia. «Yo —añade Benvenuto— que creía estar bien provisto por una joven muy bella, llamada Pentesilea, que estaba muy enamorada de mí, tuve que cedérsela a un amigo mío muy querido, llamado el Bachiacca, que había estado y estaba todavía muy enamorado de ella... Fue el caso que, acercándose la hora de presentarse a la virtuosa compañía cada cual con su corneja, yo me encontraba sin ninguna.» Entonces se le ocurrió un recurso divertido para aumentar la risa; y fue llamar a un jovencito de dieciséis años que era ayudante suyo. «Este joven —explica— se aplicaba a las letras latinas

y era muy estudioso. Se llamaba Diego: era bello de persona, maravilloso de color de carne, el corte de la cabeza
era bastante más bello que el antiguo de Antinoo y muchas
veces lo había retratado...» «Lo llamé a mi casa, y le rogué
que me dejase arreglarlo con aquellos vestidos femeninos
que allí estaban aparejados. Consintió sin dificultad y pronto se vistió; y yo con bellísimos modos de afeite añadí
grandes bellezas a su rostro: le puse dos aretes en las
orejas con dos grandes y hermosas perlas —esos aretes
eran rotos; sólo apretaban las orejas, pareciendo que
fueran agujeros—; luego le puse al cuello collares de oro
bellísimos y ricas joyas; y adorné con anillos las bellas
manos. En seguida, tomándolo agradablemente de una
oreja, lo llevé ante un gran espejo mío. Al verse, el joven
dijo con mucha audacia: ¡Ay!, ¿éste es Diego? Entonces
dije yo: Ese es Diego, a quien no le pido yo ninguna clase
de placer; sólo le ruego a ese Diego que me complazca
en un placer honesto. Y es que en esta misma vestimenta
venga a cenar en aquella virtuosa compañía de la que
muchas veces le he hablado. El joven honesto, virtuoso
y discreto, perdida aquella audacia, volvió los ojos al suelo
y estuvo así un rato sin decir nada; y después, levantado
el rostro, dijo de repente: Con Benvenuto voy; vamos.»

A continuación describe Cellini el efecto de la llegada,
cuando ya todos estaban reunidos; las payasadas de Miguel
Ángel de Bernardino, el anfitrión, que se arrodilla y hace
arrodillarse a Julio Romano y a Gian Francesco, diciendo:
Mirad, mirad cómo son los ángeles del paraíso; que aun
cuando se llamen ángeles, también hay ángelas; e invoca:

> *O angiol bella, o angiol degna,*
> *tu mi salva e tu mi segna.*

«A estas palabras, la complaciente criatura, riendo, alzó
la mano diestra y le dio una bendición papal con frases
muy gratas.» Se levantó entonces Miguel Ángel diciendo
que al Papa se le besaban los pies, pero a los ángeles, la
mejilla, cosa que hizo ruborizar al joven... En fin, «listas

y en orden las vituallas, y yendo a ponerse a la mesa,
Julio pidió por favor ser él quien los acomodara. Tomó
por la mano a las mujeres, y las colocó a todas por el lado
de dentro, y la mía en el medio; y luego todos los hombres
de fuera, y a mí en medio, diciendo que merecía todo honor.
Había por respaldo de las mujeres un tejido de jazmines
naturales y bellísimos, que daban tan bello fondo a aque-
las mujeres, sobre todo a la mía, que no hay palabras para
decirlo».

Cuenta en seguida las músicas que hubo, y cómo un
recitador improvisó elogios a las mujeres; y mientras que
éste cantaba, las dos que tenían en medio «quella mia figura» no dejaban de charlar, una contanto la manera en
que la habían perdido, la otra preguntando a «la mia figura» lo que a ella le había pasado, y quiénes eran sus
amigos, y cuánto tiempo hacía que había llegado a Roma
(hay que decir que el muchacho, Diego, era español), así
como muchas cosas por el estilo, provocando su aburri-
miento. Al observar su inquietud molesta, la que Julio había
traído le preguntó si es que se sentía mal; y Pomona, que
así era el nombre que Cellini había puesto a Diego, contestó que creía estar encinta de varios meses y que le dolía
la matriz. Movidas a lástima de Pomona, las dos mujeres
que estaban a su lado le metieron mano al cuerpo, y encontraron que era macho. Entonces, retirando a prisa las
manos, le dirigieron palabras injuriosas como las que se
usan decir a los jovencitos bellos, y se produjo una algazara en la que, con gran diversión de todos, concluyó la
fiesta.

TODOS LOS CAMINOS LLEVAN A ROMA

Para darle expresión a los tiempos que vivimos mediante una parábola cinematográfica se sirvió Fellini del *Satiricón* de Petronio. Lo mismo hubiera podido echar mano a la obra de Lucio Apuleyo, pues en *El asno de oro* hay un tesoro de materiales utilizables.

Poco tiempo hace regresaba yo a Nueva York en el autobús del aeropuerto cuando, por la Tercera Avenida, vi avanzar con impresionante solemnidad una procesión religiosa. No es espectáculo demasido frecuente en esta ciudad, y me llamó la atención. Al otro día, 8 de octubre de 1973, encontré en el *New York Times* una foto de la procesión, y la información que traduzco: «Iglesia de homosexuales en su nuevo hogar. La iglesia del Discípulo Bien Amado, primera iglesia para homosexuales establecida en la ciudad de Nueva York, se mudó a su nuevo santuario después de más de tres años en un local alquilado. Su nueva casa de tres pisos, en el número 348 Oeste de la Calle 14, cerca de la Novena Avenida, comprenderá una rectoría, un centro para la comunidad, sala parroquial y oficinas. El edificio había sido primero una mansión, luego una fábrica y, hasta que lo adquieron sus propietarios homosexuales, un almacén. Su precio, según se informa, es de 79.000 dólares. La nueva iglesia, que no pertenece a una determinada confesión, fue bendecida primero por el reverendo Robert Clement, su pastor, tras de haber conducido la procesión de sus fieles a través de la ciudad desde su hogar anterior en la iglesia Moravia de la Avenida Lexington y Calle 30. El servicio religioso se parece mucho a la ceremonia ortodoxa oriental.»

Pues bien, en la obra de Apuleyo se presenta igual-

mente una iglesia de homosexuales. Lucio, convertido en
asno, ha sido comprado en subasta por Filebo, viejo eunu-
co, «uno de esos degenerados que convierten a la Gran
Diosa de Siria en una mendiga, pregonándola por los caminos de pueblo en pueblo con acompañamiento de cím-
balos y castañuelas», quien lo lleva a su alojamiento y
grita desde la puerta: «¡Niñas, mirad! ¡Os he comprado
un nuevo sirviente estupendo! Esas niñas eran una partida de asquerosos jóvenes eunucos, quienes —explica
Lucio—, creyendo las palabras de Filebo y pensando que
iban a pasarlo bien conmigo, empezaron a lanzar gritos en
falsete e histéricas risitas de gozo. Cuando descubrieron
que yo era un asno y no un hombre quedaron tan sor-
prendidos como los Aqueos en Aulis cuando una paloma
suplantó milagrosamente a Ifigenia, la hija de Agamenón;
y, desilusionados, comenzaron a hacer observaciones sar-
cásticas y desagradables: ¿Un sirviente para nosotras? No,
querido Filebo. Quieres decir un marido para ti. Pero no
seas viejo egoísta. Tienes que prestárnoslo alguna que
otra vez, puesto que somos tus palomitas lindas, ¿no?
¡Promételo! Entonces me llevaron y me ataron al pesebre.»
«Esta extraña familia —continúa diciendo— incluía a un
hombre de veras, un esclavo corpulento que habían comprado con el dinero de las limosnas. Cuando salían para
llevar a la Diosa en procesión él iba al frente tocando el
cuerno —lo tocaba muy bien—, y en casa usaban de él
para todo, especialmente en la cama.» Este esclavo se
alegra de pensar que el asno recién adquirido pudiera ali-
viarlo de sus cargas. «A la mañana siguiente —prosigue
el relato— los sacerdotes eunucos se prepararon a salir en
sus rondas, todos vestidos de colores diferentes con un
aspecto absolutamente espantoso, las caras embadurna-
das de rojo y con los ojos pintados para destacar su brillo.
Llevaban birretes en forma de mitra, casullas color azafrán,
sobrepellices de seda, ceñidores y zapatos amarillos. Algunos exhibían túnicas blancas con un entrecruzado irre-
gular de estrechas tiras moradas. Cubrieron a la Diosa con
un manto de seda y la pusieron sobre mis lomos —explica

el burro—; el del cuerno empezó a tocar, y ellos a blandir enormes espadas y mazas, dando saltos como locos, desnudos los brazos hasta el hombro...» Así avanza la descripción hasta llegar a una escena que no sería decente reproducir en estas impolutas páginas.

Pero escenas por el estilo son las que fotografía otro periódico de Nueva York, éste en lengua española, *El Mundo de Hoy*, al dar cuenta (20 de octubre de 1974) de los progresos de aquella iglesia del discípulo Bien Amado a la que titula Iglesia Eucarística Católica. Las fotos ilustran momentos de efusión física entre los fieles, reunidos en un ágape, al anunciarse, durante la ceremonia en que se consagra obispo al reverendo Clement, el enlace matrimonial del subdiácono Miguel Ángel Bermúdez con el padre Leo M. Joseph.

¡Todo sea por Dios!

CONTRA LA TIMIDEZ

En el primer discurso de *Les dames galantes*, y hablando de aquellas que desprecian al amante tímido, refiere Brantôme que «una dama española, conducida una vez por un caballero galán en las cámaras reales, al pasar por un cierto recodo oculto y oscuro, el caballero, en su respeto y discreción española, le dijo: *Señora, buen lugar, si no fuera vuessa merced*. La dama le respondió tan sólo: *Sí, buen lugar, si no fuera vuessa merced*». Brantôme escribe en español los dichos de ambos, y enseguida los traduce: «Voicy un beau lieu, si c'estoit une autre que vous. Ouy, vrayment, si c'estoit aussi un autre que vous»; añadiendo: «Con esto le argüía e inculpaba de cobarde por no haber tomado de ella en un lugar tan bueno lo que él quería y ella deseaba, como hubiera hecho otro más atrevido; y por eso ya no lo quiso más, y lo dejó.»

Mucha gente quiere reconocer hoy que el talento literario —y la personalidad— de don Juan Valera encuentran en su epistolario la expresión más cabal; en todo caso, la más desenfadada. Con fecha 10 de marzo de 1852 escribe desde Río de Janeiro, en cuya Legación era secretario, a don Serafín Estébanez Calderón para darle impresiones y noticias de su vida en la ciudad. De esa carta es el siguiente párrafo: «...mi jefe usa, en su conversación familiar, un estilo muy figurado y poético. A las curianas, que aquí son abundantísimas, grandes, asquerosas y aladas, les llama los mosquitos del Brasil; ... y a su hija querida, para manifestarle su mucho amor, su curiana. Esta señorita, que cuenta ahora 8 ó 9 primaveras, siempre está llorando y dando gritos, y sólo se apacigua y distrae cuando una esclava le rasca las espaldas, o cuando ella misma acaricia a su hermanito a coces y bocados. Don José le suele decir para tranquilizarla: "Vamos, picarilla, no seas caprichosa; o guarda esos caprichos para cuando tengas 15 años, que no ha de faltar quien te los satisfaga." Atrevidísima proposición, que sólo puede disculpar el cariño paterno, pues la muchacha es fea como el pecado.» En otros lugares relata episodios por el mismo estilo aunque mucho más indecentes en que esta niña, Dolorcitas Delavat, es protagonista.

Corriendo el tiempo, hacia 1867, don Juan Valera se casaría con ella.

PLINIO Y LOS DEPORTES

Desde su casa de campo, donde ha pasado unos días agradablemente ocupado con sus papeles, Plinio, el Joven, escribe a su amigo Calvisio Rufo. Se pregunta Plinio cómo hubiera podido aplicarse a ellos estando en la urbe. Allí se celebran las carreras, un espectáculo que a él nunca le ha llamado la atención, pues no ofrece novedad alguna; con verlo una vez, ya basta; y se sorprende de la pasión pueril con que hombres hechos y derechos contemplan siempre lo mismo: caballos que corren y los cocheros que los guían. «Lo que de hecho importa a la gente son los colores del equipo. Si en mitad de una carrera se cambiaran esos colores, la gente transferiría sus simpatías y entusiasmo de unos corredores a otros.» «Cuando pienso en lo inane e insípido de la rutina que mantiene a los espectadores interminablemente sentados, me da gusto de que mis gustos sean otros, y me complazco empleando mi ocio en las letras.»

¿CAUSALIDAD O CASUALIDAD?

Después de haberse referido a las habilidades de Tiberio como astrólogo, y a varias profecías relacionadas con él, hace Tácito en el libro VI de sus Anales una digresión sobre el problema del Hado, diciendo que al oír historias tales no sabe qué pensar y duda acerca de si las cosas humanas están regidas por el Hado y la necesidad, o dependen del azar. «Encuentra uno que los fundadores de las grandes escuelas filosóficas de la antigüedad y sus discípulos están en desacuerdo sobre el asunto. Algunos sostienen que los dioses no se ocupan de nuestros finales ni de nuestros comienzos, ni de la especie humana en general. De ahí que con tanta frecuencia veamos sufrir al bueno y prosperar al malvado. Otros creen que las cosas están dispuestas por el Hado, pero que dependen, no de los astros, sino de los principios y secuencias de la causación natural. Así pues, podemos escoger nuestro modo de vida pero una vez escogido ya está determinado el camino a seguir. La adversidad y la prosperidad —piensan ellos— no son cual el vulgo cree, pues muchos que parecen estar en la aflicción son en verdad felices, y muchos son infelices en medio de la mayor riqueza: en el primer caso llevan sus desventuras con valor, y en el último hacen mal uso de su prosperidad. Sin embargo, la mayor parte de la especie humana no está dispuesta a abandonar la fe en que el destino del hombre se encuentra determinado en el momento de nacer. Si algo resulta ser contrario a las profecías, ello será debido a dictámenes engañosos de ignaros videntes, que tienden a desacreditar una ciencia tan bien establecida en los tiempos antiguos como en los modernos.»

EL AVE FÉNIX

En el mismo libro dice Tácito que aquel año (se remite al 34 a. de J. C.) apareció en Egipto el fénix después de un largo ciclo. «Este milagroso fenómeno dio abundante materia de discusión entre los eruditos egipcios y griegos», informa agregando: «Todos los que han descrito a esta criatura coinciden en que está consagrada al sol y es única, su pico y su plumaje distintos de los demás pájaros. Los textos difieren en cuanto a la duración de su vida. Quinientos años es la cifra que suele darse; pero otros afirman que el ciclo es de 1.471 años y que el ave apareció primero en el reinado de Sesostris, luego en el de Amasis, y una tercera vez en el de Tolomeo, el tercero de la dinastía macedónica. En cada caso el ave voló a Heliópolis, con el séquito de muchísimos otros pájaros asombrados de su extraordinario aspecto. La antigüedad oculta sus previas apariciones; sin embargo, entre Tolomeo y Tiberio el intervalo es menor de 250 años, y por eso algunos han pensado que éste es un falso fénix, y no el verdadero pájaro de Arabia. De hecho, no cumplió las funciones que la tradición le atribuye. Pues cuando se ha completado el ciclo de años, y se le acerca la muerte, se entiende que ha de construir un nido en Arabia. Sobre él vierte su fluido genital, y nace un pollo de fénix. Lo primero que ha de hacer el nuevo fénix una vez crecido es enterrar a su padre. Esto no se cumple de un modo cualquiera. Echándose a la espalda una carga de mirra, hace un largo viaje de prueba, y una vez comprobada su capacidad para acarrear peso y cubrir una distancia, echa a su espalda el cuerpo de su padre, lo lleva al Altar del Sol, y lo quema allí. Se discute acerca de los detalles, y el mito los embellece. Lo cierto es que esta ave aparece en Egipto de tiempo en tiempo.»

IGUALDAD ANTE LA LEY

Días atrás, en California, el millonario Ford fue detenido por conducir su coche a contramano; y habiendo confesado que, en efecto, tenía unas copas de más, la policía le puso esposas (quizá en castigo de que, ausente la suya legítima, fuera acompañado de una joven amiga, pues lo cierto es que el hombre no había hecho el menor gesto de resistencia a los agentes de la autoridad), y así maniatado se lo llevó a la cárcel. Como en este país rara vez logra la policía capturar a los más atroces criminales, es explicable que compense su frustración profesional humillado a un potentado cuando acaso alcanza a cogerlo en falta. De cualquier manera, el ver expuesto como un *ecce homo* a la curiosidad pública en las páginas de los periódicos nada menos que a un Henry Ford es algo que, sin duda, puede levantar los abatidos corazones. Ahí lo tenéis: ¡Henry Ford III, rey de los automotores!

Pero hoy, 5 de marzo de 1975, leo en el diario la noticia de que, aquí en Nueva York, una señora que había sido multada por exceso de velocidad, al no disponer de fondos para pagar los 15 dólares de multa, fue arrestada por dos policías que también le pusieron esposas y la llevaron a la comisaría donde, expoliada de su anillo de bodas, los pendientes, el bolso y el abrigo, y obligada a desnudarse, una matrona le hizo un reconocimiento rectal y vaginal. ¿En busca del dinero? No se sabe. El sheriff ha confirmado que estos procedimientos son normales... De manera que tampoco, según se advierte, se gastan aquí demasiadas contemplaciones con la pobreza: el principio de igualdad ante la ley es aplicado a rajatabla; y sólo las asombrosas fechorías de los grandes asesinos, frente a las cuales estos modestos actos de sadismo reglamentario no son sino juego de niños, parecen suscitar la admiración, el respeto inhibitorio, tal vez la envidia de quienes detentan la fuerza pública.

EL CRIMEN PERFECTO O EL SECRETO
DE LA MOMIA

Uno de los cuentos más famosos de Edgar Allan Poe, *The Purloined Letter* (La carta robada), apela al astuto recurso de ocultar el objeto buscado mediante su ostentosa colocación a la vista. ¿Quién puede creer que ese papel, ahí exhibido, será la comprometedora carta que tanto se anhela recuperar?

Poe, a quien suele reconocerse como el precursor de la novela policial, es a veces escritor muy truculento, pero este cuento suyo opera a base de la sutileza y del ingenio.

La realidad de la vida acaba de revelar en este país un hecho macabro donde se ha puesto en juego el mismo mecanismo de ocultación por obvia presencia, sólo que esta vez no se trata ya de una carta, sino del cadáver de un hombre asesinado. La cosa parecería de veras ficción literaria de una mente alucinada: en la ciudad de Los Ángeles, cuando los técnicos arreglaban cierto parque de diversiones para que sirviera de fondo a una película de la televisión, descubrieron que un supuesto muñeco, al que se anunciaba como «El viejo de cinco mil años», era en verdad el cadáver de un hombre embalsamado y recubierto de pintura fluorescente. Al tratar de moverlo se le desprendió un brazo, y cuando se quiso pegarlo de nuevo pudieron darse cuenta de que asomaba un hueso. Entonces, examinado el cuerpo con los rayos X, se encontró alojada en su pecho una bala de un tipo que no se fabrica ya desde la Segunda Guerra Mundial. Hechas las oportunas investigaciones, resulta que la «momia» había sido adquirida en 1971 para la barraca donde ahora estaba expuesta, y procedía de un museo de figuras de cera que ya no existe más...

A partir de esta noticia que informa de un suceso real, ¡qué novela de misterio no podría escribirse, qué película de miedo no podría filmarse! Pero sospecho que, si tuvieron imaginación —y tripas— los asesinos para eliminar de esa manera el cuerpo del delito, no habrá dejado de ocurrírsele a algún autor de argumentos grotescos, en sus ociosas especulaciones, casar en este extraño maridaje la truculencia con el ingenio. A lo mejor la novela está escrita, la película hecha hace ya tiempo; a lo mejor, una tal novela o película fue lo que sirvió de inspiración para montar ese crimen perfecto.

Nueva York, 1977

LA IMPOSIBLE SÁTIRA

Como escritor aplicado a obras ficcionales, e inclinado muchas veces a producir estilizaciones grotescas de más o menos satírica intención, me he preguntado con frecuencia hasta qué punto le sea concedido a la literatura alcanzar tal finalidad en un mundo que cada día extrema y hace «normales» los rasgos que la víspera podían verse aún como improbable y maligna caricatura.

El infeliz satírico observa una tendencia social que le parece censurable, y se apresura a representarla, exagerada, en una situación imaginaria; pero cuando su obra llega a salir de las prensas la cosa se ha hecho ya tan corriente, aceptada y cotidiana que los lectores acaso se preguntan: ¿Qué tiene esto de particular?, ¿dónde está la gracia?

Posiblemente el género cómico, o lo cómico en literatura, como que su objeto radica en las costumbres más bien que en condiciones permanentes de la humanidad, es demasiado efímero. Depende de la vigencia de pautas de conducta que cambian con los tiempos, y lo que en una época puede ser, digamos, imperdonable pecado de incivilidad que merece el castigo de la burla, en otra es aceptable y aceptado como la cosa más natural del mundo.

En el nuestro actual, tales pautas sociales son de una inestabilidad aterradora. Y así, el satírico carece de un punto de referencia lo bastante firme para que su intención crítica sea entendida: faltan los supuestos, y todo viene a hacerse equívoco y dudoso. (Hasta puede ocurrir que, a la inversa, tal escritor de gusto y estilo ramplón cuyas novelas tengan éxito entre un público suyo muy de buena fe, sea considerado por los exquisitos como refinadísimo autor de divertidas parodias...)

Con frecuencia, según dije, me había hecho yo reflexiones semejantes. Y de nuevo acuden ahora a mi mente leyendo un artículo donde cierto periodista, Russell Baker, cuyas ironías suelen regocijarme, se burla de la universal boga del sicoanálisis proponiendo su aplicación terapéutica a los conflictos de las estrellas televisivas: «Como estudioso de la felicidad en los matrimonios de la televisión, me afligen los rumores de que la pareja Harry Reasoner y Barbara Walters no marcha bien y está a punto de encallar. Ni Harry ni Barbara han ido todavía, por desgracia, a consulta, pues yo creo que una guía adecuada puede aún salvar su relación y asegurarles una larga, feliz y satisfactoria vida leyendo juntos las noticias.» Tras esto se explaya sobre el caso, imitando la jerga del freudismo popular tan institucionalizado hoy en la sociedad norteamericana —y en todas las sociedades modernas— como instrumento de salvación.

Pero a los pocos días de aparecer publicado en la prensa el mordaz artículo, que subraya la ridiculez de la tendencia exagerando sus rasgos en términos que quizá juzgaba inverosímiles, otro periódico informa acerca de cambios en el personal de otro programa de televisión, y dice: «La estación deseaba que Bloom permaneciera con la Harper, pero Bloom quería trabajar en pareja con la Raphael creyendo que él y la Harper no harían buen matrimonio electrónico.» Y en seguida continúa dando cuenta con la mayor seriedad de que, al parecer, uno de los altos jefes de la estación había sugerido que Paul Bloom y Pat Harper se dirigieran a un consejero o sicoanalista para resolver sus dificultades.

Nueva York, 1977

LA FAMA ELECTRÓNICA

Días atrás tomaba yo ocasión de un comentario burlesco sobre la popularizada y aun vulgarizada boga del
freudismo, que se tiene por panacea universal contra
toda clase de males, para señalar la dificultad de la sátira
en una sociedad como la nuestra, donde lo grotesco y lo
absurdo se han convertido en norma.

Se centraba dicho comentario en las figuras de la televisión, en esos periodistas distinguidos que presentan los
programas de noticias, y a quienes aquí solía llamarse *an-
chormen*, pero que ahora, cuando se quiere atraer al auditorio encomendando esa tarea a una pareja de hombre
y mujer, se los designa ridículamente, en atención al movimiento de liberación femenina, como *anchorpersons*.

Estos personajes, es decir, los periodistas que arman y
controlan lo que en España se llama el telediario, se han
levantado en Estados Unidos, por efecto del sistema com-
petitivo dentro del que actúan las emisoras, a la categoría
de una autoridad y poder social casi incontrastable. Su
fuerza radica en la popularidad adquirida, por virtud de
la cual disputan y atraen hacia su canal los espectadores
que, a la misma hora, pueden optar entre los varios programas noticiosos que simultáneamente se ofrecen.

En esta sociedad democrática la publicidad es la palan-
ca mayor del poder público. Hace ya no pocos años observaba cierto profesor de sociología en trance de jubilación académica que en el mundo actual el verdadero
premio social consiste en el acceso al ámbito de la publicidad; y no sólo aquellos profesionales que dependen
del reconocimiento general, como «artistas» de diversas
layas, y políticos, sino cualquier individuo —por contraste

con la reserva digna de viejos estamentos— anhela mostrarse a la luz de las candilejas. De entonces acá la tendencia se ha ido acentuando cada vez más, y no hay duda de que muchas de las atrocidades criminales —y de las estupideces— que leemos en el periódico y vemos por la televisión han sido cometidas, precisamente, para llamar la atención y adquirir así esa respetabilidad, siquiera sea siniestra, que confieren los medios de comunicación en masa.

La televisión en particular ha llegado en efecto a ser el instrumento que con mayor energía potencia cualquier esfuerzo encaminado a lograr influencia pública. Hemos podido presenciar recientemente, durante la pasada campaña presidencial, la repetición aflictiva del espectáculo de los dos candidatos sudando, y exudando inepcias, ante las cámaras bajo la férula de uno de esos grandes prebostes que manejan la opinión nacional. Y ahora último, el candidato que fue elegido y es en la actualidad Presidente, ha montado un demagógico programa para responder a las preguntas que desde todos los rincones del país le formule «el pueblo», también bajo la administración y control de uno de los prestigiosos santones del periodismo televisivo.

La televisión confiere de súbito el sacramento de la fama, esa aureola mítica que antes se constituía a través de procesos más complejos y premiosos, y que ahora se concreta, gracias a la enorme difusión de las comunicaciones electrónicas, con la misma instantaneidad del café que en ella se anuncia. Aquel señor desconocido que ayer puso a comparar su clamorosa mediocridad con la del que a la sazón ostentaba el cargo, es hoy Presidente. Y las multitudes, fascinadas, deslumbradas por el prestigio de la investidura, ansían conocer no sólo cada una de sus palabras, actos y movimientos, de sus más insignificantes peculiaridades, sino también los de su esposa, de su hijita pequeña, ¡inocente criatura!, y aun del pueblito donde nació y había vivido antes de que los increíbles azares de la política le llevaran a la Casa Blanca de Washington. Escribe una revista: «La que fue pintoresca y plácida aldea de 683 habitantes... está siendo sepultada bajo los de-

tritos de la presidencia americana comercializada. Peor todavía, la envidia y avaricia están enemistando entre sí
a los vecinos cuando intentan capitalizar —o siquiera soportar— a los 5.000 turistas que diariamente les caen encima.» Y otra publicación da cuenta de que el hermano
del Presidente se dispone a mudarse del pueblo con su familia por no poder aguantar más a los que llaman a su
puerta para sacarles por sorpresa una fotografía o pedirles
autógrafos.

¿Cómo podría caricaturizarse todo esto? Los mismos
periódicos que lo refieren con un sesgo crítico contribuyen
a propagar y fomentar el fenómeno haciéndolo notorio,
relanzándolo en cuanto noticia... Ello confirma la imposibilidad de la sátira.

Nueva York, 1977

ARMAS Y LETRAS

Garcilaso fue un militar que en sus ratos perdidos escribía versos. El soldado Cervantes (quien —de ser posible la opción— hubiera preferido antes participar, como participó, en la batalla de Lepanto que hallarse libre de las heridas cobradas en aquella «la más alta ocasión que vieron los siglos») puso en labios de su héroe imaginario el famoso discurso de las armas y las letras, y más tarde, replicando al clérigo que lo había reprendido, diría todavía Don Quijote que, como todos saben, «las armas de los togados son las mismas que las de la mujer, que son la lengua». Sin duda, los tiempos cambian, y hoy las mujeres manejan las armas como los hombres: actúan en la guerrilla con tanto o más encarnizamiento que sus compañeros, y entran con ellos a formar parte de los Ejércitos regulares. Tampoco en este aspecto aceptan las feministas el tradicional reparto de papeles sociales, y así están ahora empeñadas en eliminar del escudo de Maryland —tomado de la cota de armas de lord Baltimore, el fundador de la colonia— un lema que proclama en italiano: *Fatti maschii, parole femine,* «Los hechos, viriles; las palabras, femeniles». Encuentran la pretensión ofensiva.

Ofensivo es, en efecto, pretender despectivamente que las palabras ociosas y vanas sean cosa de mujeres, y que, en cambio, les esté reservada a los hombres la elocuencia de los hechos. En verdad, la murmuración, la chismosa curiosidad, pertenece por igual a ambos sexos, y no deja de ser significativo que cada vez más, en esta sociedad desintegrada donde apenas sabe nadie quién es su vecino ni las comadres conocen apenas vida ajena en qué ocuparse, los periódicos se encarguen de suplir a esa que pa-

nas tan transitadas de quijotes, haciendo juego pro-
emente con pantallas, biombos y cortinas de baño dedos por igual motivo artístico-literario, las cuales,
n se pronostica, reportarán a los herederos del pintor
cantidad comparable a la que por igual servicio re-
n los dueños del *Mickey Mouse*: algo así como un
ón de dólares para el próximo otoño.

odo esto trae a la mente de uno varias reflexiones
rca de cuanto se dijo y escribió hará medio siglo teo-
ndo sobre la esencial impopularidad del arte entonces
vo o de vanguardia. A nadie puede caberle duda de
, contra especulaciones tales, ese arte se ha hecho al
popular, y muy popular. El mismo carácter no repre-
tativo, o por lo menos no realista, que se suponía velo a la comprensión de la multitud, ha podido acaso
tribuir a que ésta lo acepte, precisamente en virtud del
r decorativo que por sí tienen el color y la línea. Pero
bién hay que contar con otros factores, y no sería in-
ificante entre ellos el de la difusión del esnobismo en
a sociedad de abundancia económica con comunica-
nes en masa. El hecho es que aquellos productos re-
ados de la sensibilidad estética, cuyo disfrute parecía
stituir el privilegio de minorías selectas, son consumi-
s con avidez insaciable por las adquisitivas muchedum-
es de nuestra época.

Y no importa que el fenómeno sea estimulado por el
midable aparato de la publicidad; es indudable con todo
e la gente halla placer en las formas y colores de aquellas
ágenes que antes eran objeto de general irrisión. De no
r así, es claro que la propaganda comercial —cuya única
eta está en la obtención de ganancias— se concentraría
bre otras opciones más aceptables para el público, pues
quienes la manejan son capaces de ejercer presión sobre
mercado es porque procuran orientarse en el gusto pú-
ico —sin que resulte tampoco demasiado raro que se
uivoquen en sus prospecciones y deban retirar con terri-
es pérdidas alguna oferta que «no ha pegado».

Ahora bien, el que las multitudes acepten hoy el arte

rece ser necesidad de la condición humana dedicando sus
columnas al chisme insustancial acerca de las «celebridades», los pobladores del mundo fantasmal de la «gente
conocida» donde, concitados por el chismógrafo profesional, concurren el futbolista, la cantante, el financiero aficionado a la música de cámara, el «playboy» internacional,
la actriz de cine, el príncipe de sangre real, la distinguida
esposa del político en candelero y hasta —¿por qué no?—
de vez en cuando el artista o el escritor más mentado quizá
por sus extravagancias que por sus obras.

Estos días últimos se ha complacido la Prensa en informar del incidente que, en medio de una fiesta social de
Nueva York —un «party» elegante—, se produjo entre dos
escritores: Norman Mailer y Gore Vidal. Resulta que
Mailer, literato propenso al fácil recurso hoy en boga de
empedrar con malas palabras su buena prosa, tenía un
viejo rencor contra este Gore Vidal a quien aludí hace poco
como protagonista de otro escandalete en el curso de una
«interview» televisada; y al encontrárselo de improviso
entre los invitados a la fiesta le echó a la cara el contenido
de su vaso, asestándole en seguida un puñetazo en los
morros. Cierto comentarista satírico, Russell Baker, dedi-
caría luego un artículo a burlarse de los contendientes por
haber apelado a armas que no son las propias de togados,
ni de mujeres. Y sin duda Mailer desplegó en el terreno
donde se espera más bien un alarde de gracias sociales el
arte dudoso que practica en sus escritos de sorprender o
querer escandalizar con gestos de soez rudeza: *fatti maschii*,
hombradas. Frente a lo cual, su adversario —muy en carácter, por lo demás— puso en juego *femine parole*, acusán-
dole de haber usado el tipo de ataque de los japoneses en
Pearl Harbor. «Solapadamente me cegó con su bebida, y
avanzó su puñito contra mi cara.» «Una vez más —añadió
mordazmente— se vio falto de palabras.»

Este pérfido contraataque verbal vuelve las tornas,
y ahora resulta que las letras, las palabras, valen más que
las armas, que los hechos. Las armas serían no más que
un sustitutivo deficiente e inadecuado para quien de pronto

se siente corto de razones. Deshonroso, pues, y lamentable, incluso ridículo, que un escritor quiera expresarse esgrimiendo los diminutos puños.

¡Cómo pueden haber cambiado los tiempos!

Nueva York, 1977

Algunos de aquellos lectores a quienes
notas volanderas que de vez en cuando
cordarán acaso que en una reciente, ti
sible sátira», se subrayaban las tribulac
que, en tiempos de tan acelerado cambio c
caricaturiza un rasgo social que se le ant
darse cuenta muy pronto de que ese ras
dículo se ha hecho tan corriente y norma
le llama la atención: la pretendida carica
vertido en anodino y soso retrato de la
tención ha perdido la punta.

Hace años creí yo haber avanzado quiza
audacia en el camino de la sátira al hacer
sonaje de un cuento mío patentara com
brica para un raticida *La última cena*, y
el envase de su producto el famosísimo fre
da Vinci. El tradicional abuso de algunas
burdamente popularizadas como ésa, o co
—usada para ilustrar latas de dulce de mem
El David de Miguel Ángel, me parecía me
la denuncia satírica. Pero hoy me entero d
presa comercial ha comprado los derecho
en análoga manera las obras de Picasso
a lanzar una primera serie de sábanas d
estampado ese grabado en tinta, ya tan
Don Quijote a caballo, o la no menos man
de la paz. ¡Quién sabe si dentro de poco
dentistas empapelar su sala de espera con l
imágenes del *Guernica!*

Por lo pronto, podremos en seguida envol

que ayer tropezaba con la burla, rechifla y sarcasmo de su parte, ¿significa que exista apreciación y verdadero entendimiento de sus valores? Temo que no; y basta para darse cuenta con reparar en el uso que se da a sus reproducciones mecánicas. No es que comparta yo la aversión o resistencia a esos medios técnicos manifestada con frecuencia por algunas personas: creo al contrario que ellos ofrecen posibilidades nuevas a la creación artística y, desde luego, a la recepción, educación del gusto y amplio disfrute de lo creado. Por otra parte, tampoco desestimo el arte aplicado a fines útiles: utilitarios son los frescos que hicieron notoria la Capilla Sixtina, los retratos pintados de encargo por Velázquez o Goya, los paisajes de Corot para interiores burgueses, tanto como los ornamentos eclesiásticos que Matisse diseñó, para no hablar de las ánforas griegas exhibidas en los museos. El propio Picasso ¿no se complacía en producir bellísimos cacharros? Yo tengo en mi mesa un cenicero firmado por Pablo Serrano, que aprecio como si fuera de Cellini...

Pero el industrial abaratamiento de las reproducciones, donde se ha perdido el tamaño original, la proporción y relaciones con el contexto, la calidad del material empleado, en suma, todo lo que hace única a la obra de arte, da a entender claramente que lo percibido en ellas no tiene mucho que ver con ésta. Lo esencial se ha escapado.

Y, sin embargo, ¿es qué ocurría de distinto modo con el turista que, visitando una galería, solía extasiarse ante un cuadro representativo en admiración de la fidelidad con que estaba representada en el lienzo la realidad viva? ¿No se le escapaba también lo esencial?

Nueva York, 1977

Las tendencias, buenas y malas, que la sociedad actual muestra como fruto de sus peculiares características encuentran en este país, y de manera muy especial en esta ciudad de Nueva York, su manifestación más precoz y más voluminosa. Suele decirse, y es verdad, que aquí todo se magnifica, que estamos en la tierra de la exageración. Si, por ejemplo, la violencia desmedida crece por todas partes en el planeta, aquí alcanza un grado ya insufrible.

Hace pocas semanas pudo presenciarse un espectáculo increíble: la policía, en huelga por razón de salarios, se unió a los gamberros y asaltantes que a la entrada de un partido de fútbol desvalijaban al público y destrozaban automóviles y escaparates. Ahora, en estos días, lo que parece preocupar con mayor insistencia es el fenómeno de los ataques a ancianos, en quienes, por su debilidad física, encuentran los atracadores una víctima fácil. Como explica un periódico, estos atracadores son por lo común muchachitos que actúan en bandas de tres o más, uno de los cuales, acaso un niño de diez u once años, sigue al anciano que acaba de cobrar en el banco su cheque del seguro social y lo señala a sus compinches para que lo derriben y despojen en el lugar que les parezca más propicio, casi siempre el portal, pasillos o ascensor de su casa, o bien dentro del apartamento mismo. Cuando no han conseguido botín apreciable, o cuando la persona asaltada se resiste, proceden a maltratarla hasta llegar al asesinato. De esta operación punitiva se encarga un menor de 16 años, edad que lo excluye de la responsabilidad penal garantizando así su impunidad.

Uno de los casos más recientes, que por sus circunstancias extremas ha recibido gran publicidad, es el de una señora centenaria (103 años contaba) a la que atracaron y robaron varias niñas cuya edad estaba entre los doce

y los catorce. Estamos bien lejos del cuadro idílico que
reúne a la infancia en torno de la venerable senectud.

Al leer esa noticia, acudió a mi memoria desde los remotos senos del pasado la fiesta o ceremonia de «cierra
a la vieja» que cuando yo era niño pertenecía al calendario de los juegos infantiles, y que si mal no recuerdo caía
para la cruz de mayo. No sé si en las costumbres españolas persistirá todavía aquella diversión. Los chicos, armados con espada de madera y adornos más o menos pin-
torescamente militares, acorralaban en la calle a las an-
cianas, y le exigían a su prisionera como rescate alguna
moneda u otro regalito. Era, claro está, un simulacro de
la tradicional caza de brujas, que también en Estados Unidos se celebra el día de Todos los Santos. Aquí los niños
se disfrazan con atuendo de aquelarre (trajes de bruja, caretas de calavera o de diablo) y van de puerta en puerta
amenazando si no se les ofrece algo, un puñado de caramelos o de almendras. Pero últimamente las autoridades
previenen a las familias para que no permitan a sus vás-
tagos recibir tales obsequios de gentes desconocidas, pues
se ha dado repetidamente el caso de que los caramelos estuvieran envenenados...

Así, tan pronto son los niños víctima de sus desalmados mayores, como ellos se aplican a torturarlos. Parecerá
monstruoso todo esto, y sin duda que lo es; pero no menos
cierto: constituye noticia cotidiana. Y pertenece a las
condiciones de la sociedad en que vivimos, de ciudades
inmensas pobladas por una masa humana sin cohesión,
sin controles internos, sin una articulación orgánica. Es
el aspecto negativo, espantoso y cruel de una civilización
rica y abundante. Si en ella disfrutan los ancianos de un
seguro social que, junto casi siempre a algunos ahorros,
los libra de la miseria y sus tribulaciones, ese mismo dinero
los expone a la acción de los malhechores, obligándoles
a vivir en el terror sus últimos años, sin atreverse siquiera
a abrir la puerta de su casa o poner los pies en la calle.

Nueva York, 1977

MUÑECAS DE AMOR, O EL OBJETO SEXUAL

En diversas oportunidades me he permitido llamar la atención acerca de la dificultad —imposibilidad más bien— con que el ejercicio de la sátira tropieza en una sociedad como la nuestra actual, donde lo extravagante, disparatado o absurdo, o lo que tal pueda parecer en un momento dado, pasa pronto a ser tan usual que el intento de ridiculizarlo mediante la exageración burlesca pierde todo sentido: la realidad se ha encargado entre tanto de convertirlo en la cosa más normal y corriente del mundo. A mi propia costa, he tenido una comprobación de ello en estos días.

Allá por 1964 me divertí en redactar una falsa información de prensa, que luego pasaría a integrar la sección de recortes apócrifos en mi libro *El jardín de las delicias*, dando cuenta de un nuevo producto industrial, la muñeca inflable Akiko Plura, patente japonesa que, en un enorme surtido de modelos, debía traer alivio a los penosos sentimientos de soledad que afligen al hombre moderno, perdido en una sociedad pletórica de bienes, pero plagada de inseguridades y tensiones. En mi pretendida noticia de periódico se describían con minucia los detalles del conveniente invento japonés. Y tengo la evidencia de que ese nuevo invento, que por entonces lo era sólo de mi ingenio, suscitaba en los lectores una especie de hilaridad sardónica al reconocer y celebrar en él la caricatura de ciertos rasgos demasiado presentes en nuestro tiempo. Pero hará un par de años o tres, cierta profesora y analista literaria, Rosario Hiriart, quien viene dedicando particular estudio a mis escritos y suele complacerse en homologar las invenciones mías con hechos recogidos de la crónica diaria, puso muy regocijada en mis manos el anuncio de un periódico norteamericano que, con sugestivo dibujito, ofrecía a la venta —y en precio bastante moderado— una diversidad de muñecas inflables destinadas a satisfacer los anhelos y fantasías sexuales de cualquier corazón solitario. Mi excelente y bienhumorada amiga no se privó de darme bromas, haciéndome notar que si yo, en lugar de entregarme al gratuito placer de la eutrapelia literaria, hubiese tenido el sentido práctico de patentar mi idea en el registro de marcas e invenciones, bien podría obtener de ella los frutos que empresarios diligentes iban a cosechar con su explotación industrial.

Y ahora, en estos días que corren, veo proyectarse en los cines de Madrid una película del director Luis Berlanga, donde —bajo el título muy acertado de *Tamaño natural* (*Life-size*)— se finge que el actor Michel Piccoli recibe del Japón una muñeca plástica para sustituir —y sustituir con ventaja, se supone— a las mujeres de carne y hueso en el ámbito de la vida íntima (más o menos íntima; es un decir). Con la expectación imaginable acudí a conocer esa obra cinematográfica. Esperaba encontrar en ella una sátira por el estilo de las que ofrecen a veces Woody Allen y otros acerca de los extravíos de la sexualidad en el mundo contemporáneo; pero no pude hallar nada de eso. Si lo hay, será en manera demasiado sutil para mi capacidad de percepción, y se me escapó. Más bien me pareció que los autores de la película habían tomado su asunto por la tremenda, pues el comprador de la amante artificial queda tan emocionalmente prendido a sus mecánicos encantos que los espectadores ven discurrir en silencio, tal vez consternados, las peripecias porno-dramáticas cuyo resultado último —por lo demás, no ineluctable— será el final trágico de ese femenino monstruo de Frankenstein y de su improbable amante. Parecería quererse deducir del argumento una caución admonitoria: «Cuidado, señores: las amantes mecánicas pueden ser tan peligrosas como las ocasionales prostitutas y más aun, si cabe, que las esposas legítimas. Una elemental prudencia aconseja abstenerse del

traicionero producto japonés, que acaso termina destru-
yendo a su imprudente usuario.»

Por lo visto, en cuestión de muñecas inflables no hay
ya bromas; la cosa no es para reír. De esta fábula en ce-
luloide —¡Dios nos valga!— una moral muy seria es la
que se desprende.

Madrid, febrero de 1978

P. S. En la sección de cartas del semanario *Interviú*
(núm. 114, 20-26 de julio de 1978) se inserta una que
dice: «No sabemos si J. P. R., de La Florida (Barcelona),
ha visto la película *Tamaño natural*, de nuestro compa-
triota Berlanga. Pero a este asiduo lector una muñeca
inflable lo ha sacado de dificultades. Vean, que no es
broma: *Hasta hace poco tiempo tenía problemas con las
mujeres. Ahora, desde que adquirí una muñeca hinchable, mis
problemas sociales y emocionales se han eliminado. Le compré
ropa interior, de dormir... y es encantadora.*»

SELECCIONES AUSTRAL

TÍTULOS PUBLICADOS